기독교문서선교회(Christian Literature Center: 약칭 CLC)는 1941년 영국 콜체스터에서 켄 아담스에 의해 시작되었으며 국제 본부는 미국 필라델피아에 있습니다.
국제 CLC는 59개 나라에서 180개의 본부를 두고, 약 650여 명의 선교사들이 이동도서차량 40대를 이용하여 문서 보급에 힘쓰고 있으며 이메일 주문을 통해 130여 국으로 책을 공급하고 있습니다. 한국 CLC는 청교도적 복음주의 신학과 신앙 서적을 출판하는 문서선교기관으로서, 한 영혼이라도 구원되길 소망하면서 주님이 오시는 그날까지 최선을 다할 것입니다.

Wish everyone truly exist with Love!
모든 사람이 진정 사랑으로 존재하기를!

우리가 믿고 따르는 십자가(Jesus)는
고통이 아니라 지고지순(至高至純)한 '사랑'입니다.
그 사랑(Jesus)은 경쟁과 다툼과 분열이 아닌
모두가 하나임을 깨우친 길이요 진리요 생명입니다.

이 책은 내 인생의 회고록을 대신하며,
내 가족들에게는 유일한 유산이 될 것이며,
기독교계와 이웃 종교인 그리고
범시민들에는 더할 나위 없는
소중한 선물이 될 것이다.

Realize by the Love
Written by YoungChan Kim
All rights reserved.
Korean Edition Copyright ⓒ 2021 by Christian Literature Center, Seoul, Korea.

사랑으로 깨어나라

2021년 6월 30일 초판 발행

지 은 이 | 김영찬

펴 낸 곳 | (사)기독교문서선교회
등   록 | 제16-25호(1980.1.18.)
주   소 | 서울특별시 서초구 방배로 68
전   화 | 02-586-8761-3(본사) 031-942-8761(영업부)
팩   스 | 02-523-0131(본사) 031-942-8763(영업부)
이 메 일 | clckor@gmail.com
홈페이지 | www.clcbook.com
송금계좌 | 기업은행 073-000308-04-020 (사)기독교문서선교회
일련번호 | 2021-47

ISBN 978-89-341-2282-1 (03230)

이 책의 저작권은 저자와 (사)기독교문서선교회가 소유합니다.
신저작권법에 의하여 한국 내에서 보호받는 저작물이므로 무단 전재와 무단 복제를 금합니다.

종교 개혁과 기복 신앙

사랑으로 깨어나라

김영찬 지음

Realize by the Love

종교와 신앙은 형식적인 예배와 기복과 선교 이전에
내면의 성숙인 자기 비움과 사람 존중 곧 평등 사랑이다.
가장 위대한 종교와 신앙과 인생은 오직 사랑이니
제2의 종교개혁은 사랑으로 완성되어야 할 것이다.

◆ **일러두기**

▷ 본서는 비성경적이고 비상식적인 아집으로 신앙이 아닌 신앙을 고집하는 모든 사람들에게 깨달음을 얻는 밝은 광장이 되어 줄 것이다.
▷ 본서의 내용은 성경의 가르침을 토대로 하였으나 보편적인 인성 및 영성 교육이기에 이웃 종교인이나 일반인 모두 공감하고 공유할 수 있을 것이다.
▷ 본서의 내용 중에서 기독교의 교리와 신학의 기준과 다를 수 있으나 진리의 본질과 의미와 그 정신을 찾고자 하는 영성(靈性)으로서 **신앙생활이 아닌 생활신앙의 길로** 안내하는 의식의 개혁서임을 밝힌다.
▷ 본서는 종교와 신앙과 인생의 본질을 벗어난 무속과 기복과 물질만능 사상에서 깨어날 것을 선도하는 신앙인과 시민 의식의 길라잡이 역할을 할 것이다. 선도하는 신앙인과 시민 의식의 길라잡이 역할을 할 것이다.

시작하는 글

  누군가의 말을 들을 때는 경청(傾聽)을 해야 본의(本意)를 알아들을 수 있다. 만일 액면 그대로만 들으면 오해가 생길 수가 있지만 말하는 사람의 의도와 그 말의 진의(眞意)를 알면 바른 이해와 소통을 할 수 있다. 경청이란 귀를 기울여 주의 깊게 듣는 것을 말한다. 귀로 듣고 마음을 읽는다는 말이다. 사람과의 의사전달에서도 경청하지 못하면 실수와 오해와 갈등과 다툼 등이 일어날 수 있는데 하물며 하나님과의 관계에서 글자로 기록된 경전을 액면 그대로 읽고 이해를 다 했다고 하면 오해나 곡해가 깊지 않을까? 성경은 인간을 향한 하나님의 생각과 마음을 담은 말씀이고 예수는 그 말씀을 가르침과 삶으로 재해석을 한 것이다.

  하나님은 본래 성령 즉 '사랑의 영'으로 존재한 분으로서 창조는 '존재적 사랑'을 형상화한 것이며, 성육신은 인류를 품어준 '존재적 사랑'의 임재였고, 십자가의 죽음과 부활은 인간을 '사랑의 사람'으로 재창조하기 위한 사랑의 절정이었다. 따라서 성경은 하나님의 입장 즉 '존재적 사랑'에서 이해하고 해석을 해야 본래의 의미와 뜻과 그 정신을 찾을 수가 있다. 예수의 삶은 하나님의 생각과 마음을 그대로 보여준 영상과 같고, 그의 가르침은 하나님의 말씀을 재해석한 것이다. 그러나 우리는 바리새인과 율법학자들처럼 표면적인 글자만 읽고 다 이해를 했다고 주장한다. 속을 읽어야 하는데 겉만 읽은 것이다. 어찌 인간의 문자와 언어와 신학과 교리로 성경에 대한 이해와 해석을 제한할 수 있겠는가?

그뿐 아니라 교회를 비롯하여 대부분 종교에서의 가장 큰 폐단은 기복 신앙이다. 내가 믿는 신 또는 하나님 앞에 자기 소원을 올리면 들어주고 응답한다는 믿음이 신앙의 현주소이다. 왜 수많은 신도가 자기가 믿는 신전을 찾아가는가? 문자로 기록된 경전은 신의 소리요 하나님의 말씀이다. 그러나 신의 소리는 들었는데 그 소리가 의미하는 본래의 뜻은 듣지 못했다. 하나님의 말씀은 기록을 통해 읽었지만, 그 글자 안에 담긴 하나님의 의중은 읽지도 못하고 듣지도 못한 것이다. 그런데 알고 보면 그 경전 안에 신의 뜻과 하나님의 의중이 있다. 단면적으로 우리에게 유리한 것만 암송하고 강조하고 집착한 때문에 종합적인 이해가 부족해 문자 안에 숨겨져 있는 본래의 의미와 그 정신을 늘 놓친 것이다. 이것을 성직자들이 찾아주어야 하는데 그들은 예화를 섞어서 문자대로만 강조하니 하나님을 크게 곡해하게 된 것이다. 과연 경전의 가르침은 신도들이 애타게 기원하는 세속적인 복(福)을 약속하였는가?

종교(宗敎)란 진리의 본질을 깨우치는 전당이다. 인간의 뿌리, 나의 근본이 하나님임을 깨우치고 하나님의 자녀답게 예수처럼 살라는 것이 성경이 가르치는 요지이다. 가난한 마음을 근간으로 하여 겸손과 온유와 정의와 자비와 청결한 마음으로 모든 이와 화목하게 살라고 한 것이 진리의 핵심이다. 이러한 삶이 곧 하나님 사랑하는 방법이요 이웃을 내 몸처럼 사랑하는 길이 된다는 것이다. 하나님의 자녀답게 성숙해 가면서 이웃을 진실로 사랑하는 삶이 곧 하나님을 예배하고 찬양하고 섬기는 신앙과 믿음이요 구원과 영생에 이르는 길이다. 그런데 여기에 기복신앙은 웬 말인가? 기복신앙은 이기요 욕심이니 종교와 경전의 정신에도 어긋난다. 그래서 본서는 종교와 기복 신앙의 영역이 다름을 제시하면서 제2의 종교 개혁은 기복 신앙이 무너질 때 시작될 것이며 너와 내가 서로 자비심과 사랑으로 만날 때 끝나게 될 것이다.

예수의 본체는 하나님이다. 그래서 예수는 본래 성령이고 진리의 영이며 사랑의 영이다. 그러나 예수는 하나님 자리와 모든 신분을 버리고 인간 세상으로 임재하였다. 오직 구원을 위해 사랑의 영이 인간의 육신을 입고 온 것이다. 그리고 순전히 '사람'으로 살았다. 예수도 오감(五感)이 있고 배고픔과 아픔과 눈물과 기쁨과 감동을 경험한 사람이었다. 그리고 십자가의 고통을 알고, 죽음에 대한 두려움도 있으며 이별의 아픔도 겪은 분명 사람이었다. 신으로, 창조주로, 하나님으로 산 것이 아니다. 왜 그랬을까? 우리와 같은 인간으로 살면서 우리도 그와 같이 살 수 있음을 몸소 보여준 것은 아닐까? 생전에 그의 가르침과 그의 삶은 우리에게 무엇을 보여주었는가? 오직 긍휼과 자비와 사랑이었다. 그리고 내가 너희를 사랑한 것처럼 서로 사랑하라는 유언을 남겼다. 그러면 우리도 서로 사랑하는 생애로 이끌어야 한다. '사랑의 삶'은 먼저 내가 '존재적 사랑'으로 거듭나야 한다. 그러면 내 의지와 상관없이 자연히 '실천적 사랑'이 나타난다. '사랑'은 자기부정, 자기희생, 자아의 죽음이 전제되어야 한다. 그래야 하나님 곧 사랑의 영과 일치를 이루어 사랑의 사람으로 거듭날 수 있고 제2의 예수가 될 수 있다. 이것이 종교와 신앙과 믿음의 궁극적인 목적이다. 그런데 어찌 사랑은 보이지 않고 몸살이를 위한 기복 신앙만이 가득한가?

사람은 왜 존재하는가? 인생의 목적은 무엇인가? 진리는 무엇을 말하고 있는가? 예수의 탄생과 십자가의 죽음 그리고 부활의 의미는 무엇인가? 구원의 의미는 무엇이며 신앙과 믿음이란 무엇을 말하는가? 이러한 질문에 답할 수 있는 것은 오직 '자비'와 '사랑'뿐이다. 이것을 바로 알면 세속적인 축복론에 대한 삿된 가르침이나 사이비 종파를 분별하는데 잣대가 될 수 있을 것이며 또한 성직과 신앙 그리고 인생 가치관의 기본을 바로 정립할 수 있을 것이다. 그러나 여전히 인간의 영혼(靈)과 도(道)와 덕(德)은 죽고 인간의 이기심과 욕심만이 종교계를 오염시키고 있으며 물질문명을 누리는 것이 하나님의 축복이라고 주장하고 있으니 참으로 세상은 깨어나야 할 것이다. 그래서 본 서(書)는 기독교를 비롯한 모든 종교계와 각계의 지도층 및 일반인을 향해 신앙과 인생의 본질을 일깨우는 데 그 목적을 두고 있다. '사람 구실'을 위한 정신적 안내서로서 인생과 신앙의 의미 그리고 축복과 행복의 근본 지혜는 오직 '사랑'에 있음을 깨우치는 필독 도서가 될 것이다.

성경전서 전체를 압축한 가르침은 산상수훈이고 그 산상수훈을 최종적으로 정리한다면 고린도전서 13장 사랑 장(章)이다. 성경을 비롯하여 모든 경전과 성현들의 가르침은 육신의 안위와 세속적인 축복을 위해 주어진 것이 아니라 영혼과 마음과 정신세계를 위해 주어진 생명의 말씀들이다. 그러므로 종교 마당에서 육신의 안위와 생활의 복을 얻기 위한 기복을 강조하는 것은 매우 위험한 삿된 가르침이다. 세상의 모든 경전에는 수많은 가르침이 있지만, 그 가르침의 중심은 무욕과 자비심과 사랑이다. 그래서 본서 제1부에서는 신(神)은 '사랑'으로 존재할 뿐 인간의 생사화복을 주관하지 않으니 기복신앙의 무용론을 밝혔고, 제2부는 산상수훈 중 팔복(八福)의 여덟 마음은 하나님 즉 '존재적 사랑'의 초석으로서 인간 존재의 근본과 행복을 이루는 인격의 초석들이 됨을 열거하였으며, 제3부 사랑장에서는 사람을 사랑한다는 것은 존중과 배려와 소통임을 그리고 제4부에서는 인생과 신앙과 공동체의 가치관은 재물이 아니라 사랑에 있음을 밝히고 있다. 존재적 사랑을 모르고 실천적 사랑이 없기에 종교를 기복 신앙으로 곡해한 것이다.

따라서 종교와 신앙과 인생의 궁극적인 목적은 '서로 존중' 곧 '서로 사랑' 함에 있음을 깊이 성찰해야 할 것이다. 지금은 그 어느 때보다도 인애(仁愛)와 관용과 화합 등 사랑이 절실하니 '존중'과 '사랑'이 사회 각계의 지도층과 종교계의 성직자들에게는 지도력의 근본이 되고, 일반인들과 신도들에게는 인생과 신앙에서 제일의 가치관이 되기를 바란다. 우리가 진정 신앙인이라면 신을 찾을 것이 아니라 사람을 찾아야 한다. 사람 안에 신의 형상이 있기 때문이다. 사람을 찾는 것이 곧 신을 찾는 것이요 사람을 섬기는 것이 신을 섬기는 것이다. 영성 교육과 인성 교육의 대안(代案)으로서 이제 신앙과 인생의 본질은 사랑에 있음을 열거하고자 한다.

2021년 6월 새 희망을 바라보며
김 영 찬

차 례

일러두기   4

시작하는 글   5

■ 서론부

제1부 사랑은 신앙의 전부이다   15

   1. 종교는 기복 신앙이 아니다   16
   2. 하나님(神)의 존재적 양식   30
   3. 사랑이 있는 곳에 신이 있다   43
   4. 최고의 사랑은 섬김이다   50
   5. 이웃은 제2의 나 자신이다   57
   6. 사랑과 영성(靈性)의 관계   66
   7. 인간의 영과 사랑   74
   8. 구원이란 무엇을 의미하는가?   80
   9. 진정한 예배의 정신은 무엇인가?   89
   10. 예수라면 어떻게 할 것인가?   97

■ 본론부

제2부 팔복의 마음은 사랑의 초석이다   103

   1. 가난한 마음은 사랑의 원초(原初)이다   104

2. 애통할 줄 아는 마음이 사랑이다 … 114
3. 온유한 마음이 사랑이다 … 120
4. 의를 갈구하는 마음이 사랑이다 … 126
5. 자비를 베푸는 마음이 사랑이다 … 134
6. 청결한 마음이 사랑이다 … 141
7. 화평을 도모하는 마음이 사랑이다 … 148
8. 의를 위해 박해를 참는 것도 사랑이다 … 155

제3부 사랑은 존중이요 소통의 완성이다 … 165

1. 사랑은 오래 참는다 … 166
2. 사랑은 따뜻하고 부드럽다 … 174
3. 사랑은 시기하지 않는다 … 179
4. 사랑은 과시하지 않는다 … 184
5. 사랑은 교만을 모른다 … 191
6. 사랑은 무례를 범하지 않는다 … 196
7. 사랑은 사욕을 구하지 않는다 … 201
8. 사랑은 분노하지 않는다 … 206
9. 사랑은 악의를 품지 않는다 … 212
10. 사랑은 진리와 함께 기뻐한다 … 218

■ 결론부

제4부 사랑은 인생의 해답이다 … 227

1. 나는 누구이며 어떻게 살 것인가? … 228

2. 사람은 무엇으로 사는가? 233
3. 열매를 보면 나무를 안다 238
4. 진리의 길은 사랑의 길 245
5. 사랑이 없는 신앙은 죽은 것이다 254
6. 사랑이 없으면 교회는 부패한다 261
7. 사랑을 모르면 세상도 부패한다 269
8. 참 자아와 거짓 자아를 깨달을지라 277
9. 행복 그 비밀의 문(門) 284
10. 죽음이 전하는 진실 290

마무리하는 글 300

에필로그epilogue 1 사랑, 하나님 당신입니다! 312

에필로그epilogue 2 가장 위대한 종교, 위대한 신앙 316

제1부

사랑은 신앙의 전부이다

사랑은 종교와 신앙의 본질이며
신은 사랑이 있는 곳에 있느니라

1. 종교는 기복 신앙이 아니다

　예수는 공생애를 시작하기 전에 텅 빈 광야에서 사십일 동안 금식하며 자신이 세상에 온 목적을 수행하기 위한 준비를 하였다. 사십일의 금식을 마치고 나오는 예수를 가장 먼저 맞이한 유혹자가 있었는데 그는 가장 예민한 먹거리로 돌을 던지면서 "네가 만일 하나님의 아들이라면 이 돌들을 빵으로 만들어 굶주린 배를 채우라"라고 하였다. 이때 예수는 "사람이 빵으로만 살 것이 아니라 하나님의 입으로 나오는 모든 말씀으로 살 것이라" 하며 단호히 유혹을 뿌리친다. 인간의 생존본능 가운데 첫째 되는 것이 바로 떡과 빵이다. 오죽하면 배불리 먹고 난 뒤 '이제는 더 부러울 것이 없다!' 하며 눕지 않는가? 먹거리 유혹이란 물질적 유혹을 의미한다. 다양한 음식과 고가의 명품들과 안락한 집과 선호하는 취미와 문화생활 등 소유와 소비 성향을 부추겨 물질의 노예로 묶어두려는 유혹자의 그물망에 이미 걸려버린 우리의 모습을 본다.

　유혹자는 두 번째로 예수를 성전 꼭대기로 데리고 가서 네가 만일 하나님의 아들이라면 뛰어내리라. 그러면 아래에서 천사들이 너를 받들 것이라고 하였다. 그러나 예수는 역시 하나님의 도움을 시험하지 말라며 단호히 거부한다. 이는 성전 즉 교회의 권위에 대한 유혹으로서 하나님의 종이라는 권위를 통해 명예욕을 얻고자 하는 것이다. 신약시대 당시에도 그러하거니와 오늘에도 소위 성공한 성직자들은 권위와 명예가 하늘을 찌르고 있다. 이는 부패와 부정과 영성 파멸의 지름길인 줄 깊이 자각해야 할 것이다. 그리고 마지막 세 번째 유혹은 높고 높은 산으로 예수를 이끌고 화려한 세상의 문명과 문화를 보여주며 자신에게 절을 하면 보이는 모든 영광을 주겠다고 한 것이다. 여기서도 우리는 이미 과학과 기술 문명에 매몰되어 느리거나 불편한 것에 분노한다. 문명의 혜택을 더 많이 누릴수록 스스로 자랑스러워하며 사람들 앞에서도 우쭐대고 거만을 부려 괜히 교만해지기 일쑤다. 살펴본 바와 같이 우리는 소유와 소비를 위해, 출세와 성공을 위해 그리고 문명의 혜택을 누리기 위해 종교 시설을 찾고 믿음이라는 신앙심을 발휘하고 있지 않은가? 소위 기복 신앙에 깊이 빠져 있다.

예수는 세 번의 유혹을 모두 물리치고 마을 어귀로 내려와 종교 지도자들과 사람들이 살아가는 부정한 모습을 본 후 가장 먼저 세상을 향해 던진 메시지가 "회개하라! 하나님 나라가 가까이 왔느니라!"였다. '회개하라($μετανοέω$)'는 알아차리라, 마음의 생각을 바꾸라 등 자각하라, 깨달아라 라는 의미를 지니고 있으니 다시 정리하면 "깨달아라! 하나님 나라가 너희 안에 있느니라!"이다. 이 말은 "너희 자신이 곧 하나님 나라임을 깨달아라"라는 뜻이다. 한 걸음 더 나아가 "네가 곧 신이요 작은 예수이다"라는 말이다. 이 말은 예수를 영접하는 자는 하나님의 자녀가 된다는 말과 다름이 아니다.

그리고 '하나님 나라'는 미래에 가게 될 천국 공간을 의미하는 것이 아니다. 만일 그렇다면 천국에 들어가 영생을 누릴 수 있는 사람은 한 사람도 없을 것이다. 하나님 나라는 공간 개념이 아니고 현세에서 영혼과 마음이 지극한 자유와 평화와 사랑을 누리는 상태이니 하나님 나라는 가르침에 대한 깊은 '깨달음의 세계'를 의미하는 것이다. 진리를 알면 그 진리가 자유하게 한다는 말이다. 그런데 사람들은 훌륭한 성현들의 가르침에 기반을 두고 종교적 활동을 하면서도 성직자나 신도들 모두 광야에서의 세 가지 유혹에 깊이 빠져 있다. 진리는 제반의 종교적 의식과 기복 등을 위해 주어진 것처럼 인식하고, 세상살이에서 좀 더 출세하고 성공하는 대안으로 신을 찾고 있다. 특히 이기심과 욕심으로 뭉쳐진 기복 신앙심은 신에 대한 모독이요 진리를 왜곡하는 사이비(似而非) 종교에 불과할 뿐이다. 그래서 지금 종교계와 세상을 향해 예수는 다시 외치고 있다. "세상이여! 깨달을지라! 사랑으로 깨어날지라!"

시대와 민족을 초월하여 신앙(信仰)은 인간의 역사와 함께 걸어왔을 만큼 인간사에 신앙이 차지하는 비중은 크다 하지 않을 수 없다. 신을 찾는 행위는 인류 최초의 시대인 구석기 신석기 시대로부터 시작하여 현대에 이르기까지 신앙적 심리는 끊이지 않은 채 이어져 오고 있다. 이는 마치 짐승 새끼가 태어나면서 본능적으로 어미 품을 찾는 것과 같으며 또한 어린 아기가 태어나면서 본능적으로 어미 품을 찾을 때 울음을 그치는 것과 같은 현상이다. 인간은 신의 형상을 유전적으로 받았기에 인간이 신을 찾는 행위는 본능적이며 자연스러운 현상이다.

또한, 신을 찾는 신앙적 행위는 무신론자임을 자처하는 사람들에게도 나타난다. 불확실한 미래에 대해서 알고자 하는 점괘, 집안의 우환(憂患)을 물리치려는 무속 심리, 조상 숭배를 통한 가정의 안녕과 복에 대한 기원 그리고 사후(死後)에는 좋은 곳에 가고 싶은 심리 등은 모두 신앙심의 발현이다. 이렇게 신의 존재를 긍정하거나 부정하거나 기본적인 신앙적 심리는 모든 인간이 동일하다. 그래서 인간은 신앙적 동물이라 할 수 있겠다. 신앙이란 신과 같은 성스러운 존재를 신뢰하고 높이어 우러러본다는 뜻이다. 이러한 신뢰와 우러러 바라보는 것은 마치 어린 자식이 부모를 믿고 따르는 것과 다르지 않으니 이것은 본능적이며 자연적인 현상이다. 신의 형상을 지닌 모든 인간이 신을 믿고 추앙하는 것도 자연스러운 본능적인 작용이다.

그러나 짐승 새끼나 어린아이는 성장하면서 어미와 부모에게서 독립한다. 그런데 사람이 성장하여 성인(成人)에 이르렀는데도 매일 손을 벌리며 원하는 것을 달라고만 한다면 이것은 부모에 대한 믿음이나 사랑이 아니라 폐단이요 불효이며 자연의 섭리를 거부하는 어리석음이다. 마찬가지로 신앙적으로도 성숙하여 독립할 수 있어야 한다. 우리는 신앙을 빌미로 평생 원하는 바를 신에게 구하여 얻으려는 심리가 강하다. 어릴 때는 물질적으로 부모를 의존하듯이 진리의 의미와 정신을 배우고 익히기까지 성직자의 가르침을 받다가 서당 개 삼 년이면 풍월을 읊는다는 말이 있듯이 독립하여 배우고 익힌 진리의 정신 그대로 영성으로 사는 것이 신앙의 궁극적인 목적이다. 그 목적 안에 기복신앙은 전혀 개입하지 않는다. 그런데 우리는 '근본 가르침'이라는 종교 안에서 엉뚱하게도 '기복 신앙'만이 강조되고 있다. 종교(宗敎)는 신교(神敎)가 아니라 진리의 전당 학교(學校)이다.

신앙(信仰)이란 신을 믿고 바라보며 추앙하는 것이라고 해서 의식(儀式)적으로 경배하거나 내가 원하는 바를 구하고 얻으려는 것을 의미하는 것이 아니다. 신의 도움으로 풍성하고 안녕된 삶을 만들어 가는 것이 신앙이 아니라는 말이다. 신을 믿고 추앙한다는 것은 인간을 향한 신의 뜻을 따르는 것을 의미한다. 그렇다고 문자로 기록된 대로 지키라는 뜻이 아니라 가르침의 근본정신을 살라는 것이다. 사회적 신분과 경제적 능력 등을 초월하여 누구든지 종교의 근본정신인 사랑으로 존재(道)하고 사랑으로 살라(德)는 말이다. 그래서 신앙이란 효도(孝道)의 개념으로 이해를 해야 한다. 신앙적으로 효도란 어버이신 신의 뜻과 가르침의 정신을 언제나 잊지 않는 것이니 이것이 곧 신을 추앙하는 것이요 경배하는 것이다. 내가 원하는 것을 응답해 달라는 것이 믿음과 신앙이 아니라 가훈의 정신을 순전히 따르며 사는 것을 믿음이요 신앙이라고 한다는 것이다. 그렇다. '신앙'이란 '효'의 개념과 조금도 다르지 않다. 신앙은 내가 원하는 바를 구하여 얻는 행위가 아니라 나를 향한 신의 뜻을 받들어 따르는 행위가 되어야 한다. 그 신앙적 행위는 신의 형상을 지닌 신의 자녀답게 사람 구실을 온전히 하며 자유와 평화 속에서 서로 사랑을 나누며 공존하는 삶의 형태로 나타나야 한다.

다시 강조하거니와 진정한 의미에서의 신앙이란 신의 뜻과 성인들의 삶과 그 가르침을 존경(信賴)하고 따르는 것(推仰)을 의미하니 사랑의 진리를 내 삶의 근본적인 원리로 삼는 것이다. 신앙은 신이나 성인을 추앙하는 것이 아니라 그들의 뜻과 품성을 앙망하고 따르는 것이다. 그래서 예수는 자신을 일컬어 길이요 진리요 생명이라 하여 영적 존재임을 밝혀 준 것이다. 축복을 주는 신이 아니다. 신이나 성인을 추앙하고 기복을 바라는 것은 바른 신앙이 아니라 우상 숭배이다. 지금 우리의 신앙은 길과 진리와 생명을 떠나 기복으로 치우쳐 있음을 일깨우는 것이다.

그래서 종교의 속성은 현실적인 신앙의 속성과는 다르다고 하는 것이다. 종교란 교리(敎理)와 제도, 성(聖)과 속(俗) 그리고 의식(儀式)과 기복을 떠나 본질로는 근본 가르침 또는 으뜸 가르침 즉 최상의 가르침을 의미한다. 종(宗)은 근원, 근본, 으뜸, 궁극적 존재 등을 의미하고, 교(敎)는 가르침과 배움을 뜻하니 종교란 근본을 교육하고 배우는 것을 의미한다. 그리고 그 근본(根本)이란 신의 존재뿐만 아니라 인간을 향한 신의 뜻과 그의 가르침을 의미한다. 그 가르침의 중심은 길(道)이요 진리(眞理)이며 생명(生命)이니 이것을 총칭한 것이 바로 '사랑'이다. 길은 사랑의 길을, 진리는 사랑의 삶을 그리고 생명은 사랑의 나눔을 의미한다.

　그 신의 뜻과 가르침을 가장 잘 깨달은 이들이 있으니 그들을 성인(聖人)이라고 부른다. 성인은 깨달음을 통해 신의 형상을 회복한 거룩한 신과 같은 존재들이다. 성인들의 깨달음과 그들의 삶이 제자들에게 전수되었고 제자들은 스승의 가르침과 스승의 삶을 기록으로 남겼으니 그것이 바로 경전(經典)들이다. 그러므로 종교란 가르침과 배움의 전당이라 할 수 있으니 '종교 학교'라 해도 좋을 듯싶다. 종교 학교의 교장을 궁극적 존재라고 한다면 스승은 성인들이고 배우는 학생은 인간이며 교재는 경전이다.

　그런데 종교라는 전당(殿堂)에서 종교 가르침의 본질과 정신을 버리고 기복을 가르치고 배우며 건강과 장수, 출세와 성공, 사업의 번창 등 소원성취를 구하고 있으니 이 모습이 진정 종교이며 신앙이라 할 수 있겠는가? 이기심을 내보이며 사사로운 욕심을 구하는 것이 어찌 거룩한 종교 안에서 버젓이 행사할 수 있는가? 이는 신을 모독함이요 성인들의 깨달음과 그들의 가르침 그리고 그들의 삶을 초개(草芥)로 여기는 것이나 다름이 없다. 우리가 날마다 때마다 부르짖는 간절한 소원들을 신이나 성인들이 들어준다고 믿는 것은 맹신이요 어리석음이다. 맹신((盲信)이란 알지 못하고 무조건 내 이익을 구하며 쫓아다니는 것을 말하고, 어리석음(痴)이란 바른 앎 즉 하늘의 지혜에 대해 무지하여 인간의 삶이 병들어 누워 있음을 의미한다. 그러므로 이제라도 바로 알고 바로 믿고 바로 사는 길을 찾기 위해 무엇보다도 기복 심리부터 포기해야 할 것이다.

　인간이 신을 찾는 것은 본능적인 현상이지만 찾는 목적이 종교나 진리의 목적과 그 정신을 벗어나 있다. 신의 형상을 지닌 신의 자녀로서 작은 신(little god)답게 사람 구실을 온전히 하기를 원해서 종교를 통한 진리가 주어졌는데 인간은 신의 뜻을 왜곡하고 영성 있는 진리를 지성과 물성으로 풀어 교리 신앙과 기복 신앙으로 가두어 버렸다. 종교와 진리는 사람 구실을 말하는 영성의 영역이고 기복 신앙은 현실적 축복을 바라는 물성의 영역이다. 그래서 엄밀히 말하면 종교와 기복 신앙은 별개의 세계이다.

종교는 만물과 인간의 근원을 밝히면서 인간도 욕심을 버리고 신의 섭리 즉 자연의 섭리를 따라 살 것을 깨우치는 영혼의 영역이고, 신앙은 인간이 원하는 바를 신이 듣고 응답해주기를 기원하는 육신의 영역이다. 종교는 영혼이 평안하면 육신도 평안할 것을 가르치지만, 신앙은 영혼의 존재를 무시한 채 육신의 만족만을 추구한다. 종교는 진정한 행복과 축복은 심령에 있음을 말하지만, 신앙은 소유와 소비를 위한 물질적 축복만을 강조하고 있으며, 종교는 너와 내가 함께 상생하고 공존하는 사랑을 말하고 있지만, 신앙은 남을 이기고 내가 잘되는 이기적인 욕심을 부추기고 있다. 이러한 기복적인 신앙적 심리는 기독교를 포함하여 모든 종교계가 마찬가지이다. 분명 종교에는 인간의 욕심을 채워주는 복의 원리가 전혀 없으니 종교와 기복 신앙은 명백히 분리되어야 할 것이다. 종교와 진리는 신의 사랑으로부터 시작된 것이지만 기복적인 신앙과 믿음은 인간의 욕심으로부터 시작되었음을 깨우쳐야 한다.

인간은 신을 의지한다는 신앙을 빌미로 축복을 기원하고 있으니 이는 신에 대한 무지요 성인들이 전수한 종교에 대한 배반이며 진리에 대한 모욕이다. 인간을 부패하게 하는 물성과 욕심을 죽이고 세상에서 자비와 사랑으로 빛과 소금이 될 것을 가르치는 종교와 진리의 근본정신을 버렸으니 어디서 사람 구실을 찾아볼 수 있겠는가? 말없이 온전히 자기 구실을 잘하고 있는 생명체는 천체와 만물과 인체의 순기능뿐이다. 그런데 이런 곳마저 인간은 욕심과 욕망으로 천체를 오염시키고 만물을 파괴하며 인체도 물욕으로 순기능을 병들게 하고 있다. 그리고 문자로 기록된 진리까지 왜곡하고 있으니 인간의 욕심과 허물은 그 끝이 보이지 않는다.

인간 세상은 사람이 사람 구실을 바르게 하지 못하고 사람 위에 사람 있고, 사람 밑에 사람이 있는 적자생존의 세계 즉 짐승 세계로 변질되고 말았다. 이러한 현상은 인간이 인간의 근원을 망각한 데서 시작된 것이니 인간 안에 내재해 있는 신의 형상을 상실한 것이다. 그 형상은 신의 본능과 본성을 말하는데 그 본능은 언제나 자연의 섭리를 따르려는 속성을 말하고, 본성은 선한 형상 곧 사랑의 형상을 말한다. 만물 중에 인간만이 가장 부패하여 신의 뜻을 저버리고 있으니 인간에게만 종교와 진리가 주어진 것이다. 그러나 인간은 여전히 종교와 진리의 정신을 외면하면서 이기적인 욕심만을 구하고 채우려 하고 있다. 욕심이란 사람의 생존에 꼭 필요한 것 이상을 탐내거나 소유하고 소비하려는 심리를 말한다. 천체와 만물의 세계에는 높고 낮음이 없고, 소유와 소비도 없으며, 너와 나의 구분이나 차별도 없다. 상대적 개념이 없어 분별심도 없고 비교의식도 없다. 그런데 인간은 이분법적 사고(思考)와 상대적 개념이 형성되면서 인위와 억지가 삶의 한 형태로 자리매김을 하면서 생존 경쟁에서 이기기 위한 욕심과 욕망만을 앞세우고 있다.

그리고 인간이 가장 오해하고 있는 것 중 하나가 신은 인간의 생사화복을 주관한다고 믿는 것이다. 그러나 신의 속성 중 자연의 속성인

'스스로'의 본성과 '평등 사랑'의 본성을 보면 그렇지 않음을 알 수 있다. 믿음의 열정이나 크기에 따라 인간의 소원을 들어주거나 거부한다는 것은 공평과 평등 사랑에 어긋남이요, 기도의 정성에 따라 그의 소원을 들어준다면 '스스로'의 본성인 자연의 섭리를 벗어나는 것이다. 신은 자기의 능력을 과시하거나 오남용하지 않고 언제나 자연의 이치를 따른다. 천체와 만물도 언제나 자연의 이치를 따르듯이 인간도 자연의 이치와 순리를 따르는 것이 신의 뜻이다. 그런데 진리를 왜곡하고 문자적 계명대로 살면 축복을 받고 그 계명대로 살지 않으면 심판을 받는다거나, 믿음으로 기도하면 소원이 이뤄진다는 거짓된 가르침은 신에 대한 모욕이고 종교와 진리에 대한 무지이다. 소경이 소경을 인도하면 함께 구렁텅이에 빠질 수밖에 없다. 하나님의 영광을 위한다는 빌미로 자신의 영광만을 추구하는 삯꾼 목자들이 하나님을 세속적인 복의 근원으로 속이고, 진리를 복의 축문(祝文)으로 주장하고 있다. 물질적인 부(富)와 성공을 신의 축복이라는 그릇된 주장은 침묵하는 신을 우롱하는 처사인 줄 알아야 한다. 진실로 신과 종교와 진리는 기복적인 신앙과는 조화를 이루지 못한다. 인간은 종교적 동물이 아니라 이기적인 신앙적 동물이다.

그래서 이기적인 욕심으로 인하여 부패하고 타락한 인간을 깨우치고 구원하기 위해 주어진 것이 바로 근본 가르침인 종교요 으뜸 가르침인 진리이다. 그런데 안타깝게도 인간은 종교를 의식(儀式)으로 변질시키고, 진리는 기복(祈福)을 위한 축문(祝文)으로 전락시키고 말았다. 욕심과 부패와 타락으로부터 거듭남과 구원을 제시하는 종교와 진리를 악용하여 세속적인 축복을 얻기 위한 수단으로 변질시킨 것이다. 그러다 보니 신의 이름만 영혼 없이 힘주어 높이고, 진리를 진리답게 전하지 못한 채 꿈과 희망을 제시하고 있으며, 기도는 기적을 가져오는 능력이라 강조하고, 신전(神殿)은 정말로 신이 거주하는 것처럼 신성시하며, 성직자들은 속마음과 겉마음이 다르고, 가르침은 생활과 불일치하여 위선을 보이고 있다.

특히 종교를 신성시하면서 기복적인 신앙으로 변질시키어 '종교를 신앙화'하고 진리를 축복의 원리로 둔갑시키어 '진리를 기복화' 하고 말았다. 그러나 진정한 종교 개혁은 탈신앙화, 탈기복화로부터 시작될 것이다. 종교는 가난한 마음과 자기 부정과 자아의 죽음을 말하는데, 신앙은 육신을 위한 소원성취를 강조하고 있다. 그러므로 이제라도 기복 신앙에서 생활신앙으로 제자리를 찾아가야 한다. 성경에 이르기를 예수를 믿음으로 구원과 영생을 얻는다고 하였지만 사람 예수를 믿으라는 것이 아니라 예수의 본체인 길과 진리와 생명을 따르라는 것이다. 그 '믿음'은 기복적인 믿음을 말함이 아니라 예수와 한 몸을 이루어 작은 예수가 되라는 것이다. 그래서 '믿으라'는 말은 '따르라'이며 그 따름은 곧 예수의 공생애처럼 사랑함을 따르라는 것을 의미하는 것이다. '믿음'을 '사랑'으로 대체해 보면 믿음의 의미를 바로 볼 수 있을 것이다.

한 율법사가 하나님의 가르침 중에 어느 것이 가장 으뜸이 되느냐고 예수께 물었다. 예수는 "네 마음을 다하고 목숨을 다하고 뜻을 다하여 주 너의 하나님을 사랑하라 하였으니 이것이 크고 첫째 되는 계명이요, 둘째도 그와 같으니 네 이웃을 너 자신과 같이 사랑하라 하였으니 이 두 계명이 온 율법과 선지자의 강령이라"고 하였다. 하나님 사랑과 이웃 사랑 즉 '사랑'이 가장 으뜸이며 큰 가르침이라고 하였으니 모든 율법과 계명들은 사랑을 말하고 있다는 것이다. 세상의 모든 경전과 진리는 자비와 사랑을 펼쳐놓은 율법(律法)이요 계명들이다. 종교적인 관습으로는 세계의 종교가 불일치하지만, 진리의 근본정신으로는 하나의 통일성을 보이니 곧 인애와 자비와 사랑이다. 그래서 종교와 진리의 근본정신은 모든 이웃을 내 몸처럼 사랑하라는 것이다. 다른 사람의 권리 역시 내 권리만큼 소중함을 알고 마땅히 존중하고 배려해야 한다는 것이 곧 종교요 진리이다.

그러므로 우리가 하나님을 사랑하는 방법은 의식(儀式)과 예전(禮典)과 기복 신앙이 아니라 이웃을 내 몸처럼 진실로 사랑하는 방법 외에는 없다. 이웃은 보이는 신이요 하나님이기 때문이다. 예수는 율법 조문을 지킬 것이 아니라 사랑으로 율법 전체를 완성하라 하였으니 '사랑'보다 더 위대한 신은 없다. 사랑은 최고의 신(神)이며, 사랑함이 가장 신실한 신앙이요 믿음이고, 가장 존경받는 삶의 지표이다. 신앙은 종교의 그림자요 종교는 신앙의 빛이다. 우리는 그림자에 집중할 것이 아니라 빛에 집중해야 한다. 그 빛의 본질이 곧 '사랑'이다. 사랑은 하나님 자신이요, 하나님 나라이며 소금과 빛이 되는 길이기에 사랑이 우리의 신앙과 삶의 전부인 것이다. 가장 위대한 종교는 사랑이고 가장 위대한 신앙도 사랑이다. 하나님은 인간의 소원을 위해 존재하는 것이 아니라 사랑 그 자체로 존재할 뿐이니 사랑이 곧 하나님이다. 그래서 신은 축복이나 벌을 주지 않는다.

오늘날 종교와 신앙에 대한 우리의 생각과 관습을 보면 이미 종교와 진리는 죽었다. 종교는 욕심과 고통으로부터 자기 성찰과 깨달음을, 그리고 진리는 자비와 사랑을 말하는데 우리는 그것을 모두 버리고 신앙이라는 이름으로 자신의 이익만을 구하는 이기와 욕심을 앞세우고 있다. 종교와 진리가 죽으니 도덕과 윤리 의식도 죽고 마음의 양심도 죽어 죄를 죄로 여기지 아니하고, 불의를 불의로 생각지 아니하며, 불법을 불법으로 인정하지 않는다. 도리어 불의나 불법 행하는 것을 삶의 지혜나 현명함의 대명사로 여기고 있는 현실이다. 이렇게 종교계와 세상이 사욕(私慾)으로 인하여 영성이 가물어 메말라 죽어가고 있다. 신이 인간을 버린 것이 아니라 인간이 신을 버렸기 때문이다. 종교와 진리는 영혼과 마음 그리고 양심을 관리하는 신의 영역이다. 따라서 종교가 죽었다는 것은 신이 죽었다는 말이며, 진리가 죽었다는 것은 우리의 영혼과 마음과 양심이 죽었음을 의미하는 것이다.

그래서 종교계와 세상은 갈수록 이기와 욕심으로 인한 불법과 불의가 가득하여 혼탁하고 분열과 혼란이 가중되어 장래가 어두워 보이는 것이다. 세상을 밝히는 것은 종교의 가르침이 부활하여 자비심과 사랑이 모든 사람의 영혼 속에서 꽃을 피우는 길뿐이다. 진실로 인간의 욕심과 기복 신앙이 죽어야 종교와 진리의 본질이 부활할 것이다. 지금 종교와 인간 사이에 기복신앙이 자리하고 있다. 그러나 이제는 '기복신앙' 자리에 존재적 '사랑(道)'이 자리를 잡아야 할 것이다. 그러면 '실천적 사랑(德)'이 실현될 것이다. 이미 모든 종교계에서 기복 신앙이 자리를 굳혔지만, 반드시 기복 신앙심은 종교계에서 가장 먼저 퇴출당하여야 할 폐단이다. 우리의 신앙이 비합리적인 맹신(盲信)이 되어서는 아니 될 것이다.

기복 신앙은 인간의 이기와 욕심에서 비롯된 것으로서 진정 종교의 본질과 진리의 정신에 대한 무지와 곡해가 만들어낸 우상 숭배일 뿐이다. 우상(偶像)이란 실존(實存)을 본뜬 것으로서 마치 허수아비와 같은 허상(虛像)에 불과한 것이다. 우리가 신뢰하고 따라야 할 신앙의 대상은 오직 율법과 계명의 정신뿐이니 그것은 바로 자비와 사랑이다. 그 자비와 사랑은 일상에서 마땅히 실천되어야 할 사람의 도리이며 그 도리를 다하는 것이 곧 신을 믿고 따르는 진정한 신앙과 믿음이다. 사람들은 천상(天上)의 신을 찾고 있지만 신은 내 안에 있고, 나와 네가 곧 신(神)임을 알면 축복을 향한 기복적 신앙 심리는 무의미함을 깨달을 것이다. 그러므로 이제 돈과 명예와 부귀영화를 부정하고 또한 교리적인 믿음에 머물 것이 아니라 진정한 신의 뜻을 찾아가면서 종교의 본질인 '사랑'을 생활화하는 것을 새로운 신앙의 정점으로 추구해야 할 것이다.

이제 신앙의 대상은 복신(福神)이 아닌 사랑(慈愛)인 것은 사랑이 곧 하나님의 형질이요 예수의 본성이며 진리의 정신이고 생명의 속성이기 때문이다. 예수가 당시 종교 지도자들에게 거부당하고 모욕을 당한 것처럼 우리도 종교적 가르침인 길과 진리와 생명의 깨우침을 외면하며 비난하고 있다. 이제 각 종교계의 신전(神殿)들은 기복을 위한 신앙의 마당이 되어서는 아니 되고 깨우치고 변화되며 성숙하는 종교의 마당으로 탈바꿈되어야 할 것이다. 예수도 욕심으로 뭉쳐진 신앙의 터를 무너뜨리고 깨달음을 얻는 종교의 터로 변모하기를 원하지 않았던가? (마태복음 21:13) 종교, 근본 가르침에서는 나의 근원을 찾아야 하고, 으뜸 가르침에서는 인애와 자비와 긍휼 등 사랑을 배우고 익혀야 할 것이다.

신앙생활이란 내 뜻을 구하는 것이 아니고 신의 뜻을 구하는 것이요, 축복을 기대하는 것이 아니라 소금과 빛 된 삶을 만들어 가는 과정이다. 그 과정은 세속적인 욕심을 죽이고 진리 즉 사람 도리를 찾아가는 길이니 진정 이웃을 내 몸처럼 사랑하는 일이다. 이제는 공허한 종교 개혁을 외칠 것이 아니다. 제2의 종교 개혁은 기복 신앙이 무너질 때 시작될 것이며 또한 나도 너도 서로 자비심과 사랑을 베풀 때 종교

개혁은 끝날 것이며 더 나아가 문명의 발전은 멈추어도 괜찮을 것이다. 다시 강조하거니와 신앙은 능력과 기적과 축복을 기대하는 것이 아니라 성인들의 삶을 따르는 것이다. 종교의 3대 요건은 진리와 인간 그리고 사랑이며 인간의 조건 3대 요소는 영혼과 몸과 사랑이다. 그래서 종교는 의식(儀式)이 아니라 삶의 원리요 기복(祈福)이 아니라 사랑의 울림이니 '사랑'이 곧 길이요 진리이며 생명이다.

2. 하나님(神)의 존재적 양식

평소 하나님은 어떤 모습으로 존재하는지 무척 궁금했다. 하나님은 신령(神靈)으로 존재하여 이를 성령(聖靈)이라 한다. 영(靈)으로 존재한다는 것은 어떤 모습일까? 무엇으로도 표현할 수 없는 형상이 없는 무형이다. 분명히 존재하는데 도무지 볼 수가 없으며 소리도 없으니 들을 수도 없다. 테두리가 없어 잡을 수도 없고, 오고 가는 자취도 없다. 어느 한 공간에 있는 개체(個體)도 아니니 분명 전체(全體)이다. 크다고도 말할 수 없고 높다고도 할 수 없으며 깊다고도 말할 수 없다. 공간의 제한이 없는 무한대의 원(圓)으로 그려본다. '원'도 무형(無形)이지만 그 안에는 아무것도 없이 텅 비어 있어 이를 허공(虛空)이라 한다. 이렇게 영, 전체, 원, 허공 등 하나님의 존재 양식을 찾아가기 위해 이름을 붙이지만, 여전히 형체를 그릴 수는 없어 이를 무(無)라고 한다.

일찍이 성현들은 영, 원, 허, 공, 무 등을 도(道)라고 불렀으니 말씀($λόγος$)이다. 로고스는 다양한 뜻을 내포하고 있는데 이는 이성(理性), 진리(眞理), 법칙(法則), 존재(存在), 생명(生命), 본질(本質) 등과 관련이 깊다. 로고스는 우주의 천체와 만물과 인간의 근원이 될 뿐 아니라 우주(宇宙)의 질서와 운행을 지속하는 원리와 법칙이다. 이를 자연의 이치(理致) 또는 자연의 섭리(攝理)라고 하는데 섭리란 우주와 자연계를 다스리는 원리와 법칙을 말한다. 결국, 우주를 관장하는 '하나님'의 본체(本體)는 자연의 '이치'와 '원리'와 '법칙'이다. 이것이 하나님 또는 로고스의 원형(原形)이다. 우리가 하나님 성령 말씀 등으로 이름하고 있는 것의 원형이 자연(自然)이라는 뜻이다. '자연'이란 스스로 존재함, 저절로 그렇게 되어감, 천연(天然) 그대로의 상태를 의미한다. 하나님의 존재가 그러하다. 하나님은 외부의 도움이나 작용 없이 스스로 존재하였다. 그 '스스로'가 바로 자연이요 '존재함'은 이치이고 순리이며 법칙이다. 이 자연성(自然性)이 바로 하나님의 정체성이요 본체이며 본질이다. 우리는 그 자연의 이치와 순리와 법칙을 하나님, 성령, 말씀 등으로 부르고 있는 것이다.

누가 홍수와 지진과 해일을 일으키고, 가뭄과 기근을 주며, 초미세먼지와 코로나 19 재앙을 주는가? 신 또는 하나님인가? 인류에게 죄의 대가로 벌을 주는 것인가? 결코, 아니다. 축복과 행운을 주는 신도 없지만, 재앙을 주는 신도 존재하지 않는다. 천신(天神), 지신(地神), 산신(山神), 해신(海神), 조상신(祖上神) 등 심지어는 귀신(鬼神)도 존재하지 않는다. 모두가 인간의 마음에서 만들어진 허상(虛像)들이다. 존재하지 않는 것들을 존재하는 줄 알고 섬기고 받들며 각종 제(祭)를 올리는 것은 무지의 소산이요 어리석음의 극치이다. 각종 자연재해 또는 천재지변은 신이 일으키는 것이 아니라 아주 오래전부터 인류의 욕심이 초래한 자연의 이치와 순리가 그리되는 것이다.

지금까지 인간이 알고 믿는 축복의 신은 사실 존재하지 않는다. 존재하는 것은 자연의 '이치'와 '원리'뿐이다. 그 이치와 원리를 생기(生氣), 생명(生命), 성령(聖靈), 지혜(智慧)라 하며 이를 도(道) 신(神) 또는 하나님으로 부르는 것이다. 그러므로 자연의 '이치'와 '원리' 그 자체가 곧 신 또는 하나님이 존재하는 형상이요 모습이다. 그리고 성인들이 깨달은바 모든 가르침을 집약한 것이 도(道)이고 진리이며 기록된 경전들이다. 그 깨달음의 지혜서는 도덕과 윤리적인 계명의 가르침이 아니라 근본 가르침인 무욕(無慾)과 무아(無我)와 무심(無心)과 무사(無事) 곧 비움(虛空)의 진리이다. 그 비움의 진리는 인간의 인위적이고 의도적인 모든 욕심을 버리고 텅 비우게 하여 기복(祈福)에 대한 마음이 사라지고 내 인생이 스스로 되어지는 자연의 이치를 따르게 하는 가르침이다. 이것이 바로 성령을 따르는 것이다.

그러므로 인간은 허상의 신을 의존하며 이기적인 욕심과 소원을 빌 것이 아니라 행불행이나 좋고 싫음을 초월해 자연의 이치 즉 자연의 섭리를 수용하면 된다. 간혹 기도에 대한 응답을 받았다고 하는데 하나님이 응답하는 것이 아니라 기도와 상관없이 자연의 이치에 따른 결과를 얻은 것이다. 기도하면 응답받고 기도하지 않으면 응답받지 못하는 것이 아니다. 선하게 살면 축복을 주고 악하게 살면 벌을 주는 하나님은 없다. 비우며 살든 욕심을 부리며 살든 결국에는 각각 뿌린 대로 자연의 이치에 따른 결과를 얻는 것이지 하나님의 간섭에 의한 결과를 얻는 것이 아니다. 그러나 우리는 여전히 신 또는 하나님은 인간의 생사화복을 주관하며, 상선벌악(賞善罰惡)을 한다고 믿고 있다. 그래서 평생을 무속적인 기복 신앙에 집착하는 것이다. 천체와 만물은 처음부터 늘 자연성을 따라 생성화육을 스스로 잘 하고 있으나 인간만이 자연성을 외면한 채 인위적이고 작위적인 아집과 억지를 부리고 있다.

인간은 언제나 자신의 이기적인 욕심과 야망을 따를 뿐 자연의 섭리를 까마득히 잊고 있다. 자연조차도 자연 뜻대로 행하지 못하고 자연의 이치와 순리를 따를 뿐이니 하나님이 그러하다. 인간도 만물의 일부요 작은 신이니 당연히 '스스로'의 자연성을 따라야 하고, 자연의 섭리에 행불행의 분별 없이 만물처럼 모든 환경에 순응해야 한다. 때때로 찾아오는 우환(憂患) 등 불행한 일을 겪으면 신의 벌이라고 생각한다. 자연재해는 신의 분노이며 하나님의 심판이라고 주장하는 사람들도 있다. 그렇다면 전지전능한 신이나 하나님은 벌을 받을 사람과 보호받아야 할 사람을 구분하지 못하고 재앙을 쏟는다는 말인가? 이렇게 무능한 신을 믿고 있다는 것인가?

우리의 일상사(日常事)와 생로병사의 과정에서 일어나는 모든 행불행에 대해 좋고 싫음으로 분별하고 판단하여 마음이 크게 흔들리거나 치우침이 없어야 한다는 것이다. 다만 집착과 아집과 과욕 등으로 인한 고난과 고통이라면 깨닫고 돌이키면 된다. 개인적인 고통이나 자연 재앙 등은 신의 심판이 아니라 인간이 오랫동안 쌓아 놓은 욕심의 결과물들이다. 분명한 것은 신은 항상 '스스로 그러함'이라는 자연성을 따를 뿐이니 신을 우상화하여 안녕과 소원성취 등 기복을 바라는 것은 참으로 어리석음이다. 우리가 아는 하나님은 언제나 자연의 섭리를 따를 뿐, 편견이나 편애가 없어 기도의 응답이나 상선벌악 등 치우침이 일절 없다. 언제나 침묵으로 존재할 뿐이다. 따라서 우리도 스스로 깨우치고, 스스로 자신의 스승이 되고, 스스로 자신의 신이 되어 자신의 삶에서 자연의 섭리를 따라야 한다. 자연성(性)이란 본능, 본질, 길(道), 진리, 생명, 바탕 그리고 만유(萬有)의 원인(原因)을 의미한다. 그 자연성이 우리가 부르는 신 또는 하나님이 존재하는 양식이다.

그리고 스스로 존재한 하나님은 영(靈;spirit)으로 존재하는데 이를 거룩한 영 곧 성령(聖靈;Holy Spirit)이라고 한다. 성령은 '하나님'이라는 이름이 있기 전의 원형(原形)으로서 '영'은 모양과 모습이 없는 무형의 존재이다. '영'을 달리 표현한다면 허(虛), 공(空)이라 할 수 있으니 비움 곧 '빔'으로 이해할 수 있다. 그래서 빔의 존재를 알면 신의 존재, 하나님의 존재가 어떤지를 안다. 영, 허, 공, 빔 등은 표현이 다를 뿐 본질은 인간의 오관으로 감지할 수 없는 무형(無形), 무성(無聲), 무위(無爲), 무욕(無慾)의 존재임을 의미하여 이를 무(無)라고도 한다. '무'라고 해서 존재하지 않는 '없음'을 말하는 것이 아니라 있는 듯 없고, 없는 듯 있는 신묘한 존재를 '무'라고 한다. 바로 하나님은 없는 듯 있고, 있는 듯 없는 신령한 존재라는 것이다. 이를 류영모님은 "없이 계시는 하나님"이라는 매우 적절한 표현을 사용하였다. 하나님(自然性)은 하늘과 땅과 만물 그리고 인간의 근원이지만 그것들에 대한 소유권을 주장하지 않고, 자기의 뜻대로 의도하여 다스리지도 않으며, 모든 현상계를 보다가 참다못해 강제하거나 억지를 부릴 일조차 없으니 굳이 자기의 모습을 세상에 드러낼 일이 없다. 자연의 순리를 따르는 것이 본래 하나님의 속성이기 때문이다. 그래서 자연의 섭리가 곧 신의 섭리요 하나님의 섭리이다.

하나님의 존재가 영, 허, 공, 빔 등으로 표현되는 것은 인간도 신의 존재적 양식처럼 '빔' 또는 '없음'으로 존재하라는 것이다. 이는 무욕을 의미하고 무욕이란 자아의 죽음, 자기부정, 가난한 마음, 비움의 삶을 의미한다. 내가 죽어야 비로소 빔을 경험하고 영으로의 존재적 실체인 영혼의 가치를 안다. 그러면 세속의 문명과 문화에 집착하지 않을 수 있어 하나님의 뜻인 '이웃 사랑'을 완성할 수 있다. 그러나 인간은 언제나 자신의 이익이나 유익을 위해 인위적 또는 의도적으로 최선을 다한다. 선한 최선과 악한 최선을 병행해 가면서 때와 상황에 따라 자신이 원하는 바를 얻기 위해 동분서주하고 있다. 때로는 다른 사람들에게 해(害)를 끼쳐가면서까지 자신의 이익과 명예와 권력 등을 위해서 의도적으로 그리고 억지와 강제로 목적을 달성하려 한다. 이렇게 인간은 목적을 가지고 인위적으로 또는 의도적으로 자신의 삶을 만들어 간다. 그러다 보니 생존을 위한 경쟁과 다툼이 끊이지 않는 가운데 시기와 원망과 불평과 불안과 혼란 및 각종 사회적 범죄 등 악순환이 반복되고 있다. 이기적인 욕심이나 욕망을 채우려는 세상에는 언제나 경쟁과 다툼과 적개심과 혼란만이 계속될 뿐이다. 그러나 하나님(自然性)은 결코 인간들의 싸움판에 들어서지 않는다. 생존 경쟁에서의 자기 승리를 위한 이기적인 기도를 들어주지 않는다. 인간이 바라고 소원하는 바를 들어주는 귀가 하나님은 없다. 하나님은 의도적인 일을 행하지 못한다. 따라서 인간도 자신의 삶에서 자연스럽게 만들어져 가는 '스스로 그러함'에 순응해야 한다는 것이다. 인간이 바라는 기도에 응답하는 별책 부록은 그 어디에도 없다.

처음 사람을 지을 때 하나님의 형상(image)과 모양(likeness)을 따랐다고 하였는데 이는 성령의 '영(靈)'과 '영성(靈性)'을 닮았음을 의미한다. 영은 인간의 생명과 영혼을 이루고, 영성은 인간의 마음과 양심을 이룬다. 하나님의 형상으로는 영을 닮은 것을 의미하고, 모양으로는 영성을 닮은 것을 의미하며 그 영성의 본질은 다름 아닌 '사랑'이다. 그래서 성령을 '성령의 사랑'(로마서 15:30, love of the Spirit)이라고도 하니 성령은 사랑의 영이요 사랑의 영이 곧 성령이다. 하나님은 선하시고 은혜를 베풀기에 사랑(God is Love)이 아니라 사랑이 곧 성령 하나님(Love is God)의 실존이다. 여기서 '사랑'이란 인간에게 베푸는 하나님의 은혜와 축복을 말하는 것이 아니라 하나님의 '존재적 형질'로서의 사랑을 의미한다. 그리고 말씀(λόγος; 道)은 곧 하나님이며, 하나님은 사랑이라 하였으니 '말씀'이 곧 '사랑'이다. 따라서 성경전서를 비롯하여 세상의 모든 경전에서 말하는 진리는 '존재적 사랑'의 뜻을 전하는 가르침이니 그 '사랑'의 뜻과 정신이 그대로 '진리의 영'이다. 그래서 예수는 "내가 너희를 사랑한 것처럼 너희도 서로 사랑하라"라는 유언을 남긴 것이니 모든 경전과 성경의 주제는 '사랑'이다.

우리의 삶이나 신앙에서 이웃과 세상을 향한 '사랑'이 없다는 것은 내 영혼에 하나님이 없다는 것이니 나의 존재적 가치도 무의미하다고 한 것이다. 우리가 예수를 믿어 구원을 얻는다는 것은 예수와 함께 십자가에서 나는 죽고 예수의 부활과 함께 나도 부활하였으니 이제는 내가 사는 것이 아니요, 내 안에 있는 그리스도의 영 즉 '사랑'으로 사는 것이 바로 구원의 증거이다. 따라서 우리가 하나님을 믿는다는 것은 나도 사랑으로 존재(道)한다는 의미이고, 예수의 이름으로 기도한다는 것은 기복이 아니라 예수의 삶을 따르겠다(德)는 다짐이 되어야 한다. 일반적으로 신 또는 하나님을 생각하면 높고 높은 하늘에서 인간 세상을 내려다보고 있는 존엄한 존재로 착각하고 있다. 마치 백성과 임금의 관계와 같은 위상으로 인식하고 있다는 것이다. 그러나 이와 같은 존엄과 위상은 처음부터 인간이 기복적인 신앙 심리에서 설정한 잘못된 개념이다. '사랑'이 곧 신이고 신은 사랑의 영으로 존재하니 그 '사랑'은 좌로나 우로도 치우침이 없는 중도(中道)이다. 누구의 기도는 들어주고 누구의 기도는 들어주지 않는 편견과 편애가 신에게는 없다는 말이다.

인간은 문명의 바벨탑을 쌓기 위해 존재하는 것이 아니다. 또한, 출세와 성공을 위해 사는 것도 아니고, 희로애락을 위해 사는 것도 아니다. 소유와 소비가 아닌 '존재' 자체만으로도 자족하며 서로 사랑을 나누기 위해서 존재하는 것이다. 그 사랑을 서로 나누기 위해서는 반드시 무욕(無慾)이 전제되어야 한다. 가난한 마음, 텅 비워진 마음, 자족할 줄 아는 마음이 형성될 때 우리는 진정한 자유를 누릴 수 있다. 자유란 아무것에도 매이지 아니하고 미련이나 아쉬움, 그리고 집착이 없는 상태를 말한다. 그러면 자유는 평화를 낳는다. 평화란 근심 걱정 그리고 불안이 전혀 없는 지극한 안정과 고요한 상태를 말한다. 그리고 그 평화는 사랑을 낳고 사랑은 행복을 낳으니 행복은 재물과 명예와 권력 등 세속적인 부(富)에서 오는 것이 아니다. 행복은 자유와 평화와 사랑에서 비롯되는 것이니 진정한 부는 마음과 정신세계가 누리는 것이지 몸이 누리는 것이 아니다. 몸은 마음과 한 쌍을 이루기에 마음에 욕심이 가득하면 몸은 각종 불법을 행하기 마련이고, 마음이 청빈하면 몸은 자유와 평화를 누리고 사랑을 베푸니 비로소 행복을 얻는 것이다.

우리는 생존 경쟁 속에서 출세와 성공을 위해 열심히 사는 것이 곧 당연한 인생살이라고 여긴다. 그렇지 않다. 신의 형상과 본성을 회복하면 그러한 삶이 얼마나 공허한지를 깊이 깨달을 수 있을 것이다. 인간의 욕심이 선한 본능과 본성을 모두 밀어내고 인간의 삶을 혼란스럽게 만든 것이다. 그래서 욕심은 모든 죄와 불법과 불의의 근본이 된다. 욕심을 제거할 수 있다면 마음이 비워져 가난한 마음이 되니 그 비워진 가난한 마음이 곧 자유와 평화 그리고 사랑의 마음이 된다. 측은지심과 자비와 사랑은 무욕에서 비롯되기 때문이다. 다시 말하면 인간은 만물과 함께 신의 형상대로 지음을 받은 사랑의 존재이다. '사랑'은 인간 영혼의 본질이고, 마음의 본성이며, 삶의 바탕이다. '사랑'은 이성 간의 감정이나 낭만 혹은 동정이 아니다. '사랑'은 신의 존재적 형질(形質)이요 속성이다. 그래서 '신' 또는 '하나님'이라는 호칭을 '사랑'으로 바꾸어 부른다면 신의 존재적 양식을 바르게 깨닫게 될 것이다.

우리는 그동안 '신' 또는 '하나님'이라는 이름을 수없이 불러오는 동안 하나님은 마치 하늘 위의 하늘 저 높은 어느 곳에서 한 존엄자로 존재하는 것으로 인식을 하면서 우상(偶像)화된 신으로 숭배해 왔다. 그러면서 하나님의 말씀인 진리와 신앙과 일상(日常)이 일치된 조화를 이루지 못한 채 단지 인간의 세속적인 기복(祈福)을 위해 존재하는 하나님으로 곡해를 한 것이다. 신앙인들이 생각하는 축복의 신은 사실 어디에도 존재하지 않는다. 진리가 말하는 신이나 하나님은 일반 신앙인들이 생각하는 우상이나 허상과 같은 존재가 아니다. 우리가 분명히 잊지 말아야 할 것은 신이나 하나님이라는 이름이 있기 전 하나님으로서의 존재 양식과 형질은 무형의 성령이요 사랑의 영이며 또한 자연의 이치라는 것이다. 그리고 지금도 성령의 사랑으로 존재하며 온 삼라만상에 편만해 있다.

하나님은 은혜를 베풀거나 선한 분이기 때문에 사랑이라 한 것이 아니라 사랑 그 자체이기 때문에 사랑이라 하는 것이다. '하나님'이라는 이름을 '사랑'으로 바꾸어 사랑이 곧 신이요 하나님이라는 인식의 변화를 경험하는 것은 신앙과 삶에 큰 변화와 영향을 미칠 수 있을 것이다. '사랑'은 하나님의 품성이나 덕목이 아니라 무형의 '실존' 그 자체이다. 그래서 '성령의 사랑'(The Love of the Spirit)이 우리가 숭배하고 경배해야 할 참 신이요 참 하나님이다. 그러나 그 경배는 의식(儀式)이 아니라 삶(life)이요 그 삶을 곧 생명(life)이라고 하니 예수가 자기를 일컬어 말한 "나는 길이요 진리요 생명이라" 말한 의미이다. 결국, 신 또는 하나님은 영으로 존재하되 '자연성'과 '사랑'의 형질로 존재한다. 자연성과 사랑의 속성은 서로 다르지 않아 이를 "본능적인 사랑"으로 묶어 부른다. 그 본능적인 '사랑'이 바로 우리가 찾고 의존해야 할 신이요 하나님이다. 그래서 사람 존중, 사람 사랑, 이웃 사랑이 곧 하나님 사랑이요 온 율법과 계명을 완성한 것이라 한 것이다.

인간은 사랑의 형상을 따라 지음을 받은 존재이기에 우리가 하나님을 사랑하는 그 '사랑'은 내 것이 아니라 하나님의 형상으로서의 유전적인 '사랑'이며, 사람을 사랑하는 그 '사랑'도 내 사랑이 아닌 선천적인 사랑이다. 그래서 '사랑'은 사람의 것이 아니라 하나님의 것이요 성령의 것이며 또한 존재적 사랑의 것이다. '사랑'은 하나님으로부터 파생되어 나오는 하나님의 품성이나 덕목 이전에 하나님 본래의 실존이다. 이미 오래전부터 불러온 '하나님'이라는 이름과 호칭에 익숙해져 있기에 하나님의 호칭을 '사랑'으로 바꾸어 새롭게 인식하는 것이 어색할 수 있다. 그러나 존재적 '사랑'이 곧 신이요 하나님임을 알고 새로운 인식으로 전환하자는 것은 우상화된 하나님 개념 때문에 진리와 신앙과 삶이 일치를 이루지 못한 채 기복에 빠져 있기 때문이다. 그래서 '사랑'으로 전환하여 진리와 신앙과 삶의 일치를 도모해 보고자 하는 것이다. 태초 전부터 '성령의 사랑'은 스스로 존재하고 천지와 만물과 사람의 근원이 되었으니 온 천지와 만물과 사람 안에 '사랑'이 본성적으로 존재하고 있다. 이는 사랑이 하나님이듯이 나는 곧 사랑이라는 인식의 전환이 우리의 신앙과 교회의 모습을 변하게 할 것이다.

그러면 사랑은 사랑으로 사랑한다는 명제가 나온다. 사랑의 대상은 육체의 겉모습이 아니라 사람 안에 내재해 있는 하나님의 형상인 영혼이요 사랑이다. 그 존재적 사랑이 내 안에 내재해 있으면서 그 사랑으로 모든 사람을 사랑한다는 말이다. 이것이 진리와 일치된 신앙이요 믿음이다. 인간이 잃어버린 '사랑'을 다시 회복하여 그 사랑으로 서로 사랑하며 평등하고 하나 된 초대교회와 같은 공동체를 이루는 것이 곧 하늘의 뜻이 땅에서도 이루어지는 길이다. 하나님인 '사랑'(고유명사)이 사람의 육신을 입고 우리 가운데로 임재하여 사랑(동사)의 본을 보이고 우리의 죄와 허물로 인해 제물이 되어 죽었다가 3일 만에 부활하였으니 이는 '사랑'(고유명사)이 죽고 부활한 것이다. 보이는 형상으로는 사람 예수이지만 성령의 사랑이 육신을 입고 온 것이다.

따라서 십자가 사랑 안에서 나의 죄와 허물의 근원인 모든 욕심은 죽고 내 안에서 오랫동안 잠자던 '성령의 사랑'이 깨어나는 것을 부활이라 하는 것이다. 나의 존재가 몸이 아닌 '사랑의 영'으로 다시 태어나는 것이 곧 구원의 원형이다. 하나님과 예수는 인간의 외형을 사랑하는 것이 아니라 우리 안에 내재해 있는 존재적 '사랑'을 사랑하는 것이다. 그러므로 우리도 사람을 사랑하는 것은 외형이나 조건이 아니라 내면의 형상인 '사랑'을 사랑하는 것이다. 사랑하되 좋은 사람 나쁜 사람을 분별하지 아니하고 모두를 평등하게 사랑하는 것이다. 평등한 사랑은 언제나 경건하여 마치 하나님을 대하듯이 모든 사람을 존중히 여긴다. 이것이 진정 본래의 '사랑 (하나님)'으로 사람을 사랑하는 것이다. '사랑'과 '하나님'과 '사람'의 형상과 형질은 동일한 것이니 이제 '사랑'이 곧 하나님임을 알아 의식(儀式)과 무속(巫俗)과 기복(祈福)을 버리고 우리의 신앙적 믿음과 삶에 대한 커다란 변화를 불러와 온 교회와 세상에 사랑으로의 영향을 미쳐야 할 것이다.

야고보는 하나님 앞에서 정결하고 더러움이 없는 경건은 곧 고아와 과부를 그 환난 중에 돌아보고 또 자기를 지켜 세속에 물들지 아니하는 것이라 하였다. '경건'이란 종교, 예배, 신앙을 의미하여 하나님께 대한 신앙적 행위를 말한다. 경건한 자의 삶에 있어서 이웃 사랑과 자신의 거룩한 생활과의 관계는 불가분의 관계이다. '세속'이라는 용어는 언제나 하나님의 뜻과 대조되는 악한 관행들의 동의어이다. 세속을 향하게 하는 것은 내 안의 욕심이니 욕심은 하나님과 그의 계명을 떠나게 하는 원흉이요 예수를 십자가에 못 박은 원수이니 결국 욕심이 사랑을 박해하고 죽인 것이다. 우리가 욕심을 버리지 못하는 한 하나님과 사람에 대한 도리를 할 수가 없다. 사랑이 없는 경건은 경건의 모양일 뿐 하나님께 드리는 신앙적 행위가 아니기에 이를 외식(外飾) 또는 위선(僞善)이라 한 것이다. 진정한 신앙 또는 경건이란 종교적 의식에 참여하는 것이 아니라 이웃을 내 몸처럼 사랑하는 그 '사랑'이 곧 신앙과 경건의 실체이다.

그러므로 우리는 예수를 믿는 것에 멈출 것이 아니라 궁극적인 목적은 예수처럼 살아야 함을 잊지 말아야 한다. 신앙과 믿음은 사람으로 하여금 바르게 살자는데 그 의의가 있는 것이지 결코 숭배나 기복에 있는 것이 아니다. 신학과 교리와 교회 그리고 목회자와 신도가 있는 것은 오직 바른 생활 곧 사랑의 삶을 위해 있는 것이다. 그런데 신학과 교리에는 온 율법의 강령이요 신앙의 정신인 인애와 긍휼과 자비 즉 사랑에 대한 구체적인 가르침은 전혀 언급이 없는 채 곁가지에 불과한 이론과 지식으로 가득 채웠다. 영성이 아닌 지성으로 신학을 가르치고 교리적으로 목회를 하니 신앙 역시 지성과 성장과 축복으로 치우쳐 있다. 영성은 하나님의 뜻이고 지성은 사람의 소리일 뿐이다.

하나님과 진리가 기대하는 것은 사랑이지 물량적인 성장이나 축복이 결코 아니다. 그러므로 이제는 신앙의 본질을 존재적 사랑에서 찾아야지 성장과 기복(祈福)에서 찾을 것이 아니다. 복 받기를 기원하는 신앙은 샤머니즘, 토테미즘, 애니미즘 등 원시 신앙에서 영향을 받은 것이다. 이는 하나님의 존재적 양식이나 속성을 벗어난 그릇된 행위이며 또한 종교의 본질과도 어울리지 않으니 하나님을 향한 기복신앙은 배제하고 자연성을 따라야 한다. 따라서 우리는 행불행이나 희로애락에 흔들릴 것도 아니고 생로병사를 두려워할 것도 아니며 또한 축복을 기대할 것도 아니다. 다만 우리에게 주어지는 모든 환경과 조건에 대해서 좋고 싫음에 대한 분별심을 초월하여 순응하는 것이 마땅한 도리요 그 순응이 힘들 때 슬기로운 극복을 위해서 스스로 의지를 다지는 것이 곧 기도요 신앙이다.

　존재적 '사랑'은 언제나 의도적으로 하는 바가 없이 스스로 되어가는 자연의 섭리를 따를 뿐이며 이 '사랑'과 '자연성'이 바로 신이 존재하는 양식이다. 결코, 신은 인간의 소원을 들어주고 응답해주기를 기대하는 기복 신앙에 관여하지 않는다. 그것은 자연성과 사랑의 정신에 어긋나기 때문이다. 사랑은 불평등을 초래하는 편견이나 편애가 없어 어느 한쪽의 기도를 들어주는 일은 할 수가 없다. 따라서 기복 신앙을 온전히 배제한 채 우리도 편견과 편애와 흔들림이 없는 이웃 사랑을 삶의 원칙으로 삼을 것이며, 자신의 인생 물줄기를 의도적으로 변경하려는 우(遇)를 범하지 말 것이다. 이제 신, 하나님, 예수 등 호칭은 이름일 뿐 원형이 아니니 신을 향한 숭배나 찬양 그리고 신앙의 방법 등을 본질 면에서 다시 찾아야 한다. 그것은 바로 '자연성'과 '사랑'임을 알고 본능적인 사랑을 따르자는 것이다. '사랑'이 곧 신이요 자연성은 사랑의 삶이다. '사랑이 없으면'(고린도전서 13:1-3)하는 가르침은 '하나님이 없으면'과 다름이 아니고, 무위(無爲)하고 자연성을 따르자는 것은 곧 성령의 인도(갈라디아서 2:20)를 따르자는 말이다. 그래야 우상화된 기복 신앙에서 벗어나 말씀을 생활화할 수 있을 것이다. 진정한 목회와 신앙과 인생은 하나님의 본질을 바로 알고 바로 믿고 바른 생활을 추구하는데 궁극적인 목적이 있는 것이다.

3. 사랑이 있는 곳에 신이 있다

톨스토이 작품 중 '사랑이 있는 곳에 신이 있다'라는 글이 있다. 구두 제조와 수선으로 하루살이 생활을 하는 가난한 마르틴 구두장이가 있었다. 그는 일찍이 몇 년 사이를 두고 사랑하는 아내와 두 아들을 병으로 모두 잃고 혼자 살고 있다. 나이가 들어가면서 그는 삶의 회의와 비관으로 무겁게 지내고 있을 때 친구가 와서 그의 사정을 듣고는 성경을 구입해 읽을 것을 권했다. 마르틴은 성경책을 구해서 조금씩 읽는데 읽을수록 마음이 움직이기 시작하였다. 어느 날 그는 꿈속에서 '마르틴, 내일 밖을 내다보아라. 내가 네게 가마' 하는 음성을 듣게 된다. 그래서 그는 아침부터 청소를 말끔히 하고 따뜻한 차도 준비해 놓고 밖을 내다보고 있다.

마을 어른이 추위에 떨며 힘겹게 눈을 치우는 모습을 한참 보다가 그를 불러 따뜻한 차를 대접하며 난로에서 몸을 쉬도록 하였다. 그런데 오후가 되도록 기다리는 손님은 오지 않는다. 한참 후 남루하고 허술한 차림새로 어린 아기까지 업고 지나가는 여인을 보게 된다. 그는 한참을 바라보다가 그의 모습이 딱해 보여 여인을 불러 차와 먹을 것을 내어주면서 잠시 몸과 마음을 녹일 수 있도록 하였다. 그러면서 밖을 보며 손님을 기다린다. 그러나 손님은 늦도록 오지 않았다. 늦은 시간에 할머니가 사과 바구니를 들고 지나는데 어린 꼬마가 사과를 훔치다가 꾸중을 듣는 광경을 보게 된다. 마르틴은 나가서 꼬마에게 사과를 쥐여주며 할머니의 용서를 부탁한다. 그리고 그는 밤늦어서야 집으로 돌아와 성경을 읽으려는데 어디선가 음성이 들린다. '마르틴, 나야,

오늘 고마웠어!' 하니 마르틴은 놀라며 언제 왔었느냐고 묻는다. '오늘 네가 만난 사람들이 바로 나였어!' 한다. 그렇다. 보이지 않는 하나님은 보이는 하나님으로 늘 우리 곁에 계시니 바로 이웃이었다.

성경의 기록을 보면 "마지막 때에 임금이 오른편에 있는 자들에게 이르시되 내 아버지께 복 받을 자들이여 나아와 너희를 위하여 예비된 나라를 상속받아라. 내가 주릴 때 너희가 먹을 것을 주었고 목마를 때에 마시게 하였고 나그네 되었을 때 영접하였고 헐벗었을 때 옷을 입혔고 병들었을 때 돌보았고 옥에 갇혔을 때 와서 보았느니라. 이에 의인들이 대답하여 이르되 주여 우리가 어느 때에 주께서 주리신 것을 보고 음식을 대접하였으며 목마르신 것을 보고 마시게 하였나이까. 어느 때에 나그네 되신 것을 보고 영접하였으며 헐벗으신 것을 보고 옷 입혔나이까. 어느 때에 병드신 것이나 옥에 갇히신 것을 보고 가서 뵈었나요 하니, 임금이 대답하되 내가 진실로 너희에게 이르노니 너희가 여기 내 형제 중에 지극히 작은 자 하나에게 한 것이 곧 내게 한 것이니라 하시고, 또 왼편에 있는 자들에게 이르시되 저주를 받은 자들아 나를 떠나 마귀와 그 사자들을 위하여 예비 된 영영한 불에 들어가라. 내가 주릴 때 너희가 먹을 것을 주지 아니하였고 목마를 때에 마시게 하지 아니하였고 나그네 되었을 때 영접하지 아니하였고 헐벗었을 때 옷 입히지 아니하였고 병들었을 때와 옥에 갇혔을 때 돌보지 아니하였다 하시니 그들도 대답하여 이르되 주여 우리가 어느 때에 주께서 주리신 것이나 목마르신 것이나 나그네 되신 것이나 헐벗으신 것이나 병드신 것이나 옥에 갇히신 것을 보고 공양하지 않았나요 하니 이에 임금이 대답하되 내가 진실로 너희에게 이르노니 이 지극히 작은 자 하나에게 하지 아니한 것이 곧 내게 하지 아니한 것이니라 하시니 그들은 영벌에, 의인들은 영생에 들어가리라 하시니라"(마태복음 25:34-46)

하였다. 평소 우리의 시선은 어디에 있으며, 우리의 발걸음은 어디를 향하며, 나는 무엇을 위해 어떤 사람들을 만나고 있는가?

사람에 대한 분별심이 없으면 모든 사람은 평등하다. 외형적으로는 사는 모양새가 각기 다르니 분별의 눈으로 보면 부자와 가난한 자, 높은 자와 낮은 자, 잘난 자와 못 난자, 선함과 추함 그리고 나와 너 등 차별과 차등이 생긴다. 이렇게 분별을 하면 사람이 평등해 보이지 않아 평등한 사랑을 할 수가 없다. 그래서 겉모양새를 볼 것이 아니라 속모양새를 볼 수 있어야 평등한 사랑을 할 수 있다. 속 즉 생명과 영혼은 귀하고 천함이 없다. 누구의 것이나 소중하고 가치가 있으며 너나 할 것 없이 동일한 생명과 영혼이다. 겉모양새를 버리고 보면 속의 것으로는 자랑할 것도 없고 우쭐댈 것도 없다. 진실로 평등한 사랑이 참사랑이다. 내 몸 같은 사랑이 참사랑이다. 부유한 사람과 천한 사람이 똑같이 내 몸 같아야 사랑이고, 좋은 사람과 미운 사람이 똑같이 평등해야 사랑이다. 사랑에는 차별이 없어야 한다. 사람에 따라 사랑함의 차이가 있다면 그것은 참사랑이 아니다. 내게 좋아 보이는 사람을 좋아하고 내게 미운 사람을 미워하는 것은 누구나 할 수 있는 일이다. 누구든지 내 몸처럼 평등하게 사랑하려면 무엇보다도 분별이 없어야 한다. 세상은 수직의 눈으로 보지만 우리는 수평의 눈으로 보아야 한다. 언제나 평등한 사랑을 위해 분별을 끊어야 한다. 그러면 순수하여 조건이 없는 사랑의 눈으로 하나님도 볼 수 있을 것이다.

사랑에는 이분법 사고(思考)가 없다. 너와 내가 없고, 높고 낮음도 없으며, 부(富)와 빈(貧)도 없다. 사랑은 마치 물과 같아 한 물을 다른 물에 넣어도 본래의 자기 모습은 사라지고 물끼리 동화되어 하나를 이룬다. 또한, 사랑은 소금과도 같아 음식에 들어가면 자기의 존재는 사라지고 그 음식과 동화되어 맛을 낸다. 이렇게 사랑은 자신을 주장하지 않고 상대 안에서 동화되어 하나를 이룬다. 사랑은 1+1은 1이고 1+3도 1이고 1+10도 1이다. 십자가의 사랑이 그러한 것이다. 십자가에서 죽은 자는 누구든지 평등하게 사랑하여 모든 이와 함께 동화할 수 있다. 그래서 내가 죽으면 나도 살고 이웃도 산다. 우리는 죽어서 사는 지혜를 구하는 것이 신앙이요 믿음이며 기도인 것을 알아야 한다. 그러나 진리에 무지하고 사랑 하나님을 모르기에 사랑을 동정이나 봉사 정도로 안다. 사랑(고유명사)은 사랑(동사)이다. 예수의 공생애 가운데 하나님이 늘 함께하였듯이 우리가 사랑하는 곳에 신 또는 하나님이 늘 함께 존재한다. 이 진리를 알려면 무엇보다도 내가 죽어야 한다. 욕심은 죽고 빈 마음으로 살아야 율법의 정신과 십자가 사랑의 의미를 안다는 말이다.

사랑이 없으면 내가 좋은 일은 취하고 싫은 일은 버리게 된다. 사랑이 없으면 분별심이 생겨 사람을 외모로 판단하고 좋아하거나 싫어한다. 사랑이 없으면 이기와 욕심에서 자유로울 수가 없으니 경쟁과 다툼과 미움과 원망이 생긴다. 그래서 사랑이 없는 마음으로 우리가 하나님 앞에 나간다면 외식과 위선이 될 수밖에 없다. 하나님의 집은 사랑이고, 하나님의 양식도 사랑이고, 하나님의 직무도 사랑이며, 하나님의 마음도 사랑이고, 하나님 나라도 사랑이다. 사랑을 떠난 하나님은 어디에도 존재하지 않는다. 사랑이 곧 하나님이니 사랑 없는 교회, 사랑 없는 성직자와 신도는 존재의 가치가 없는 거짓이요 허상(虛像)들이다. 그래서 사람을 판단하려거든 겉 사람과 그의 조건을 보는 것이 아니라 속사람인 마음의 영을 볼 것이다. 마음의 영이 사람의 정체성이요 실체이기 때문이다. 그러면 사람을 외모로 분별하지 않고 평등하게 존중하고 사랑할 수 있다. 하나님은 하나님을 사랑하는 자와 미워하는 자를 구분하지 않고 햇빛과 비를 내리고, 예수 십자가 사랑은 유대인에게만이 아니라 인류 전체를 위한 것이니 우리 또한 사람에 대한 분별없이 모두를 평등하게 사랑하는 것이 마땅한 도리이다. 원수에게도 똑같은 사랑을 베풀 수 있어야 한다. 사랑이 있는 곳에 하나님이 있고 진리가 있으니 또한 나도 있어야 한다.

하나님의 사랑을 여실히 보여준 분이 예수이다. 예수는 자신이 하나님에게서 왔고, 하나님의 본체이지만 하나님이라는 자기의 존엄한 존재를 버리고 사람으로 존재하며 사람 가운데서 모두를 평등하게 사랑하는 것을 보여 주었다. 예수는 모든 사람을 차별하지 않았지만, 특히 약자들과 죄인들과 소외되고 버림받은 사람들 그리고 영혼의 양식이 갈급한 사람들을 찾아 그들의 아픔과 고통을 보고 함께 아파하였으며 그들의 속사정을 들어 주었다. 사랑은 물과 같아 언제나 아래로 흐르는 본성을 가지고 있어 사랑은 자신이 있어야 할 자리를 스스로 찾아갈 줄 안다. 사랑은 언제나 변함없이 낮은 자리에 머무는 것을 당연시 한다. 그러나 우리는 높은 자리를 선호하고 많은 소유와 소비를 원한다. 그 욕심이 마음을 굳게 하고, 양심을 죽이며, 영혼까지 짓밟는다. 그래서 사랑은 우리 안에 거할 곳이 없으니 성령 하나님도 없는 것이다. 우리는 예수를 믿는다며 하나님의 이름을 찬양하면서 기복만을 바랄 뿐 정작 십자가의 본질인 사랑은 어디에 있는지조차 모르고 있다. 사랑을 잃은 것은 하나님을 잃은 것이며 또한 '나'를 잃은 것이다. 본래 '사랑'이 있는 곳에 '나'가 있고 '나' 있는 곳에 '사랑'이 있어 나는 곧 사랑이어야 한다. 참으로 사랑이 있는 곳에 신이 있다는 말은 진리 중의 진리이다.

사도 요한은 간절한 마음으로 이렇게 호소하고 있다. 사랑하는 자들아 우리가 서로 사랑하자 사랑은 하나님께 속한 것이니 사랑하는 자마다 하나님으로부터 나서 하나님을 알고, 사랑하지 아니하는 자는 하나님을 알지 못하나니 이는 하나님은 사랑이심이라. 사랑하는 자들아 하나님이 죽기까지 우리를 사랑하셨으니 우리도 서로 사랑하는 것이 마땅하도다. (요한일서 4:7-11) 또한 그의 계명은 이것이니 곧 그 아들 예수 그리스도의 이름을 믿고 그가 우리에게 주신 계명대로 서로 사랑할 것이라. (요한일서 3:23) 하였다. 우리는 진정 변화를 입은 새로운 피조물이 되기 위해 성령의 사랑으로 거듭나야 한다. 지금까지 교회 마당에서 의미 없이 관습으로 따르던 모든 전통과 제도와 형식 그리고 기념행사까지도 버려야 한다. 참으로 실속 있는 것은 서로 사랑하는 것뿐이다. 우리의 일상에서 늘 '사랑'이 '사랑'으로 살 수 있도록 이기와 욕심과 분별의 자리를 비워야 한다. 비록 사랑하지는 못할망정 다른 사람에게 아픔과 상처와 괴롬 등 해(害)는 주지 말아야 한다. 신분과 명예에 앞서서 사람이 먼저 되어야 한다는 말은 인애와 자비와 긍휼 즉 사랑할 줄 아는 인품을 의미하는 것이다.

그래서 사람에게 가장 소중한 보물은 '사랑'이다. 존재적 '사랑'만이 나의 영원한 신이요 하나님이며 진리이고 참나이다. 진정 우리의 경배와 찬양을 받아야 할 하나님은 '사랑'이다. 모든 종교계에서의 가르침의 근본은 자비와 인애와 긍휼 곧 '사랑'이다. 그 '사랑'은 본래 신의 존재적 양식이요 형질이다. 우리가 신의 가르침을 받는다는 것은 곧 사랑의 형상을 회복하여 사람 구실을 온전히 하자는데 그 목적이 있는 것이지 개인적인 욕심이나 야심을 채우고자 하는 기복이 결코 아니다. 따라서 우리의 경배와 찬양의 대상은 신의 이름이 아니라 본질적 존재인 '사랑'이어야 한다는 것이다. 우리의 구원은 십자가의 사랑이 그 근거가 될 것이며 그 구원의 궁극적인 목적은 하나님 사랑하듯 이웃을 사랑하는 데 있는 것이다. 모든 이웃을 내 몸처럼 사랑하는 곳에 생명이 있고 진리가 있으며 행복이 있고 구원과 영생이 있는 것이다. 그래서 사랑이 있는 곳에 신이 있다고 하는 것이다.

4. 최고의 사랑은 섬김이다

약 100년 전 전남 고흥에 국립소록도한센병원이 세워졌다. 한센병은 일명 문둥병 또는 나병이라고도 하는데 이는 피부와 말초신경 등에 감각을 잃게 되고 얼굴과 온몸의 피부 조직이 변형되고 파괴되는 병이다. 예로부터 문둥병이라면 전염성이 강한 무서운 병이라고 해서 마을에서 쫓겨났으며 심지어는 가족들마저도 가까이하지 않았다. 외진 곳에서 외로이 평생을 지내야 하는 정신적 내지는 심리적 고통까지 감수해야만 했다. 그런데 1960년대에 오스트리아에서 간호학교를 졸업한 마리안느 스퇴거(Marianne Stoeger)와 마가렛 피사렉(Margareth Pissarek) 두 사람이 소록도를 찾아 왔다.

당시 현지 의료진들은 마스크와 장갑을 착용하고 조심스럽게 환부를 다뤘다는데 마리안느와 마가렛은 맨손으로 아무런 경계심이나 두려움 없이 환우들의 일거수일투족을 살피고 도와주었다고 한다. 그들은 그렇게 43년 동안 소록도에서 오직 환우들의 평화를 위해 사랑으로 봉사하다가 연로해지면서 부득이 고향으로 돌아갔다. 그들은 반평생을 이곳에서 보내면서 아무런 대가를 받지 않았으며 떠날 때조차 소록도 사람들에게 부담을 주지 않을 마음으로 짧은 편지 한 장을 남기고 빈손으로 소리 없이 떠났다. 그녀들이 사용하던 방은 지금도 보존되어 있는데 소박한 환경에 '무'(無)자가 크게 쓰인 액자 하나가 그들을 대신하였다고 한다. 참으로 우리 모두에게 깊은 울림과 감동을 주어 눈물을 자아내게 하는 섬김의 여인, 사랑의 여인들이었다.

섬김으로 일생을 보낸 이가 또 있다. 그분은 필리핀에서 선교 사역을 한 박누가 선교사이다. 그는 필리핀 시내에 누가 병원을 세워 가난한 사람들을 위해 진료와 치료를 하지만 대부분 시간을 필리핀 오지에서 진료를 이어갔다. 질병으로 고통을 겪고 있는 가난한 사람들을 일일이 찾아다니며 치료와 함께 그들의 아픔을 위로하고 격려하며 함께 눈물을 흘렸다. 그는 오래전부터 말기 위암으로 항암치료를 받으면서도 가난하고 병든 사람들을 잊지 못하고 자신의 건강과 가족을 뒤로한 채 지쳐가는 몸을 지탱하면서 한 사람이라도 더 생명을 구하는 데 최선을 다했던 현대판 예수였다. 현지인들은 그가 아파서 지친 모습을 보면 함께 눈물을 흘리면서 그의 건강 회복을 위해 기도를 하기도 했다. 그러나 결국 그는 2018년 8월에 의식을 잃어가면서 지켜보는 이들의 곁을 영원히 떠났다. 박누가 선교사는 한평생 사사로운 욕심을 모르고 오직 가난하고 병든 사람들을 바라보며 온 마음과 뜻과 정성 그리고 목숨까지 다하여 사랑으로 산 사랑의 사도였다. 누가 선교사는 떠났지만, 그의 정신은 지금도 살아있으니 그의 뜻을 이어받아 누가 병원과 오지를 찾는 사역은 계속 진행되고 있다. 섬김은 섬김을 낳고 사랑은 사랑을 낳는다.

내가 성경처럼 소중히 여기며 때때로 열어보는 책이 있다. 쉘 실버스타인의 '아낌없이 주는 나무'이다. 나무 한 그루가 있었다. 그리고 조그맣고 사랑스러운 한 소년이 있었다. 그 소년은 매일 나무에 와서 떨어지는 나뭇잎을 모아 왕관을 만들어 쓰고는 숲속의 왕자처럼 놀았다. 그리고 나무 기둥을 타고 올라가서는 나뭇가지에 매달려 그네도 타고 사과를 따 먹기도 하였다. 그렇게 놀다 지친 소년은 나무 그늘에서 단잠을 자기도 하였다. 소년은 너무나 나무를 사랑했고 나무는 마냥 행복해 했다. 그러다가 시간은 흘러서 소년의 나이가 많아졌고 나무는 혼자 있을 때가 많았다. 그러던 어느 날 소년이 찾아왔을 때 나무는 반갑게 맞이하며 내 가지에 매달려 그네도 타고 사과도 따 먹고 그늘에서 재미있게 놀자고 하지만 소년은 이제는 여러 가지 물건을 사서 신나게 놀고 싶다고 하며 돈이 필요하다고 한다. 나무는 사과를 따서 팔면 돈이 될 거라며 내어준다. 그래서 소년은 사과를 따서 그곳을 떠났다. 그래도 나무는 행복해 했다.

  떠나간 소년은 오랫동안 오지 않았고 나무는 슬펐다. 그런데 어느 날 소년은 돌아왔다. 나무는 반가워서 함께 놀자고 하니 소년은 어른이 되어 집이 필요하다고 한다. 그래서 나무는 자신의 몸을 내어준다. 나무는 여전히 행복했다. 소년은 늙어서 다시 나무를 찾아왔다. 나무는 너무 반가웠지만 더 이상 소년에게 줄 것이 없다며 미안해한다. 소년은 이제 더 필요한 것은 없다 하며 편히 쉬고 싶어 하니 나무는 얼른 밑동을 내어준다. 그리고 나무는 오랫동안 행복했다. 사람들은 자연에게 많은 것을 요구하지만 자연은 늘 미안해하면서 말없이 하자는 대로 따른다. 사랑이란 나의 달란트를 통해 다른 사람이 행복할 수 있도록 섬기는 것이다.

  어느 날 세베대의 아들들을 데리고 그 어머니가 예수를 찾아와서 허리를 굽혀 부탁을 청하니 예수는 무엇을 원하느냐고 물었다. 그 어머니는 유대 나라의 임금이 되면 아들 둘을 각각 좌우편에 앉게 해 달라고 간청을 하니 다른 동료들이 그 말을 듣고 속으로 분노를 했다. 예수는 그들의 마음을 아시고 사람이 무엇을 구해야 하는지 모르고 출세와 성공을 구하는 것에 마음이 슬펐다. 그리고 예수는 "누구든지 크고자 하는 자는 너희를 섬기는 자가 되고, 누구든지 으뜸이 되고자 하는 자는 너희의 종이 되어야 할 것이다. 내가 세상에 온 것은 섬김을 받으려 함이 아니라 도리어 섬기려 하고 내 목숨을 많은 사람의 대속물로 주기 위함이라" 하였다. 섬김은 단순한 동정이나 봉사와 헌신이 아니다. 타인을 위한 전적인 희생을 의미하는 것으로서 나를 부정하고 타인의 존재를 인정하며 그의 필요를 인애와 자비로 함께하는 것이다.

그러나 인간의 의식 구조는 물질 지향적으로 형성되어 있어 재물과 명예와 권세를 선호한다. 가능하다면 더 많은 재산과 더 높은 자리를 얻으려 할지언정 양보하거나 거절하지 않는다. 많은 재산과 높은 자리는 그 자체로 힘이 되고 무기가 되며 또한 권력이 되기에 사람들 위에서 군림할 수가 있다. 어디를 가든지 경호와 대우와 대접이 따르니 얼마나 자랑스러운가? 그러나 다른 사람들이 그럴지라도 진리를 안다는 성직자들과 신도들은 대접받는 자리를 거부할 수 있어야 한다. 섬김의 자리라고 해서 신분이 낮은 자리를 말하는 것이 아니다. 어느 자리에 있든지 항상 겸손하고 온유하며 절제와 검소와 존중과 양보와 관용과 자비 등 적극적인 섬김의 기본자세가 요구되는 것이다.

예수는 제자들과 마지막 이별을 하기 전 베드로에게 다른 제자들이 나를 사랑하는 것보다 네가 나를 더 사랑하느냐고 물었다. 베드로는 주님이 아시는 바와 같이 내가 주를 사랑한다고 하니 주님은 내 양을 잘 먹이고 잘 돌볼 것을 당부하였다. 예수는 그에게 똑같은 질문을 두 번 더 하면서 내 양을 잘 돌볼 것을 신신당부하니 베드로는 목이 메고 가슴이 먹먹하였다. 이는 무방비 환경에 처한 어린 양과 같은 사회의 약자들을 책임감 있게 사랑으로 잘 돌보는 선한 목자가 되라는 당부였다. 선한 목자란 양들을 위해 언제라도 마음과 뜻과 정성 심지어는 목숨까지라도 아낌없이 바칠 수 있는 정의로운 목자를 말한다. 반면에 삯꾼 목자는 양들을 돌보는 것이 아니라 양들을 통해 젖과 고기 등 자신의 이익만을 챙기려는 탐심의 사람들이다.

성직을 맡은 사람들이 약자들의 영혼에 들어가 있는 것이 아니라 돈과 명예와 호의호식에 취하여 있다면 분명 삯꾼일 것이다. 자신을 헌신하는 것이 아니라 양들의 헌신을 받으며 우쭐대는 교만과 거만은 자신의 영혼을 죽이고 사회의 영혼까지 죽이는 가인의 후예이다. 성직자의 '성직'(聖職)은 하나님을 위해 헌신하는 거룩한 직무를 말한다. 그 직무는 다름 아닌 섬김이다. '섬김'이란 하인, 종, 고용인, 집사, 일군 등의 역할을 의미하니 우리는 하나님의 종이요, 그리스도의 일군이며, 세상을 위한 소금과 빛이다. 붉은 피로 물든 십자가의 사랑은 섬김의 대명사이며 십자가에 달린 예수는 '나'를 상징한다. 교회당마다 집집마다 걸어놓은 십자가의 정신이 무색해지지 않도록 우리는 늘 십자가를 바라보며 참회해야 할 것이다.

성직자와 성도는 하나님의 부름을 받아 하나님의 명령을 수행하는 고용인이요 종이다. 종은 주인의 명령만 수행하는 것이 아니라 그 명령이 의미하는 바를 알고 수행해야 한다. 만일 단순히 명령만 겨우 수행하고 정작 마음은 콩밭에 있어 딴짓만 한다면 그는 주인으로부터 불신을 받고 쫓겨날 것이다. 우리는 유일신 숭배와 안식일과 예배와 십일조 등 몇 개의 계명을 지키면서 정작 수행해야 할 섬김의 정신은 외면한 채 오로지 축복만을 기대하며 온갖 이기와 탐심을 부리는 딴짓만 하고 있다. 목회자는 반복되는 사역에 매몰되어 섬김의 정신을 상실한 채 직업의식으로 변질되고, 교회 규모가 커갈수록 권위 의식도 정비례하며, 다양한 물질적 대우받는 것을 당연하다고 여기며, 바쁜 일정을 자랑삼고, 변칙적인 방법으로 교회 세습을 합리화하는 모습 등은 하나님의 뜻과 진리의 정신을 벗어난 악인들의 전형적인 이기와 탐욕이다. 그리고 신도들도 습관적인 신앙생활에 매몰된 채 언제나 이기적인 욕심을 하나님 앞에 구하며, 자기 자랑을 즐기고, 남의 허물에 대한 험담과 비난을 일삼고 있다. 우리의 목회와 신앙과 믿음에서 섬김의 모습은 어디서도 찾아볼 수 없다. 이는 사회의 약자들을 섬기라는 가르침을 외면하고 자기의 배를 섬기는 꼴이다. 우리의 배움과 경제와 재능과 직업 등 모든 삶의 목적은 자신의 풍요로움을 위해서가 아니라 이웃의 풍요로움을 위한 것이다. 배움이 많을수록, 경제력이 넉넉할수록, 신분이 높을수록 자기의 소유와 재능과 권한 등으로 이웃을 섬기는 일에 아낌없이 선용하는 것이 곧 인생의 목표요 신앙의 정석이다.

예수의 제자들 사이에 누가 더 큰가 하는 문제로 다툼이 일어났다. 남녀노소를 불문하고 사람들은 키재기를 좋아한다. 누가 더 부자이고, 누가 더 높으며, 권력자와 누가 더 가까우냐 등 우열을 가리어 우쭐대고 싶은 것이 인간의 심리지만 이는 짐승 세계에서나 볼 수 있는 상황이다. 예수는 제자들에게 "세상의 위정자들은 자기들 뜻대로 백성을 다스리면서 그 행위를 백성들을 위한 공적이라며 자화자찬한다. 그러나 너희는 그래서는 안 된다. 오히려 너희 중에서 제일 높은 사람은 제일 낮은 사람처럼 처신해야 한다. 식탁에 앉은 사람과 심부름하는 사람 중에 어느 편이 더 높은 사람이냐? 높은 사람은 식탁에 앉은 사람이 아니냐? 그러나 나는 심부름하는 사람으로 너희 중에 있노라." 하였다. 하나님의 아들 예수는 대접과 권한과 권력 등을 모른다. 다만 습관적으로 섬김을 행할 뿐이다. 그래서 누구든지 예수를 믿고 따르려거든 예수의 섬김부터 따르라고 하면서 그 섬김은 예수와 하나님이 기뻐한다고 하였다. 나의 섬김은 하늘나라가 빚을 지는 것이다. 그리고 그 빚을 하늘이 내게 갚는다. 그 갚음의 대가는 내 영혼의 평안이고 마음의 행복이니 이것이 하늘이 약속한 축복이요 영생이다.

우리는 예수에 대한 믿음의 진실을 알아야 한다. 믿음이란 예수의 은혜와 능력과 소원성취를 바라는 것이 아니라 예수의 삶을 온전히 행하는 것을 의미한다. 예수의 공생애는 오늘 우리가 살아야 할 삶을 표본적으로 보여준 청사진이다. 우리는 그 청사진을 보면서 내 인생의 집을 짓는 것이 곧 신앙이요 믿음이다. 예수는 평소 소외당하는 모든 약자를 늘 섬겼으며, 또한 스승으로서 제자들의 발을 씻기신 일 또한 섬김이었고, 그의 십자가의 죽음은 섬김의 정점이라 아니 할 수 없다. 그런데 우리는 섬김 밖에서 이기적인 아집과 욕심만 부리고 있으니 어찌 하나님의 사람이라 할 수 있겠는가? 섬김은 곧 사랑이요 사랑은 곧 섬김이기에 최고의 사랑은 섬김일 수밖에 없다. 섬김은 사랑의 다른 이름이니 섬김 속에 성직자가 있고 성도가 있으며 교회가 있고 의식(儀式)이 있어야 한다. 그 섬김이 우리의 이름이요 얼굴이며 심장이다. 그러므로 큰 자는 작은 자를 섬기고, 높은 자는 낮은 자를 섬기고, 부자는 가난한 자를 섬기고, 건강한 자는 병든 자를 섬기어 무엇이든지 있는 자는 없는 자를 섬기고, 가진 자는 가지지 못한 자를 섬기고, 없는 자나 가지지 못한 자도 더 약한 자를 섬기는 것이 교회와 성직자와 신도들의 사명이다. 이것이 세상의 소금이요 빛이 되는 진짜 신앙과 믿음의 첩경이다. 그러면 세상은 교회를 신뢰하고 존중하며 더 나아가 존경하고 동참할 것이다.

5. 이웃은 제2의 나 자신이다

어떤 율법학자가 예수께 "내가 무슨 일을 해야 영원한 생명을 얻을 수 있겠습니까"하고 물으니 "율법에는 무엇이라 기록되었느냐?"고 예수는 되물었다. 그는 자신 있게 대답한다. "마음을 다하고 목숨을 다하고 힘과 뜻을 다하여 하나님을 사랑하고 또한 이웃을 내 몸처럼 사랑하라"하였다. 이때 예수는 "그대로 실천하라. 그러면 영원한 생명을 얻을 수 있다(do this, and you will live)"고 대답해 주었다. 그러나 율법학자는 "그러면 누가 나의 이웃입니까?"하고 한 번 더 물었다. 예수는 실례를 들어 설명한다.

"어떤 사람이 예루살렘에서 여리고로 내려가다가 강도를 만났는데 그는 가진 것을 모두 빼앗기고 몹시 두들겨 맞아 피를 너무 많이 흘려 거반 죽게 되었다. 마침 종교 지도자가 지나가다가 그 사람을 보았지만 피해서 지나가 버리고, 다음에는 교회 장로가 지나갔는데 역시 피해서 급히 달아났다. 그런데 여행 중인 사마리아 사람이 그 광경을 보고는 불쌍히 여기며 가지고 있는 기름과 포도주를 상처에 붓고 싸매어 주고는 자기 나귀에 태워 가까운 여관으로 데리고 가서 간호해 주었다. 그리고 다음 날 그는 여관 주인에게 돈을 내밀면서 저 사람을 잘 돌보아 주고 오는 길에 돈이 더 들었으면 내가 주리다 하고 떠났다. 그러면 세 사람 중에 누가 강도 만난 사람의 이웃이라고 생각하느냐? 하고 물었다." 율법학자는 자비를 베푼 사람이라고 하니 "너도 가서 그렇게 하여라(Go and do likewise)" 하였다. 누가 내 이웃인가를 생각하지 말고 내가 누구의 이웃이 될 것인가를 생각하게 한다. '나'가 중심이 아닌 '너'가 중심인 이웃에 대한 개념을 정리해 준 귀한 가르침이 아닐 수 없다.

율법학자는 "내가 무엇을 해야 영생을 얻겠느냐"를 물었다. '무엇(what)'을 물은 것은 '무슨 일(事)'을 해야 하는지를 물은 것이다. 그는 교회 안에서의 모든 예배와 기도회와 각종 종교적 기념일 등 의식(儀式)에 몸과 헌금으로 늘 참여하는 모범생 교인이었던 모양이다. 그뿐 아니라 그는 문자적 계명과 종교적 전통을 지키는 일에도 성심을 다하였을 것이다. 그리고 스스로 생각하기를 당연히 사후에는 천국에서 영생을 누릴 것이라고 자부했던 것이다. 그래서 예수께 당돌한 질문을 던진 것이다. 그는 자기 의(義)를 드러낸 교만한 자였다. 그의 신앙을 단적으로 말한다면 교리적 신앙이었던 것이다. 우리의 모습도 이와 다르지 않을 것이다. 그러나 경전에는 마음과 성품과 뜻과 힘을 다하여 하나님 사랑하듯이 이웃을 사랑하라고 하였다. 이 계명이 곧 온 율법의 강령이라고 강조하였다. 하나님 사랑하는 방법으로 이웃을 제시한 것이다. 하나님은 언제나 모든 이웃 안에 계신다는 의미이다. 그런데 우리는 사람에는 관심이 없고 종교적 의식에만 치우쳐 있다. 교회는 각종 의식(儀式)을 행하는 공간일 뿐 사람과의 사랑을 나누는 일은 고작 형식적인 인사치레에 불과하다. 우리는 종교적 의식에 잘 참여하는 것이 곧 모범적인 신앙과 믿음이라고 착각을 한 것이니 종교적 의식과 전통을 따르는 교리 신앙이 바로 '무엇'인 것이다.

그러나 예수의 가르침은 겉모양인 '무엇' 즉 의식과 전통이 아니라 속의 것 즉 마음과 성품과 뜻을 최선으로 드러내라는 것이다. 마음과 성품과 뜻은 본질적으로 하나님의 '사랑'을 의미한다. 하나님의 '사랑'은 하나님의 형질이요 하나님의 영성이니 그 형질과 영성이 바로 인간의 마음이요 성품이며 뜻이다. 그러므로 우리는 '무엇' 즉 종교적 의식과 교리 신앙을 붙들 것이 아니라 마음과 성품과 뜻을 붙들어야 한다. 그것은 다름 아닌 자비심 즉 사랑을 붙들어야 한다는 말이다. 지금 우리는 속의 것을 놓쳤기에 하나님도 놓치고 구원도 놓쳤으며 영생 또한 놓친 것이다. 사랑을 놓치면 모두를 놓친 것이요, 사랑을 붙들면 모두를 붙든 것이다. '무엇'이라는 종교적 전통과 교리 신앙을 붙드는 것이 하나님을 붙드는 것은 아니다. 하나님, 예수, 성령, 진리, 십자가의 죽음과 부활 그리고 신학과 교리와 예배 및 설교와 신앙 등 모두는 오직 자비와 사랑의 삶을 가리키는 손가락이다. 이웃 사랑을 외면한 신학과 교리 공부와 목회와 설교와 신앙 그리고 이웃 사랑이 없는 하나님 경배와 찬양, 이웃 사랑이 없는 신앙고백과 세례와 성만찬 등은 예수 십자가의 죽음과 부활의 의미를 모두 상실한 거짓이요 위선이니 이기적인 기복 성향에 머물 수밖에 없다.

그래서 하나님은 우리에게 사랑의 사람으로 거듭나기를 촉구하는 것이다. 부모는 늘 자식이 좋은 사람 되기를 희망하는 것처럼 하나님도 당신의 자녀들이 하나님의 뜻 따르기를 희망한다. 예수도 내가 너희를 사랑한 것처럼 너희도 서로 사랑할 것을 유훈으로 남겼다. 성령도 자신의 열매로 꼽은 것이 곧 사랑이었고, 율법이나 진리가 말하는 것도 역시 사랑이다. 우리는 곳곳에 교회당이 세워지고 기복 사상을 널리 전하면서 교회당에 나오는 사람들이 많아지면 우리의 사명을 다하는 것으로 착각을 하고 있다. 지금 교회와 사회 그리고 세상에는 무엇이 지배하고 있는가? 이기와 욕심들이 지배하고 있지 않은가? 지금 각 종교계의 신전(神殿)과 성직자들과 신도들 가운데 진정 자비심과 인애와 긍휼 즉 존재적 사랑(道)과 실천적 사랑(德)이 작용하고 있는가? 사람은 누구나 본능적으로 사랑을 받고 싶어 하지만 정작 자신이 먼저 가족이나 이웃을 사랑하려는 진심은 보이지 않는다. 무엇이든지 남에게 대접을 받고자 하는 대로 이웃을 대접하는 것이 성경과 세상의 진리가 말하는 강령이다. 항상 '먼저 대접'하려는 것이 바로 '사랑'이다. 이 '사랑' 자리가 곧 낙원이요 행복이며 평화의 나라이다. 사랑이 그러하듯이 먼저 대접에는 조건이 없고 대가도 없다. 그러나 종교계와 사회는 '먼저 대접' 대신 '먼저 출세와 성공'에 취해 있다. 그래서 하루가 다르게 변모해 가는 문명과 문화 속에서도 행복을 모른 채 앞만 보고 달리는 것이 곧 삶의 정석이 되고 말았다. 오로지 나 하나 잘 먹고 잘 사면 된다는 이기심만이 팽만해가고 있으며 그 이기심들끼리 서로 다투고 분열하고 있는 현실이다.

하나님은 우리에게 웅장한 교회당과 수 없는 예배와 기도를 원하는 것이 아니라 우리의 욕심이 죽고 사랑으로 거듭나 하나님 나라가 내 안에서 이루어지는 것을 기뻐하신다. 다시 말하면 성령에 사로잡힌 바 된 나는 작은 하나님(god)이 되어 예수의 공생애를 이어받아 하나님과는 영으로 교통을 하고, 이웃과는 인애와 자비 즉 사랑으로 화평을 이루는 것이다. 그래서 하나님은 이스라엘 백성과 우리에게 '선행을 배우고 사랑의 정의를 구하며 학대받는 자를 도와주고 고아를 위하여 신원하며 과부를 위하여 변호하라'(이사야 1:17) 하였으니 곧 사회의 모든 약자를 보살피는 것을 하나님이 기뻐하신다는 것이다. 그러므로 하나님 사랑하는 방법이 이웃을 사랑하는 길로 제시된 것이니 하나님께 대한 예배의식을 이웃에 대한 사랑의 삶으로 바꾸어야 한다. 하나님 사랑이 곧 이웃 사랑이며 이웃 사랑이 하나님 사랑이라는 것이다.

사랑은 율법의 완성이라 하였으니 율법과 계명은 종교적 의식이나 기복을 위해 주어진 것이 아니라 사랑의 삶을 위해 주어진 것이니 오늘과 같은 의무적인 예배가 요구되는 것이 아니다. 그래서 예배의 대상이 영으로는 하나님이요 몸으로는 이웃이 되는 것이다. 보이지 않는 하나님은 언제나 보이는 이웃으로 존재하기 때문이다. 인도와 네팔에서 주고받는 인사말 '나마스테'는 '내 안의 신이 그대 안에 있는 신에게 경배합니다!' 또는 '나는 당신에게 마음과 뜻과 성품을 다 하여 예배드립니다!'라는 의미를 담고 있다고 한다. 여기서 경배와 예배의 개념은 '사랑'이라는 의미로서 사랑하는 것이 곧 예배요 기도이며 헌신이다. 그렇다. 사람을 볼 때 그 사람의 보이는 조건으로 보지 말고 그 사람 안에 담긴 신(神) 즉 하나님의 형상으로 보고 진실로 사랑하는 것이다. 사람을 신의 형상이라는 시각에서 보면 사람이 곧 하늘이요 신이며 하나님으로 보자는 것(시편82:6, 요한복음10:34-35)이다. 신 안에서는 우리가 모두 하나이다. 이제 우리는 모이는 예배보다는 찾아가는 예배를 선호하되 약자들을 찾아가 그들과 함께 하는 것이다. 예배는 의식(儀式)이 아니라 이웃 사랑이 되어야 한다. 예수의 공생애 가운데 성전에서의 예배 모습보다는 삶의 현장에서 사회의 약자들과 늘 함께 있지 않았는가?

그래서 예수는 "내가 긍휼을 원하고 제사를 원치 아니하노라 하신 뜻이 무엇인지 배우라" 하면서 선량한 사람들을 무례하게 죄인 취급하며 교만하지 말고 겸손하고 온유한 마음으로 자비를 베풀라고 하였다. 또한, 예물을 제단에 드리다가 거기서 형제에게 원망들을 만한 일이 있는 줄 생각나거든 예물을 제단 앞에 두고 먼저 가서 형제와 화해하고 그 후에 와서 예물을 드리라 하였으니 화목과 평화 즉 사랑이 하나님께 드리는 최고의 예배인 것이다. 하나님은 예배의 형식을 원하시는 것이 아니라 예배의 정신인 이웃을 사랑하는 신실한 마음을 원하는 것이다. 그래서 예수의 공생애를 돌아보면 약자들을 찾아다니며 그들의 고민과 아픔과 상처 등을 어루만져 주신 것으로 전통적인 예배를 대신하지 않았는가? 특히 제자들과의 마지막 식사 자리에서는 배신자 유다를 비롯하여 비겁한 제자들의 발을 씻어주면서 "내가 너희에게 새 계명을 주노니 내가 너희를 사랑한 것처럼 서로 사랑하라 너희가 서로 사랑하면 이로써 모든 사람이 너희가 내 제자인 줄 안다"고 하였다. 따라서 사람에게 아픔과 고통과 죽음을 주는 자들은 인간이기를 포기한 자들이고, 약자들을 악용하여 사리사욕을 채우는 자들 역시 사람이기를 포기한 자들이다. 그 어떠한 사람도 지배를 받아도 되는 사람은 없다. 사람은 누구나 존중과 공존의 대상이다.

사도 바울도 "내가 하나님의 모든 자비하심으로 너희를 권하노니 너희 몸을 하나님이 기뻐하시는 거룩한 산 제물로 드리라 이는 너희가 드릴 영적 예배"라고 하였다. 바울은 이어서 너희는 이 세대를 본받지 말고 오직 마음을 새롭게 함으로 변화를 받아 하나님의 선하시고 기뻐하시고 온전하신 뜻이 무엇인지 분별하도록 하라고 하면서 섬김과 가르침과 위로와 구제와 지도력 등을 행할 때 '사랑'으로 행할 것을 힘주어 강조하였다. 그러면서 계속 말을 잇기를 형제를 사랑하여 서로 우애하고, 존경하기를 서로 먼저 하며, 부지런하여 게으르지 말고 열심을 품고 주를 섬기라 하였으니 '사랑'이 거룩한 산 제물이요 하나님의 온전하신 뜻으로서 주 하나님을 섬기는 신앙과 믿음의 본질인 것이다. 또한, 이웃의 쓸 것을 공급하고 대접할 것이며, 이웃의 희로애락과 함께할 것이며, 마음을 항상 높은 데 두지 말고 낮은 데 처하여 겸손할 것이며, 나를 미워하는 자를 축복하고 악을 악으로 갚지 말고 모든 사람과 더불어 화목할 것을 당부하였다. 야고보도 하나님 앞에서 정결하고 더러움이 없는 경건한 신앙과 믿음은 곧 고아와 과부를 그 환난 중에 돌아보고 또 자기를 지켜 세속에 물들지 아니하는 것이라고 하였으

며, 히브리 기자도 우리가 예수로 말미암아 항상 찬미의 제사를 하나
님께 드리자. 이는 그 이름을 증거 하는 입술의 열매이니 오직 선을 행
함과 서로 나눠 주기를 잊지 말라 이와 같은 제사는 하나님이 기뻐하
신다고 하였다.

　우리가 문자로 읽고 있는 진리의 말씀은 하나님의 의도와 정신과 근
본 사상을 알아야 바른 이해와 해석이 가능한 것이다. 하나님의 성육
화와 예수의 오심 그리고 그의 공생애와 십자가의 죽음 등이 주는 큰
의미를 우리는 '사랑'이라는 관점에서 이해한다면 인류를 향한 하나님
의 소원이 무엇인지를 알 수 있을 것이다. 그래서 율법과 계명 등 하나
님의 모든 말씀을 '사랑'으로 해석을 하는 것이 무리가 없는 것은 사랑
그 자체가 곧 하나님이요 진리이기 때문이다. 그런데 교회에서의 가르
침은 진리를 영성과 영감으로 해석하는 것이 아니라 주로 육신의 윤택
한 삶을 위한 방편으로 해석을 하고 있다. 하나님은 우리의 소원을 들
어주고 우리의 삶을 풍성하게 하는 분이며 질병도 치유하시니 항상 하
나님만 의지할 것을 힘주어 강조하고 있다. 하나님의 은혜와 능력을
물질적 축복과 연결하여 지나치게 찬양하고 높이면서 하나님을 무속
적인 우상으로 변질시키고 말았다. 그러다 보니 하나님과 그의 말씀이
우리에게 정작 요구하는 인애와 긍휼과 자비 즉 '사랑'을 항상 놓치고
있다. 하나님이 모든 사람을 차별 없이 공평히 사랑하는 것처럼 우리
도 이웃을 내 몸처럼 사랑하라는 것이 온 율법의 강령이 아니던가? 축
복을 강조하는 것이 옳은지 사랑을 강조하는 것이 옳은지를 분명히 알
수 있다. 이웃 사랑과 연결되지 않는 신학은 불필요한 지식에 불과한
것이고, 이웃 사랑으로 연결되지 못하는 교리는 마비된 계명에 불과하
며, 이웃 사랑을 외면한 목회와 설교는 위선과 삿된 가르침으로 빠지
며, 이웃 사랑을 모르는 이기적인 신앙은 기복이라는 함정에 빠지는

것이다. 이웃 사랑을 외면한 모든 가르침은 하나님과 진리에 대한 무지(無知)의 소산이고 사랑을 모르는 신앙과 믿음은 위선과 거짓이니 이는 사이비의 속성인 줄 알아야 할 것이다. 오직 모든 사람을 존중하고 긍휼과 자비와 사랑을 나누는 삶은 온 율법의 강령이요 하나님의 소원이다.

그러므로 이제 신앙과 믿음을 형식적인 의식(儀式)이 아닌 일상의 삶으로 전환해야 할 것이다. 가족과 친지와 이웃은 신의 다른 모습이요 또한 나와 이웃은 둘이 아닌 하나(自他不二)이다. 이것을 알면 이웃을 내 몸처럼 사랑하는 원리를 알고, 원수까지도 사랑하는 방법을 아는 것이니 세상은 비난의 대상이 아니라 오직 사랑할 대상일 뿐이다. 노자(老子)의 가르침 중에 유명한 '상선약수'(上善若水)는 최고의 선 곧 최고의 사랑은 마치 물과 같다고 하였다. 물은 만물을 이롭게 할 뿐 다투지 않으며, 사람들이 싫어하는 곳을 찾아가 스스로 거하기를 마다하지 않기에 도(道) 즉 하나님에 가깝다고 하였다. 오직 물은 서로 다투지 않아 허물이 없다 하였으니 신앙인이나 세인(世人)들도 물의 허물 없음을 배워야 할 것이다. 따라서 물은 언제나 만물을 이롭게 하듯이 우리 또한 출세와 성공을 위해 높은 자에게 아첨하기보다는 아래 사람을 먼저 섬길 줄 아는 자가 되어야 할 것이며, 신분과 직임을 통해 권력을 오남용하며 오만을 떨 것이 아니라 상대방의 입장을 먼저 존중할 줄 아는 겸허한 마음을 베풀 것이며, 부자보다는 가난한 자를 먼저 찾을 줄 아는 사람이 되고, 건강한 사람보다는 병약한 사람을 먼저 배려할 줄 아는 자비심을 보일 것이며, 강자들을 위한 제도보다는 약자들의 행복권을 먼저 보완하는 것이 곧 최고의 선이요 최고의 사랑일 것이다.

이러한 종교계와 사회 및 나라가 될 때 진정 부강한 선진국으로 발

돋움하는 것이다. 경제 성장을 앞세우면 사람들의 심성과 나라는 부패 일로에 서게 되지만 정신세계의 성숙을 앞세우면 나도 살고 사회와 나라도 살 것이다. 기독교 십계명 중 제 일 계명에서 "너는 나 외에 다른 신들을 네게 두지 말라"고 하였다. 이는 이방 종교의 신을 섬기지 말라는 의미보다는 하나님 외에 세속적인 욕심과 욕망 즉 그 어떠한 '탐심'(貪心)도 내 안에 두지 말라는 말씀이다. 이어서 부모 공경할 것과 살인과 간음과 도적질과 거짓 증언을 하지 말 것 그리고 마지막 십계명에서는 이웃의 모든 소유를 '탐'(貪)내지 말라고 하였다. 탐심이 곧 우상숭배라고 하였다. 결국, 하나님 사랑과 이웃 사랑을 동일시할 것을 강조한 십계명이다. 이웃은 곧 신이요 나의 또 다른 모습이니 신앙은 일상(日常)이지 결코 기복이나 천국 입성이 아니다. 이웃을 내 몸처럼 사랑하라는 가르침을 떠나 있는 사이비(似而非) 집단이나 외면하고 있는 기존 종교계는 모두 이기적인 탐심의 노예임을 깊이 자각하고 신과 인간의 원형인 사랑의 영성을 끊임없이 추구해야 할 것이다.

6. 사랑과 영성(靈性)의 관계

영성(Spirituality;靈性)이란 무엇을 말하는가? 직설적으로 말하면 신(神)의 본성(本性)을 의미한다. 그 본성이 인간에게 유전되어 신의 본성을 지니게 되었는데 그 본성을 흔히 천성(天性)이라 하며 그 천성은 인간 양심(良心)의 바탕을 이루고 있다. 양심이란 착하고 선한 마음을 말하는 데 상대적인 착함과 선함 이전에 양심은 신의 목소리요 신의 본성이며 신의 마음(道心)이다. 따라서 신의 본성인 영성이 인간에게도 양심으로 주어졌으니 그 양심의 본질을 영성이라고 한다. 때로는 인간을 정신적인 존재 또는 영적인 존재(one's spiritual presence)라고 하는데 이는 곧 신의 자녀라는 뜻을 내포하고 있다. 그런데 불행히도 인간은 천성과 양심을 버리고 사심(私心)을 선택하여 이기적인 욕심을 따르면서 결국 신의 영성을 상실하게 된 것이다. 그래서 그 영성을 다시 회복할 수 있도록 종교와 진리가 인간에게 주어졌는데 여전히 그 으뜸 가르침의 본질을 놓친 채 신의 은총과 능력을 통해 소원을 성취하려는 빗나간 믿음과 신앙심으로 영성과 더욱 멀어져만 가고 있다.

그러면 인간 양심의 바탕인 신의 본성이요 영성은 무엇을 말하는가? 그것은 이미 성현들의 가르침에서 밝혀진 바와 같이 인(仁), 자비(慈悲), 인애(仁愛) 즉 '사랑'을 의미한다. 신의 본체는 무형의 영체(靈體)로서 이를 성령(聖靈)과 사랑(慈愛)이라 한다. 성령은 신의 모양을 말하고, 사랑은 신의 품성을 말하는데 모양과 품성이 하나를 이루어 '성령의 사랑'(The Love of The Spirit)이라고 부른다. 성령과 사랑은 두 개의 이름이지만 본질적으로는 서로가 다르지 않은 하나이다. 성령은 사랑으로 행하고 사랑은 성령으로 존재하기 때문이다. 그래서 성령의 열매는 오직 사랑이고 그 사랑 안에 기쁨과 평화와 오래 참음과 자비와 착함과 성실과 온유와 절제 등이 있으니 이는 곧 신의 영성 또는 사랑의 영성이라 한다. 그래서 사랑의 영성은 신의 존재자로서 모든 인간의 본향이며 인간의 형질이기에 인간이 회복해야 할 영성은 바로 사랑의 영성이다. '사랑'은 근본적으로 신의 존재적 양식이며 신의 품성이요 신의 삶의 수단이며 그리고 인간양심의 본바탕이다. 그래서 사랑이 곧 신 또는 하나님이듯이 사람이라 칭할 때 몸 형상이 아닌 '사랑의 양심'(conscience of love)을 두고 하는 말이다. 사람이 사람의 탈만 쓰면 사람이 아니라 사람 구실을 해야 사람이라는 명언은 바로 사랑의 양심을 향해 하는 말이다.

그런데 인간은 영성을 버리고 좋고 싫음을 분별하는 지성(知性)을 선택하여 사랑의 영성은 고갈되고 이기와 욕심이 사람을 지배하고 말았다. 영성은 하나님의 본질인 사랑을 말하고 지성은 인간의 분별심과 욕심을 의미한다. 인간의 길은 지혜로운 길 같으나 죽음의 길인 것을 알지 못하고 여전히 분별심과 욕심을 버리지 못하고 있다. 이렇게 생명의 길을 벗어나 죽음의 길을 가고 있는 인류를 구원하기 위해 '성령의 사랑'은 사람의 옷을 입고 세상에 오셨으니 곧 예수 그리스도이다. 예수 그리스도는 하나님 형상의 실체(고린도후서4:4, 골로새서1:15, 히브리서1:3)이고 그의 공생애는 사랑의 영성이 펼쳐진 하나님 나라의 삶이었다. 그의 말은 언제나 거짓과 꾸밈이 없는 진실(眞)이었고, 그의 행동은 늘 긍휼과 자비가 드러나 선(善)했으며, 항상 악을 악으로 대하지 아니하였으니 참으로 아름다운(美) 면모를 보였다. 과연 예수의 삶은 세상을 향한 사랑의 메시지를 삶으로 선언하였던 것이다. 사랑의 영성은 하나님을 숭배하는 종교인들에게 국한되는 것이 아니라 특정한 종교적 차원을 넘어 세상에 널리 확장되어야 할 객관적인 인간 품성의 지표이다.

그럼에도 불구하고 하나님을 잘 안다고 하는 우리는 자고이래로 늘 외식과 위선을 부리면서도 양심의 가책을 느끼지 못한 채 부귀영화를 바라며 무속적인 기복으로 하나님을 우상화하여 하나님을 욕되게 하고 있는 것이 우리 신앙과 믿음의 현주소이다. 폴 스티븐슨이 말하는 영성이란, 우리가 종교적인 의식으로 하나님을 찾아가는 것이 아니라 하나님께서 우리를 찾으시는 것에 대한 우리의 응답이라고 하였다. 그 응답의 방법은 일상적인 업무, 인간관계, 사회적 활동 등 자신의 모든 영역에서 생활을 통해서 하나님께 응답을 해야 한다는 것이다. 우리의 일상(日常)을 떠난 영성은 존재하지 않는다는 말이다. 교회 생활 그 자체가 영성인 것은 분명 아니다. 하나님 형상의 본질인 진선미의 사랑이 순간마다 삶의 모든 현장에서 무심코 드러나는 것이 곧 영성이다. 과연 교회와 성직과 우리의 신앙에 진정한 영성은 있는가? 만일 영성이 아닌 지성으로 영성 흉내를 내고 있다면 이는 분명 거짓이요 사데 교회처럼 살아있는 교회가 아니라 죽은 교회인 것이다. 우리는 에베소 교회처럼 '처음 사랑'을 버린 자들이니 그 처음 사랑은 하나님 형상의 본질을 의미한다. 마틴 루터는 주일 저녁에 교회 문을 걸어 잠가야 한다고 주장했다. 다음 주일까지는 교회당에 오지 말라는 것이다. 그 이유는 우리가 6일 동안 하나님을 알고 섬기고 사랑하는 장(場)이 바로 삶의 현장이기 때문이다. 교회는 건물이 아니라 사랑의 영성이 곧 진정한 교회이다.

2020년 한국 교회의 사회적 신뢰도에 대한 여론 조사 세미나에서 발

표된 바에 의하면 매우 신뢰한다 6.7%, 약간 신뢰한다 25.1%로 긍정적인 시각은 31.8%이고, 별로 신뢰하지 않는다 31.5%, 전혀 신뢰하지 않는다 32.4%로 부정적인 시각이 63.9%로 나타났다. 이는 가톨릭 58.6%, 불교 67.2%, 기타종교 81.0%, 무종교 78.2%에 비해서 현저히 떨어지는 불신 종교로 전락하고 말았다. 그리고 한국 교회 신뢰도 제고를 위한 개선점으로는 불투명한 재정 사용이 가장 높았고, 교회 지도자들의 삶, 교회 성장 제일주의, 권위주의 등으로 나타났다. 그리고 한국갤럽조사에 의하면 개인 생활에서 종교가 얼마나 중요한가라는 질문에 매우 중요하다는 응답은 2004년도에는 19%, 2014년도에는 9%, 2017년도에는 5%이고, 전혀 중요하지 않다는 응답은 각각 44%, 48%, 51%이며, 어느 정도 중요하다는 40%, 37%, 41%였다. 전반적으로 종교에 대한 관심도가 부정적이거나 무관심 경향이 해마다 증가하는 것을 알 수 있다. 특히 젊은 세대가 교회를 떠나거나 진리에 대한 관심도가 현저히 떨어지는 현상을 보면 노인 세대가 지나가면서 교회 마당은 텅텅 비어질 수 있음을 우리는 깊이 자각해야 할 것이다. 이렇게 종교 인구가 해마다 줄어들거나 종교에 대한 중요성이 낮아지는 것은 종교인과 비종교인 모두 종교에 대한 불신과 실망으로 나타났음을 보인 것이다. 특히 기독인 지도층들이 보여준 부정과 불법 등은 교회가 사회로부터 불신을 받게 하는데 지대한 역할을 하였으니 큰 책임감을 통감해야 할 것이다. 이제라도 영성을 회복하자는 것은 단순히 착하고 좋은 사람으로 돌아가자는 것이 아니라 하나님을 바로 알고, 예수를 바로 믿고, 성령 즉 사랑으로 바로 살자는 '바로 운동'을 하자는 것이다.

주재용 교수는 영성을 예수 그리스도의 삶을 통해 형성된 복음이라고 정의하였다. 그는 기독교 영성의 바람직한 방향을 언급함에 있어서 정통적 행동 없이는 정통 교리와 신학은 없다고 하였다. 그래서 영성 운동의 방향을 논할 때에 무엇보다도 기독교인들의 실천적 삶이 영성적으로 강하게 나타나야 한다고 주장하였다. 행동 없는 믿음과 사랑이 없는 신앙은 무익할 뿐이라는 것이다. 따라서 우리는 예수를 믿어 구원을 얻고, 축복을 받으며, 사후에 천국에 가는 것을 신앙과 믿음이라고 생각하면 큰 오류를 범하는 것이다. 천국이란 인간 삶의 진실 또는 본질을 의미하는 것이지 사후에 가는 곳이 아니다. 예수를 믿는 궁극적인 목적은 예수의 공생애를 우리의 삶으로 이어가는데 있는 것이다. 이것이 바로 정통성 있는 신앙이다. 또한 최종호 교수는 영성의 회복과 그 실천성을 말하려면 율법과 선지자의 강령인 하나님 사랑과 이웃 사랑에서 찾아야 한다면서 그는 성경이 말하는 사랑($\dot{\alpha}\gamma\dot{\alpha}\pi\eta$)을 다음 세 가지의 의미로 설명을 하였다.

1)하나님의 사랑(영성의 기원) ; 이것은 인간을 향한 하나님의 주권적인 사랑을 의미한다. 우리가 하나님을 알고 선택한 것이 아니라 하나님께서 먼저 우리를 아시고 선택해 주신 '무조건적인 사랑'이며 또한 인간이 하나님께 사랑 받을 만한 선한 것이 있어서 사랑하신 것이 아니라 전적으로 부패하고 타락한 죄인의 모습 그대로를 사랑해 주신 '그럼에도 불구하고'의 사랑이라고 하였다. 이 '사랑'은 하나님 본래의 모습이며(요한일서 4:7-8) 이 사랑으로 예수를 보내고 화목제로 삼으시어 구원의 길을 열어 주신 것이다. (요한일서 4:10) 하나님의 본질은 사랑이고 하나님의 품성도 사랑이며 하나님의 공의 역시 사랑이다. 하나님은 그 사랑으로 우주와 만물과 인간을 선하게 창조하였고, 후에 타락한 인간을 죄인의 모습 그대로 사랑하시어 예수 그리스도를 아끼지 않으시고 대속의 자리로 보내 주신 것이니 여기서 영성의 기원을 찾아 하나님의 사랑을 확인 할 수 있다.

2)하나님께 대한 사랑(영성의 회복) ; 이것은 하나님의 사랑에 대한 인간의 반응적 사랑으로서 우리는 피조물 됨을 깨닫고 창조주 하나님을 경배하고, 우리는 종 됨을 깨닫고 주인이신 하나님께 충성을 다 하며, 우리는 자녀 됨을 깨닫고 아버지이신 하나님께 순종을 다 한다. 그래서 내 삶의 주역은 내가 아닌 하나님의 영(靈)이 되게 하여 나의 인생을 사는 것이 아니고 예수의 인생이 되도록 하는 것이라고 하였다. 특히 예수 십자가의 고난을 통해서 나의 구원이 이루어졌다는 진리를 깊이 묵상해 보면 또 다른 감격을 느끼면서 하나님께 진정한 감사와 찬양과 사랑을 드리게 될 것이라고 하였다. 하나님의 크나큰 사랑을 깊이 깨닫지 못하고서는 결코 하나님께 대한 신앙을 가질 수가 없다. 하나님의 선택이 내 영혼을 평화롭게 하며, 예수의 대속이 내 가슴을 울리고, 성령의 내주로 내 인생이 아닌 주님의 인생으로 사는 사람이 진정 좋은 믿음의 사람이며 이것이 곧 영성 회복의 지름길일 것이다.

3)이웃에 대한 사랑(영성의 실천) ; '나'를 향하신 하나님의 그 사랑을 발견하고 그 은혜에 감사하여 하나님을 사랑하게 되면 그 감격으로 인하여 이웃 사람들에게 선(service)을 베풀고 싶은 것이 자연적인 이치라고 하였다.(마태복음10:42, 사도행전2:42-46, 요한일서3:17) 이것은 삶의 가치를 새롭게 발견한 것에 대한 기쁨이요 환희일 것이다. 하나님은 영(靈)으로 존재하는 분이시기에 그 분을 직접적으로 섬길 수는 없다. 우리가 하나님을 사랑하고 섬길 수 있는 유일한 방법은 모든 이웃을 내 몸과 같이 사랑하는 길 외에는 다른 길이 없다는 것이다. 이웃은 항상 우리 곁에 있는 또 다른 하나님의 모습들이기 때문이다. 그러므로 이웃을 섬기고 봉사하며 사랑하는 일은 영성의 열매로서 그 사람의 종교성과 신앙 및 믿음을 측량할 수 있는 것이다.(야고보서2:14-26, 요한일서 3:14,18,23,24) 하나님의 영성을 떠난 자는 산 자가 아니요 죽은 자이기

에 사랑을 상실한 자는 사람으로서의 존재적 가치가 없는 것이다. 다시 강조하거니와 종교와 신앙 및 영성은 예배와 기도가 아니라 경건한 삶이다.

인간을 존재하게 하는 근거는 다름 아닌 긍휼과 인애와 자비 즉 사랑에 있는 것이다. 본래 인간 안에는 그 사랑이 본성적으로 내재해 있다. 그런데 욕심이 발생하면서 나와 너를 나누는 상대적 개념이 생기고 이분법적 사고가 시작되면서 그 사랑 자리에 욕심이 자리를 잡게 된 것이다. 그리고 상대적 개념과 이분법적 사고가 배제된 공존과 상생이라는 공동체 의식을 상실하게 된 것이 오늘에 이르게 된 것이다. 이기와 분별심과 욕심의 역사는 기독교적으로 볼 때 에덴동산에서의 지식의 나무를 선택한 때부터 시작되었음을 이해할 수 있다. 처음 인간이 지식의 나무를 선택하기 전까지는 천성(天性) 즉 본성을 따랐기에 굳이 '자비'와 '사랑'이라는 표현이나 개념 자체도 존재하지 않았다. 그러나 그 이후부터 인간은 욕심으로 인한 실수와 허물이 드러나고, 거짓으로 변명하고 변호하며, 자신의 욕심과 욕망을 채우려는 과정에서 시기와 미움과 다툼과 분열과 배신과 비난 등으로 먹칠을 하게 된 것이다. 신의 형상과 사랑의 영성을 상실하면서 인간은 사람됨을 잊은 채 짐승의 세계로 전락시킨 것이다. 그러므로 사람을 사람 되게 하는 근거는 돈과 재물과 명예와 권력 등 힘(力)에 있는 것이 아니라 바로 긍휼과 인애와 자비 즉 사랑에 있는 것이니 잃어버린 사랑의 영성을 회복하는 것이 신앙과 인생의 최대 과제임을 깊이 통찰해야 할 것이다. 사람을 사람 되게 하는 것은 신의 형상이요 진리의 본질인 사랑의 영성을 회복하는 길뿐이다. 사랑의 3요소가 있는데 그것은 진선미(眞善美)이다. '참'은 진실이고 진실은 선함(善)이며 그 선함은 아름다움(美)이다. 그 진선미가 인간 안에 내재해 있는 영성이요 본성이며 자성(自性)

으로서 사랑의 형상들이다. 그러므로 사람이라면 항상 진실하고 선하고 아름다운 면목을 일상화해야 할 것이다.

7. 인간의 영과 사랑

　우리는 앞에서 사랑과 영성의 관계와 그 본질에 관해서 살펴보았다. 영성(靈性)이란 하나님의 형질과 본성을 말하며 또한 우리의 영적인 본성을 뜻하는데 그 하나님의 형질과 영성의 본질은 사랑의 영이다. 인간은 하나님의 생기를 얻어 생령(生靈)이 되었다고 하였는데 그 생령이 곧 성령의 한 조각을 의미하고 그 생령이 인간의 생명과 영혼을 이룬 것이다. 다시 한번 이해를 돕기 위해서 성령을 큰 영(大靈)이라고 한다면 인간의 영은 작은 영(小靈)이라 할 수 있고 또한 큰 영을 전체(全體)라고 하면 작은 영들은 개체(個體)라고 할 수 있다. 그래서 인간이란 큰 영으로부터 온 지극히 작은 한 조각의 영(小靈)이 흙의 원소(元素)들로 조성된 몸 옷(身)을 입은 존재를 말하며 이를 전체로부터 온 개체라고 한다. 인간은 하나님의 형상대로 지음을 받은 하나님의 사람, 하나님의 자녀, 하나님의 대리자 또는 작은 하나님(little god)이라 할 수 있다. 그래서 인간은 하나님의 사람으로서 타고난 하나님의 본성대로 살아야 하는데 아담의 불순종 이후부터 지금까지 하나님의 형상, 사랑의 영성을 상실한 채 이기와 욕심과 아집으로 살고 있다. 따라서 모든 인간은 본래의 형상을 회복하는 것이 곧 구원이요 영생일 것이다.

　그리고 육(肉)으로는 여러 구분이 있지만, 영(靈)으로는 남녀노소의 구분이 없고, 민족과 언어와 피부와 종교의 구분도 없으며, 너와 나의 구분도 없고, 잘남과 못남도 없으며, 선함과 추함도 없다. 그래서 영으로는 구분과 차별 없이 모두가 동등하고 평등하다. 인류는 큰 영으로부터 온 같은 영(One spirit;same spirit)이며 전체로부터 온 개체들이다. 전체, 하나, 성령, 사랑은 서로 통일된 존재적 양식을 달리 표현하고 있을 뿐이다. 그리고 성령의 속성은 다름 아닌 사랑이다. 사랑도 성령과 같이 구분이 없고, 분별도 없으며, 차별과 차등이 없다. 사랑도 언제나 전체 또는 하나로 존재할 뿐이다. 그래서 성령과 사랑은 이름만 다를 뿐 본디 같은 큰 영이요 전체이니 성령이 곧 사랑이고 사랑이 또한 성령이다. 이를 성령의 사랑(Love of the Spirit;로마서 15:30)이라고 한다. 그래서 성령과 사랑은 한 존재이면서 두 개의 이름을 가진다.

우리가 성령을 하나님이라고 한다면 사랑 역시 하나님이다. 율법과 계명의 근본정신이 사랑이라는 것은 성령 하나님이 사랑으로 존재함을 의미하는 것으로서 이를 진리의 영이라고도 한다. 그래서 성령과 사랑과 진리의 영과 하나님은 모두가 한 '성령의 사랑'을 의미하는 것이다. 하나님이 사랑이라는 말은 사랑이 곧 하나님이라는 말이다. 전자의 경우는 사랑이 하나님의 품성이나 덕으로 오해할 수 있으나 후자의 경우는 하나님의 존재적 본질임을 분명히 이해할 수 있다. 그래서 하나님은 사랑이 있어서 은혜를 베푸는 것이 아니라 본디 사랑이기에 은혜가 저절로 당연히 베풀어지는 것이다. 하나님의 존재적 양식은 형체가 없는 영(靈)이듯이 사랑도 영으로 존재한다. 성령은 사랑의 영을 말하고, 사랑의 영은 성령을 의미하며 또한 진리의 영을 말하는 것이다.

그리고 인간의 정체성은 비록 몸의 형상을 지녔으나 '사람'이라 함은 몸을 말함이 아니라 영혼을 의미한다고 하였다. 하나님이 처음 사람을 조성할 때 하나님의 형상과 모양을 따랐다. 그 형상과 모양이란 몸(身)을 두고 하는 말이 아니라 성령의 모양과 사랑의 형상을 두고 하는 말이다. 그래서 사람은 내적으로는 영혼의 생명과 사랑의 본성을 지니고, 외적으로는 몸의 형상을 입고 있는 것이다. 여기서 사람이란 내면을 의미하고 외형은 영혼의 생명과 사랑을 담고 있는 보물 상자에 불과할 뿐이다. 밭에 감춰진 보물과 값진 진주의 비유(마태복음 13:44-46)에서 보물과 진주는 사람의 내면인 영과 사랑을 의미하는 것이다. 영혼의 생명과 사랑이 없는 몸은 독립적으로 존재할 수 없지만, 생명과 사랑은 독립되어 홀로 존재할 수 있으니 곧 성령의 사랑이다. 존재란 살아있는 생명을 의미하여 영혼과 사랑을 '존재'라 한다. 반면에 몸 자체에는 독립된 생명도 없고 영적, 도덕적, 정신적인 작용도 없으니 존재라는 용어를 쓰지 않는다. 그래서 존재란 살아있음을 뜻하니 영생의 존재는 성령과 사랑 그리고 인간의 영뿐이다. 몸은 영혼과 분리되는 죽음과 동시에 본향인 흙으로 돌아갈 뿐이다.

따라서 인간의 주체는 몸이 아니라 영이다. 그런데 불행히도 몸과 영의 주체가 전도(顚倒)되어 몸이 영을 밀어내고 주인 노릇을 하고 있으니 마치 굴러들어온 돌이 박힌 돌을 쳐내는 것과 같다. 여기서 몸이라 함은 육신을 즐겁게 하려는 욕심과 욕망 등 탐심을 의미한다. 그래서 아담 이후로 부패하고 타락한 인간은 본래의 본성인 사랑의 형상이 탐심과 욕심에 밀려나 좋음과 싫음, 너와 나, 내 것과 네 것 등을 구분하고 경계선을 만들어 영역 다툼을 벌이게 된 것이니 곧 생존 경쟁이다. 생존 경쟁은 아귀다툼이니 일종의 전쟁이다. 서로 치열하게 다투며 패배자는 도태되고 살아남는 자만이 생존하는 적자생존의 세계가 인간의 세상이니 사람이 사는 세상이 아니라 짐승이 사는 세상이다. 이것이 영혼을 상실하고 사랑을 잃어버린 세상, 성령 하나님이 없는 세상이다. 그래서 세상을 사랑하사 구원을 이루기 위한 하나님의 계획이 곧 성육화이고 십자가의 죽음과 부활이다. 성육화는 '성령의 사랑'이 인간의 몸 옷을 입은 것을 말하고, '죽음'은 탐심과 욕심의 죽음을 상징한 것이며, '부활'은 인간 본래의 형상인 사랑의 영성이 회복되는 것을 의미하는 것이다.

그러나 인간은 모든 탐심과 욕심으로부터 출애굽하지 못한 채 여전히 사랑의 영은 회복되지 못하였다. 하나님의 성육화와 그의 죽음 및 부활의 크나큰 사랑의 역사를 무색하게 만든 것이다. 그러면서 하나님의 이름을 말끝마다 높이 찬양을 하고, 그의 말씀을 힘주어 강조하며, 예배와 헌금과 기도 등 의식(儀式)만을 중시하고 있다. 그리고 하나님 앞에 나와서 예수의 이름으로 탐심과 욕심을 구하고 있으니 우리가 믿는 하나님은 참 하나님이 아니라 설정된 우상(偶像)의 하나님일 것이다. 하나님의 말씀은 인간의 욕구를 채우기 위한 주문(呪文)이며, 하나님은 인간의 욕구를 위해 존재하는지 묻고 싶다. 우리는 언제까지 공허한 예배와 찬양과 성례식과 기도와 찬양을 할 것인가? 우리에게 하나님은 어디에 있으며, 하나님 나라는 어디에서 찾을 것인가? 성령 하나님의 자리에 탐심과 욕심이 자리를 틀고 있으니 그것들이 뱀의 유혹이 아니겠는가? 사랑을 떠난 인간의 끝없는 욕심은 스스로 영적인 자멸을 초래할 것이다. 진리에 대한 깨달음은 없고, 하나님의 뜻은 망각하면서 단지 물질의 바벨탑을 쌓는 어리석음이 곧 뱀의 유혹에 깊이 빠진 것을 증언하는 것이다. 참으로 인간은 돌이킬 수 없는 죄인의 삶으로 마감하고 있을 뿐이다.

우리는 욕심의 노예가 되어서도 아니 되지만 주일성수와 예배와 십일조와 설교와 세례와 성례와 헌신 등 계명을 지켜야 한다는 율법의 노예가 되어서도 아니 된다. 하나님은 우리를 율법으로 묶어 두려는 것이 아니라 도리어 율법으로부터 자유롭게 하려고 예수 그리스도를 보내지 않았는가? 우리는 율법의 각 조문과 규례를 일일이 배우고 기억하고 지키는 행위로 의로워지는 것이 아님을 잘 안다. 그러면서도 우리는 지키는 행위로 신앙과 믿음을 말하고 있다. 이런 행위는 언제나 그리스도에게서 끊어지고 하나님의 은혜에서 멀어지게 될 뿐이다. 그러나 우리는 성령의 도우심을 받아 믿음으로 의롭다 여김을 받는 것이며 우리가 그리스도 예수 안에 있다면 율법적 지킴은 중요하지 않다. 중요한 것은 사랑으로 말미암아 나타나는 믿음뿐이다. 모든 율법은 "네 이웃을 네 몸과 같이 사랑하라" 한 그 계명 속에 다 들어 있기 때문이다. 인간의 몸으로는 서로 다른 독립체이지만 영으로는 인류 전체가 하나로 이어져 있다. 본체의 영(全體)과 인간의 영(個體)은 끊어진 상태가 아니고 항상 이어져 있는 상태이기에 인간의 영끼리도 본체와 함께 이어져 있어 너와 내가 분리되지 않아 하나로 연결되어 있다. 영은 갈라지거나 분리되지 않는다. 그리고 하나님의 영은 인간을 떠난 적이 없다. (이사야 46;3-4)만일 떠난다면 인간과 만물은 존재할 수 없다. 그래서 인간은 성령의 사랑과 분리되지 않는다. 다만 인간이 잊고 있을 뿐이다.

그러므로 우리는 오직 성령을 따라 생각하며 살아야 한다. 성령을 따르는 것이 율법으로부터 자유로운 것이며 또한 율법에 대한 순종이니 이것만이 육체의 욕망을 따르지 않는 길이다. 육체의 욕망은 언제나 성령을 거스르고, 성령이 바라는 것은 육체의 욕망을 거스른다. 이 둘은 서로 반대되는 것이기에 성령은 우리의 욕망대로 살 수 없게 도와준다. (갈 5:16-18) 우리의 육체가 하는 일은 이러하니 곧 음행과 더러움과 음란과 우상 섬기기와 점술과 미움과 다툼과 질투와 화내기와 이기심과 편 가르기와 분열과 시기와 불경건과 무절제 같은 것들이다. 이런 일을 하는 사람은 하나님의 나라에 들어가지 못할 것(갈 5:19-21)이다. 그는 이미 욕심에 잡아먹힌 자가 되었기 때문이다. 우리가 세속적인 욕구를 가지고 살면서 때때로 하나님을 찾아 복을 기원하고 있다면 사랑의 진리는 어디에 있는가? 예수를 믿어 구원을 얻었다고 고백하며 간증하지만, 구원의 증거는 무엇인가? 하나님은 사랑이라고 수없이 찬양하는데 그 사랑은 어디에 있는가? 지금 우리에게 늘 보이는 것은 오직 육체의 현저한 열매들뿐이다.

반면에 성령의 열매는 사랑 즉 기쁨과 평화와 오래 참음과 자비와 착함과 성실과 온유와 절제이다. 이러한 열매들을 금지할 율법은 어디에도 없다. 그리스도 예수에게 속한 사람은 누구든지 자기 육체를 정욕과 욕망과 함께 십자가에 못 박은 것이다. 그래서 우리가 성령으로 새 생명을 얻은 것이니 성령을 따라 살게 되는 것이 당연한 것이다. 여기서 중요한 사실은 성령의 열매와 사랑의 열매가 동일하다는 것이다. 성령의 열매는 오직 사랑뿐이고 그 다음 열거한 것들은 사랑이 열매로 드러나는 덕목들이다. 사랑은 율법의 완성이라 한 것은 율법의 많은 조항은 하나같이 사랑을 의미한다는 말이다. 사랑은 모든 덕목의 열쇠가 되며 또한 성령의 본질이요 열매이기도 하다. 성령과 사랑은 그 본질이 동일하여 '성령의 사랑'(로마서 15:30)이라고 한 것이다. 성령은 사랑으로 살고 사랑은 성령으로 존재한다. 그래서 '성령의 사랑'은 교회와 성직자와 성도의 삶을 정의하는 그 지표가 되는 것이다. 인간의 영은 사랑의 영이기 때문이다. 사랑으로 존재하는 나, 사랑으로 일상화를 이뤄나가는 것이 곧 인생이요 신앙이다. 그래서 내 안에 영혼이 없는 듯 외면하거나 무시하고 육신의 생각대로 아집(我執)을 부리면 안 된다. 인간은 누구나 사랑의 본성을 선천적으로 지니고 있다. 사랑을 주신이가 바로 신이요 하나님이다. 우리는 그 사랑을 주신 이에게 다시 돌려 드려야 한다. 그것이 인생이고 신앙이니 곧 이웃을 내 몸처럼 사랑하는 일이다.

8. 구원이란 무엇을 의미하는가?

세계의 대부분 종교는 구원을 말하고 있다. 구원이란 인간의 모든 탐심과 죄악과 고통의 동굴에서 구출하여 자유와 평화와 새 삶을 누리게 하는 것을 의미한다. 먼저, 불교는 인생 자체를 고통으로 본다. 그 고통의 원인은 각종 탐욕에 있음을 일깨우면서 그 탐욕과 고통에서 벗어나기 위해서는 팔정도(八正道) 즉 정견 (正見;실상을 바로 봄), 정사유(正思惟;바른 생각), 정어 (正語;바른 말), 정업 (正業;바른 행위), 정명 (正命;바른 생활), 정정진 (正精進;바른 노력), 정념(正念;바른 정신), 정정 (正定;바른 깨달음) 등을 통해 해탈하여 열반에 이른다고 한다. 해탈과 열반은 다시는 고통의 세계로 윤회하지 않아 고통의 멈춤을 의미하니 이것이 불교의 구원관이다.

유교는 자신의 수양을 통해 마음을 바르게 닦으면 결국 수신제가치국평천하(修身齊家治國平天下)로 완전한 인간상(聖人)을 이루면 유토피아가 이뤄진다는 윤리적인 구원관을 보여주고 있다. 천도교는 인간은 신인합일체(神人合一體)로서 한울님이 내 안에 있음을 깨닫고 본래 천성적으로 타고난 순수한 본성을 회복하고 한울님의 뜻을 실천하는 것을 이상적인 구원관으로 보고 있다. 힌두교는 고행을 통해 마음을 철저히 다스려 세속을 향한 모든 욕망을 죽이면 곧 해탈을 얻어 신과 함께 하나가 될 수 있다는 구원관을 보여주고 있다. 원불교는 정신 수양과 불법에 대한 깨달음을 통해 생활을 더욱 정진시키는 생활 속의 불교를 표방함으로써 미래보다는 현세에서의 구원을 말하고 있다. 그리고 기독교의 구원은 단적으로 말하면 오직 예수를 믿음으로, 하나님의 은혜로, 한번 구원은 영원한 구원이라는 칭의론(稱義論)으로 유일무이한 구원론을 주장하고 있다.

　기독교에서 말하는 구원 역사의 기본 구도는 하나님의 창조와 인간의 타락 그리고 구원으로 이어진다. 하나님은 당신의 형상을 따라 최초의 사람 아담과 하와를 지으신 후 영생할 수 있는 생명 나무와 죽음을 초래하는 지식의 나무 중 선택할 수 있는 자유의지를 주었다. 선택권을 준 것은 일방적인 강권이 아니라 인간에 대한 신뢰와 존중 즉 사랑을 의미한 것이다. 그러나 후에 아담 부부는 욕심의 유혹을 이기지 못하고 그만 지식의 나무를 선택하면서 상호 간의 신뢰와 사랑을 깨뜨려 하나님과의 단절을 초래하였다. 생명 나무란 하나님, 자유, 평화, 사랑 그리고 진리를 의미하고, 지식의 나무란 선과 악, 좋음과 싫음, 나와 너 등 분별심과 사사로운 욕심 및 생존 경쟁을 의미한다.

　그런데 인간은 언제나 생명의 양식을 구하는 것이 아니라 죽음의 양식 구하는 것을 인생의 정석으로 착각하고 있다. 그래서 하나님은 인류를 사랑하사 당신이 인간의 옷을 입고 세상에 오셨으니 바로 예수 그리스도이다. 예수는 무형의 하나님이면서 동시에 유형의 사람인 신인 합일(神人合一)의 존재이다. 하나님이 사람으로 세상에 온 것은 인간이 상대적 분별심을 일으키면서 이기와 욕심으로 타락하였기에 이를 깨우치고 온전히 하나님의 사람으로 돌아오게 하기 위함이니 이것이 바로 구원이다. '구원'의 문제가 대두되게 된 것은 인간의 '타락'이 있기 때문이다. 타락이란 도덕과 윤리적인 실수와 허물 등의 죄를 말함이 아니라 하나님을 상실한 상태를 뜻하는 것이다. 하나님을 상실했다는 것은 하나님의 형상과 사랑의 영성(靈性)이 물성(物性)과 지성(知性)으로 변질되었음을 의미하는 것이니 이것이 생명 나무를 버리고 지식의 나무를 선택한 꼴이다. 인간의 이기적인 욕심이 발로되어 자기의 뜻을 행하면서 하나님의 뜻에 반(反)하게 된 것이 곧 타락이다. 부부의 관계로 보면 나를 향한 하나님의 신뢰와 사랑을 배반하고 세상을 더 좋아하는 것이 곧 타락이라는 것이다.

지금 인류는 이기적인 마음에서 자기 욕심을 추구하며 잘 살기를 바라고 있으나 실로 이것이 타락이요 불의이며 불법인 줄을 모른다. 본래 인간은 신의 형상을 지닌 신의 자녀로서 진리를 따라 사람 도리를 다하며 무엇에도 얽매이지 않아 자유(自由)롭고, 근심 걱정 갈등 불안 두려움 등이 없는 평화(平和) 그리고 이웃 간에 서로 신뢰하고 존중하는 사랑(慈愛)으로 살아야 하는 존재이다. 그러나 인간은 자기 욕심과 욕망에 집착하면서 자기 생존만을 가장 소중하게 여기게 된 것이니 이것은 살아있는 존재가 아니라 죽어가는 존재인 것이다. 그래서 인류는 공통의 구원이라는 숙제가 주어진 것이다. 종교계마다 구원의 가르침에는 다소의 차이가 있지만, 사람이 사람답게 사람 구실을 하는 것이 구원의 중심에 있음을 알 수 있다.

그러나 기독교는 오직 예수를 믿음으로 구원을 얻는다는 절대적인 교리로 철의 장막을 치고 있어 믿음과 행위의 문제로 논쟁이 그치지 않고 있으며 또한 이웃 종교와의 화합과 소통을 이루지 못하고 있다. 성경에서 말하는 '믿음'($\pi\acute{\iota}\sigma\tau\iota\varsigma$)이란 히브리어 '아만'(אמן)과 같은 뜻으로서 '하나님의 말씀을 내 안에 잉태한다'라는 의미를 갖는다. 따라서 '믿음'이란 '예수와 하나 됨'을 뜻하니 이는 교리와 성경 말씀 그리고 예수에 대한 지식적인 믿음이 아니라 '내가 당신 안에 있어 당신과 하나' 그래서 당신의 모든 것이 곧 나의 것이라는 의미가 믿음이다. 다시 말하면 예수가 내 안에 있고 나는 예수 안에 있어 서로 둘이 아닌 신뢰와 사랑으로 하나가 된 상태가 곧 구원에 이르게 하는 믿음이다. 그래서 믿음으로 구원을 얻는다는 말은 결국 사랑으로 구원을 얻는다는 말과 다름이 아니니 믿음은 사랑의 다른 이름이다. 예수를 믿는 목적은 내세의 천국이 아니며 구원이란 천국 입성이 아니다. 믿음과 구원의 의미는 거듭남이요 온전한 사람 구실에 있는 것이다.

인간을 구원하려는 신의 뜻은 어디에 있는가? 단순히 교회 생활 충실히 하다가 사후(死後)에 천국에 들어가 영생을 누리게 하는 데 있는가? 구원과 가장 깊은 관련이 있는 사건은 예수의 죽음과 부활이다. 예수의 죽음은 하나님을 상실하고 자기 욕심에 빠진 인간을 구원하기 위함이니 결국 우리의 욕심이 죽은 것을 상징하는 것이며, 그의 부활은 나의 옛사람은 죽고 하나님의 사람으로 다시 태어난 것을 상징한 것이다. 그러므로 진정한 구원이란 교리적인 믿음으로 교회 생활에 충실하다가 사후에 천국에 간다는 확신이 아니라 세속을 향한 욕심이 죽고 가난한 마음이 된 거듭난 인간상을 의미한다. 그런데 예수를 믿고, 죽음과 부활을 찬양하면서도 우리의 일상(日常)은 이기적인 욕심을 버리지 못한 채 오히려 생존 경쟁에서 앞서려는 욕심과 욕구를 하나님 앞에서 구하고 있다. 이는 예수의 죽음과 부활을 무색하게 만드는 어리석음이니 구원이란 예수를 통해 나와 하나님과의 관계가 신뢰와 사랑으로 다시 회복되는 것을 의미하는 것이다. 그런데 정기적으로 하나님 앞에 예배와 찬양을 하며 예수의 이름으로 기도하면 이것이 구원의 증거인가? 오직 기복(祈福)만을 추구하는 것이 하나님의 뜻이고 신앙의 전부인가 묻고 싶다. 십자가의 죽음 안에서 인간의 모든 욕심이 이미 죽었음을 아는 것이 구원의 확신인데 어찌 세속적이고 이기적인 자기 욕심을 얻기 위해 믿음을 곡해하는가? 기복 신앙은 하나님에 대한 무지와 불의이며 불법을 행하는 것이다.

그리고 구원을 말하는 사람들이 세속적인 출세와 성공과 부귀영화를 하나님의 축복으로 주장하고 있다면 진정 하나님을 모르고, 구원도 모르고, 생명의 의미도 모르는 진리(道) 밖의 사람들이다. 많고(多) 크고(大) 높고(高) 넓은(廣)것을 추구하는 것은 종교도 아니고 신앙도 아니요 사사로운 욕심과 욕망일 뿐이다. 구원의 정신 안에는 이기심도 없고, 욕심과 욕망도 없으며, 소원 성취도 없다. 그래서 구원의 마당에는 세상에서처럼 욕심으로 인한 근심과 갈등과 다툼이 없다. 그 구원의 마당은 곧 낙원이요 천국인데 그곳이 바로 사람의 마음이며 교회이다. 구원의 눈은 하나님의 실상(實像)을 바로 보고 동시에 나의 실상을 바로 보아 하나님 안에 내가 있고, 내 안에 하나님이 있음을 본다. 그 실상이 바로 하나님의 형상이요 형질인 사랑이다.

구원을 받았는가에 대한 물음과 대답은 구원의 진정한 의미와 그 정신으로 말해야 할 것이다. 자유와 평화 그리고 사랑을 누리고 있는가 하는 물음이 곧 구원을 묻는 것과 다름이 아니다. 이것이 세속인들과 다른 삶이고, 세상의 빛과 소금이 되는 구원의 길이다. 구원은 곧 천국을 얻은 것인데 어찌 세속적인 욕심과 욕망을 앞세울 수 있겠는가? 교회의 숫자 놀음에 불과한 물량적인 성장과 부귀영화를 누리는 것이 진정 하나님의 축복인가? 교회를 세습하기 위해 온갖 변칙을 도모하는 것이 하늘의 지혜인가? 가난한 마음과 구제와 선교를 말하면서 사사로운 욕심과 욕망을 감추지 못하는 것은 거짓과 위선이 아닌가? 교회 공동체가 구원의 마당 노릇을 하지 못한 채 욕심과 욕망의 구렁텅이로 만드는 성직자들이나 신도들은 교회 공동체를 떠나야 할 거짓 사도들일 것이다.

분명 구원의 속성은 자유와 평화 그리고 사랑으로서 천국의 속성과 다르지 않다. 그러기에 우리는 구원의 경험과 확신으로서 지금 여기서 천국의 삶을 누려야 한다. 현세에서의 천국이 내세로의 천국으로 연결되는 것이지 현세의 천국 없이 내세의 천국으로 연결되지 않는다. 욕심이 어찌 천국으로 입성할 수 있겠는가? 예수 십자가의 가교(架橋)는 현세에서 내세로 건너가는 다리요, 죽음에서 생명으로 들어가는 길목이며, 매임에서 풀림을 선언하는 자유와 해방이다. 그러면 기쁨과 환희와 감격으로 세상을 포용하게 되니 이것이 곧 사랑이다. 비록 세상이라는 진흙탕 속에 발을 담그고 있지만, 결코, 더럽히지 않은 채 자신만의 진선미(眞善美)를 드러내는 사랑의 연꽃을 피우게 되는 것이다.

초대 교회의 제자들과 성도들이 죄와 허물로 더럽혀진 욕심과 욕망의 삶을 스스로 포기하고 물질의 유무상통과 함께 하나님과 동행하는 삶을 회복하였으니 이런 곳이 세상 속의 교회이다. 구원의 결정체는 자유와 평화로 인한 사랑이니 결국 구원의 열매는 사랑이다. 사랑을 모르는 구원은 없고, 사랑을 도외시하는 신앙과 믿음은 거짓이며, 사랑을 말과 혀로만 한다면 거짓과 위선일 것이다. 진정 사람 존중과 배려 그리고 소통의 문을 열어주는 것이 사랑이다. 그 구원과 사랑의 장(場)으로 우리를 부르는 것은 곧 하나님 당신의 형상을 찾는 것이니 우리는 사랑으로 응답해야 구원으로의 초대에 임하는 것이다.

하나님은 왜 성육신 하였는가? 예수는 무엇 때문에 십자가의 죽음을 선택하였는가? 우리가 왜 하나님과 예수를 믿는가? 교회 공동체를 세우는 목적은 무엇인가? 그것은 오직 구원을 완성하기 위함일 것이다. 예수는 세상을 심판하기 위해 온 것이 아니라 세상을 온전히 구원하기 위함이라 하였다. 나와 우리를 구원하기 위해 죄의 대가인 희생의 대속 제물이 된 것이다. 그렇다면 우리는 지금 욕심과 욕망의 자리에 머물거나 기복에 집착할 것이 아니라 구원의 자리에 머물러 자유와 평화를 노래하며 서로 사랑할 것이다. 그것은 이미 십자가의 죽음에서 나의 죄와 허물의 근원인 욕심과 욕망은 죽었고 자유와 평화와 사랑으로 부활했기 때문이다. 우리는 구원의 축복을 세상에 알리고 서로 사랑을 나누기 위해 성직을 맡았으며 이를 위해 세례를 받은 것이다. 그런데 구원의 증표인 서약과 맹세와 약속은 어디론가 증발하고 흔적조차 찾아볼 수 없다. 그렇다면 욕심과 집착에서 벗어난 구원의 자유와 구원의 평화 그리고 구원의 사랑은 처음부터 경험하지 못한 것이다. 처음부터 기복이라는 욕심에서 신을 찾고 하나님을 찾은 것이다. 지금까지 우리가 고백하고 노래하며 예배하는 모든 행위는 자신을 스스로 위안 삼는 방편에 불과할 뿐 사실은 하나님께 돌아갈 신실한 영광은 없는 것이다.

이제 교리적인 믿음에 머무를 것이 아니라 진정 구원을 얻었다면 구원의 완성을 향해 열매를 맺어가야 할 것이다. 구원과 영생의 원리는 "하나님이 세상을 이처럼 사랑하사 독생자를 주셨으니 이는 그 독생자를 믿는 자마다 멸망하지 않고 영생을 얻게 하려 하심이라"에 있다. 여기서 가장 중요한 핵심은 '독생자'인데 독생자란 유일한 단 하나를 의미하는바 하나님의 '생명'(生命;ζωή)을 뜻한다. 그래서 독생자란 사람 예수를 뜻하기 전에 예수의 본체요 본질인 '생명'을 의미하는 것이다. 그래서 구원과 영생의 원리는 새 생명으로의 거듭남이니 믿음의 대상은 사람 예수가 아니라 길이요 진리이며 생명이다. 사람 예수를 바라보면 기복 신앙이 나타나고 생명과 진리의 본질을 바라보면 거듭남의 원리를 찾아가는 신앙으로 승화할 것이다. 욕심으로 변질된 옛 생명이 하나님 사랑의 장기(臟器)인 예수로 이식을 받아 새 생명을 얻고 새사람이 되었으니 새 생명, 새 사람으로서 구원의 열매를 맺어야 한다는 것이다.

　그 구원의 열매란 사랑의 열매이니 곧 오래 참고 온유하며 시기하지 아니하며 자랑하지 아니하며 교만하지 아니하며 무례히 행하지 아니하며 자기의 유익을 구하지 아니하며 성내지 아니하며 악한 것을 생각하지 아니하며 불의를 기뻐하지 아니하고 진리와 함께 기뻐하는 것이다. 구원의 원리는 교리적 내지는 율법적 신앙을 벗어난 삶의 원리로서 구원은 곧 거듭난 삶이다. 구원은 흑암의 권세에서 건져 내어 사랑의 아들 예수의 나라가 내 안에서 성취되는 것이다. 우리는 흑암의 권세 아래에서 이 세상 풍조를 따르고 육체의 욕심을 따라 지내며 육체와 마음이 원하는 것을 쫓아 본질상 진노의 자녀였는데, 긍휼이 풍성하신 하나님의 큰 사랑이 허물로 죽은 우리를 그리스도와 함께 살리셨으니 아는 하나님의 은혜로 구원의 장(場)을 열어준 것이다.

　그러므로 우리는 하나님의 사랑과 예수의 죽음과 부활을 통해 얻은 구원을 떨림과 두려움으로 잘 지킬 것이다. 첫 구원은 믿음과 은혜로 얻었지만, 최종적인 구원은 사랑의 열매로 얻게 될 것이기 때문이다. 예수는 양과 염소의 비유를 통해 "내가 주릴 때 너희가 먹을 것을 주었고, 목마를 때에 마시게 하였고, 나그네 되었을 때 영접하였고, 헐벗었을 때 옷을 입혔고, 병들었을 때 돌보았고, 옥에 갇혔을 때 와서 보았느니라" 하면서 하나님 나라를 상속받으라고 하였으며, 사랑이 없는 자들은 영벌에 들어갈 것이라고 하였다. 야고보는 만일 사람이 믿음이 있노라 하고 행함이 없으면 무슨 유익이 있으며 그 믿음이 능히 자기를 구원하겠느냐고 묻는다. 영혼이 없는 몸이 죽은 것처럼 행함이 없는 믿음은 그 자체가 죽은 것이라고 하지 않았는가?

순종을 가져오는 믿음, 사랑으로 역사하는 믿음은 '믿음'과 '행함'이 동의어임을 말하는 것이다. 우리는 형제를 사랑함으로 사망에서 옮겨 생명으로 들어간 것이니 사랑하지 아니하는 자는 사망에 머물러 있는 것이다. 세상을 이기는 믿음은 오직 사랑뿐이고, 구원의 완성도 오직 사랑뿐이다. '예수에 대한 믿음'은 교리적인 믿음이요 기복적인 믿음이고, '예수와 같은 믿음'은 예수가 하나님을 믿는 믿음 즉 예수와 하나님이 서로를 품어 하나임을 믿는 믿음, 그리고 긍휼과 자비를 베푼 삶이었다. 그래서 믿음으로 구원을 얻는다는 말은 사랑으로 구원을 얻는다는 말과 조금도 다르지 않다. 구원의 의미가 똑같은 '사랑'이란 '존재적 사랑'이니 그 하나님의 사랑으로 예수를 사랑하고 이웃을 사랑하는 것을 '믿음'이라고 하는 것이다. 결국, 구원을 얻을만한 믿음이란 작은 예수가 되어 예수처럼 사는 것을 의미한다. 사후의 천국 입성을 목적으로 하는 신앙과 믿음은 생명력이 없는 조화(造花)와 같을 뿐이다. 진정한 구원이란 내세에 대한 희망이 아니라 지금 세속을 향한 모든 욕구와 소유와 집착에서 온전히 벗어나 인간 본래의 형상, 사랑의 형상과 그 영성을 회복하는 것이다. 가난한 마음, 자기 부정 그리고 무욕은 구원의 원형이며, 이타행(利他行) 즉 이웃을 내 몸처럼 존중하고 사랑하는 것이 구원의 증거이다. 믿음으로의 구원은 곧 사랑으로의 구원을 의미하고, 구원은 곧 사랑의 사람으로 거듭남을 의미하기에 구원은 내세의 성취가 아니라 지금 사랑으로의 성취이다. 그래서 이웃을 내 몸처럼 사랑하는 것이 곧 믿음과 구원의 증거이다.

9. 진정한 예배의 정신은 무엇인가?

　기독교의 신앙생활에는 예배가 차지하는 비중이 대부분이다. 마치 예배의식이 신앙과 믿음의 전부인 듯 느껴질 정도이다. 예배가 많음으로써 늘 하나님을 기억하고 잊지 않을 수 있으니 긍정적인 측면도 있지만 늘 반복되는 예배인지라 피차 진실성이 결여된 형식과 의무에 치우치기 쉬운 부정적인 측면도 있는 것은 사실이다. 만일 의무적인 예배와 찬양이 되었다면 하나님께 영광이 될 것도 없고 또한 나에게도 유익할 것은 없을 것이다. 예배(禮拜)란 신 앞에 엎드려 절한다는 뜻으로 공경과 순종과 사랑함을 고백하는 예법을 말하며 이는 자기 비움과 가난한 마음에서 비롯될 때 바른 예배가 된다. 지극히 낮은 마음에서 내 생각과 뜻과 의지가 없이 인간을 향한 신의 뜻을 온전히 받들고 수행하는 과정이 바로 예배이다. 그것이 진정한 공경이요 순종이며 신에 대한 사랑이기 때문이다. 그러나 인간은 언제나 자기가 원하는 바 소원을 담고 신 앞에 선다. 그 소원이 이기적이고 개인적인 욕심이 아니던가? 사적(私的)인 뜻을 이루려는 마음으로 예배에 참여한다면 어찌 예배라 할 수 있겠는가? 예배의 본질을 망각하니 예배를 전통적인 의식(儀式)으로만 행하고 있어 의미 없는 우상 숭배나 다름이 없다. 심지어는 예배를 드리지 않으면 크나큰 범죄라도 저지른 듯 예배는 절대적인 의식으로 고정되어 있다. 그러나 정례화된 형식적인 예배는 영혼 없는 예배일 뿐 영혼이 깃든 진실한 예배는 아니다. (요한복음 4장 24절)

　기독교의 십계명에 안식일을 기억하여 거룩히 지키라는 계명이 있다. 하나님이 6일 동안의 창조 사역을 모두 마치고 이렛날에 안식한 것이 안식일의 시원(始原)이 되었을 것이다. 그러면 창조 사역 후의 안식은 어떤 의미가 있는 것일까? 하나님은 6일 동안의 창조 사역을 마치신 후 본래의 자기 자리로 돌아가 안식하였다. 그리고 창조물들을 떠올리면서 창조의 목적대로 잘 번성해 가기를 기원하였을 것이다. '안식'은 단순한 노동의 멈춤이나 쉼이 아니라 안식의 의미와 근본정신이 있는데 그 의미와 정신은 창조물에 대한 하나님의 '사랑'이다. 하나님은 창조물을 보실 때마다 매우 흡족해하시며 기뻐하였으니 이것은 창조물에 대한 지극한 관심과 사랑이다. 결국, 하나님의 '안식'이란 바로 '사랑의 품'이니 '사랑'이 '사랑'을 잉태하고 낳고 기른 것이 창조 사역이다. 그러므로 안식일을 기억하라는 것은 안식의 의미와 정신을 잊지 말라는 것이요 거룩히 지키라는 것은 서로 사랑하라는 뜻이다.

하나님은 인간을 창조한 목적이 있으니 그 목적이란 사람 구실을 하는 것이요 그 구실이란 사람의 뜻이 아니라 사랑을 따라 사는 것이다. 또한, 안식일의 주인이신 예수도 사람이 안식일을 위해 있는 것이 아니라 안식일이 사람을 위해 있는 것이라 하시며 밀 이삭을 손으로 비비어 먹고, 병자를 고치고, 구덩이에 빠진 양을 구하였다. 따라서 안식일을 거룩히 지키는 방법은 의식(儀式)이나 기복(祈福)이 아니라 안식의 '뜻'을 알고 행하는 것이니 그 뜻은 다름 아닌 사랑을 베푸는 것이요 이것이 안식일의 근본정신이며 예배의 본질이다. 특히 안식일에 대해 기억할 것은 채무자에 대한 면제 규례를 제정하여 6년을 지나 7년 째에는 모든 빚을 탕감하여 자유를 줄 것이며 또한 노예자에 대해서도 6년을 부렸으면 7년 째에는 반드시 풀어주되 온갖 풍성한 재물도 넉넉히 주어 영원히 자유롭게 하라고 하였으니 안식일의 정신에는 약자들에 대한 지극한 존중과 사랑을 강조한 것이다. 안식은 사랑 자리요 안식일은 자비의 날이니 이것을 알고 행하면 창조의 목적에 걸맞은 '사람 구실'을 바르게 하는 것이다. 그러므로 안식일은 영혼 없는 예배의 식을 행하거나 소원을 기원하는 날이 아니니 전통을 의미 없이 지키는 행위는 백해무익한 어리석음이다.

그래서 하나님은 이사야 선지자를 통해서 가슴이 저리는 아픔을 호소한다. "하늘이여, 들으라. 땅이여 귀를 기울이라. 소는 그 임자를 알고 나귀도 주인의 구유를 알건마는 이스라엘은 알지 못하고 나의 백성은 깨닫지 못하는구나. 슬프다 죄를 범한 나라요 허물 진 백성이요 행악의 종자요 행위가 부패한 자식이로다. 너희의 무수한 제물이 내게 무엇이 유익하냐. 나는 숫양의 번제와 살진 짐승의 기름에 배불렀고 나는 수송아지나 어린 양이나 숫염소의 피를 기뻐하지 아니하노라. 내 마당만 밟을 뿐이니 이제는 헛된 제물을 다시 가져오지 말라. 안식일과 정한 절기를 싫어하나니 그것이 내게 무거운 짐이 될 뿐이다. 너희가 찬양하고 기도할지라도 내가 듣지 아니하리니 너희 악한 짓을 버리며 악행을 그쳐라. 그리고 선행을 배우며 정의를 구하며 학대받는 자를 도와주며 고아를 위하여 신원하며 과부를 위하여 변호하라"(이사야 1:2-17) 하였다.

또한, 예레미야 선지자를 통해서도 이렇게 말씀하신다. "너희 길과 행위를 바르게 하라 그리하면 내가 너희로 이곳에서 살게 하리라. 너희는 이것이 여호와의 성전이라, 여호와의 성전이라, 여호와의 성전이라 하는 거짓말을 믿지 말라. 너희가 만일 길과 행위를 참으로 바르게 하여 이웃들 사이에 정의를 행하며, 이방인과 고아와 과부를 압제하지 아니하며, 무죄한 자의 피를 이곳에서 흘리지 아니하며, 다른 신들 뒤를 따라 화를 자초하지 아니하면 내가 너희를 이곳에서 살게 하리니 곧 너희 조상에게 영원무궁토록 준 땅이니라."(예레미야 7:3-7) 하였다.

　예배의 근본정신은 나 자신이 제물이 되어 죽는 것이다. 내가 죽어야 내 안에서 하나님 즉 진리가 산다. 구약 성막 시대에 드렸던 제물들은 제물을 드리는 사람을 대신한 것이 아닌가? 예수는 나와 인류의 죄와 허물을 대속하신 어린 양이 되었다. 그러나 이제는 별도의 제물은 요구되지 않는다. 다만 내 육신의 욕심과 자아가 죽는 것이 제물이 되는 것이다. 나의 아집과 고집과 편견과 모든 욕심이 죽어야 비로소 하나님의 말씀이 내 안에서 살기 때문이다. 하나님은 에덴동산에서처럼 나와 동거하기를 원하시는 것이지 예배와 찬양과 헌금으로의 숭배를 원하지 않는다. 하나님은 인간을 통해서 영광 받으시는 것을 이미 지쳐 하셨다. 그러므로 하나님은 우리의 몸을 하나님이 기뻐하시는 거룩한 산 제물로 드리라고 한 것이다. 이것이 곧 영적인 예배요 신령과 진정으로 드리는 예배가 되기 때문이다. '거룩한 산 제물'이란 거짓이나 꾸밈 즉 형식이나 습관이 아닌 마음과 뜻과 성품과 힘과 목숨을 다하여 드리는 것을 의미한다. 이러한 예배란 어떤 것을 말하는가? 늘 정해진 장소와 시간과 형식으로 드리는 것이 아니라 일상에서 이웃을 내 몸처럼 사랑하는 것을 의미하는 것이다.

　하나님이 각 사람에게 나누어 주신 은혜의 선물이 있는데 타고난 재능과 소질이다. 한 몸에는 각기 다른 지체들이 있지만 상호 작용을 통하여 한 몸으로의 기능을 하듯이 이웃 사람들은 넓은 의미에서 내 몸의 지체들로서 내 몸이나 다름이 없는 것이다. 그래서 각자 타고난 재능과 소질이 섬기는 일이면 섬기는 일로, 가르치는 일이면 가르치는 일로, 위로하는 일이면 위로하는 일로, 구제하는 일이면 성실함으로, 다스리는 자는 부지런함으로, 긍휼을 베푸는 자는 즐거움으로 하되 각자의 재능을 값없이 서로 나누며 유익을 공유하는 것이다. 형제를 사랑하며 서로 우애하고 존경하기를 서로 먼저 하며 이웃들의 쓸 것을 공급하며 손 대접하기를 힘쓰는 것이다. 미운 자를 축복하고 즐거워하는 자들과 함께 즐거워하고 우는 자들과 함께 우는 것이다. 서로 마음을 같이하며 높은 데 마음을 두지 말고 도리어 낮은 데 처하며 스스로 지혜 있는 체하지 말 것이며, 아무에게도 악을 악으로 갚지 말고 모든 사람 앞에서 선한 일을 도모하며 모든 사람과 더불어 화목하게 지내는 것이다. 이런 것이 내 몸을 거룩한 산 제물로 드리는 것이며 또한 신령과 진정으로 드리는 예배이다.

신령한 예배자가 되기 위해서 우리는 악한 생각들을 죽여야 한다. 곧 음란과 부정과 사욕과 악한 정욕과 탐심이니 탐심은 우상 숭배이다. 분함과 노여움과 악의와 비방과 너희 입의 부끄러운 말도 삼가고, 서로 거짓말을 하지 말고 옛사람의 행위를 벗어버려야 한다. 그리고 새 사람을 입어 나를 창조하신 이의 형상을 따라 하나님을 아는 지식에까지 더욱 자라야 한다. 우리가 진리의 말씀으로 자라지 못하면 육신을 위한 이기와 탐심과 악한 생각들이 나를 지배하게 된다. 자신의 허물에 대한 지적을 받으면 수치와 부끄러움이 앞서는 것이 아니라 분노와 변명이 앞선다. 하나님의 형상을 상실하면 육신의 생각이 앞서는데 그 모든 것들이 이기와 탐심에서 나오는 것이다. 육신의 생각은 언제나 진리의 뜻을 무시하고 짓밟기 때문이다. 진리에 무지하면 아집과 함께 인간이 가장 선하다고 생각하는 방법을 신앙과 목회에 접목하지만, 이는 하나님의 가장 작은 생각보다도 훨씬 못하다는 것을 알아야 한다. 내 뜻과 내 지식과 내 지혜로 하는 신앙과 목회는 나를 위한 것이지 하나님을 위한 것은 아니다. 그래서 나를 죽이지 못하면 신령과 진정으로 드리는 산 제물과 예배는 영원히 드리지 못할 것이다.

예수도 "내가 긍휼을 원하고 제사를 원치 아니하노라 하신 뜻이 무엇인지 배우라"고 하면서 선량한 사람들을 무례하게 죄인 취급하며 교만하지 말고 겸손하고 온유한 마음으로 자비를 베풀라고 하였다. 또한, 예물을 제단에 드리다가 거기서 형제에게 원망 들을 만한 일이 있는 줄 생각나거든 예물을 제단 앞에 두고 먼저 가서 형제와 화해하고 그 후에 와서 예물을 드리라 하였으니 화목과 평화 즉 사랑이 하나님께 드리는 최고의 예배인 것이다. 하나님은 예배의 형식을 원하는 것이 아니라 예배의 정신인 이웃을 사랑하는 신실한 마음을 원하는 것이다. 그래서 예수의 공생애를 돌아보면 사회의 약자들을 찾아다니며 그들의 고민과 아픔과 상처 등을 어루만져 주는 것으로 전통적인 예배를 대신하지 않았는가? 특히 제자들과의 마지막 식사 자리에서는 배신자 유다를 비롯하여 비겁한 제자들의 발을 씻어주면서 "내가 너희에게 새 계명을 주노니 내가 너희를 사랑한 것처럼 서로 사랑하라 너희가 서로 사랑하면 이로써 모든 사람이 너희가 내 제자인 줄 안다."고 하였다. 히브리 기자도 '우리가 예수로 말미암아 항상 찬미의 제사를 하나님께 드리자. 이는 그 이름을 증거 하는 입술의 열매이니 오직 선을 행함과 서로 나눠 주기를 잊지 말라 이와 같은 제사는 하나님이 기뻐하신다.'고 하였다.

그러므로 하나님 사랑하는 방법은 이웃을 사랑하는 길로 새로이 제시된 것이니 하나님께 대한 예배 의식을 이웃에 대한 사랑의 삶으로 재해석한 것이다. 하나님 사랑이 곧 이웃 사랑이며 이웃 사랑이 하나님 사랑이라는 것이다. 사랑은 율법의 완성이라 하였으니 율법과 계명은 종교적 의식이나 기복을 위해 주어진 것이 아니라 사랑의 삶을 위해 주어진 것이니 오늘과 같은 예배가 요구되는 것이 아니다. 그래서 예배의 대상이 영으로는 하나님이요 몸으로는 이웃이 되는 것이다. 보이지 않는 하나님은 언제나 보이는 이웃으로 존재하기 때문이다. 그러므로 모이는 예배보다는 찾아가는 예배를 선호하되 약자들을 찾아가 그들과 함께 하는 것이다. 예배는 의식(儀式)이 아니라 우리의 일상(日常)이 되어야 한다. 이제 예배에 대한 새로운 인식의 전환이 절실히 요구되는 시점이다. 예수의 공생애 가운데 성전에서의 예배 모습보다는 삶의 현장에서 사회의 약자들과 늘 함께 있었음을 여실히 보여주고 있지 않은가? 나는 늘 어디에 머물고 있는가? 그리고 무엇을 위해 그곳에 머무는가?

이제는 이기적인 욕심을 채우기 위한 원시적이면서도 무속적인 '신앙생활'을 멈추고, 언제나 마음을 비우고 이웃을 먼저 생각하고 배려할 줄 아는 사랑의 사람이 되기 위해 '생활신앙'으로 전환해야 할 것이다. 생활신앙의 모본은 신약시대의 초대 교회에서 찾아볼 수 있다. 그 많은 신도가 다 한마음 한뜻이 되어 함께 지내며, 아무도 자기 소유를 자기 것이라 하지 않고, 모든 것을 공동 소유로 사용하였다. 재산과 물건들은 팔아서 모든 사람에게 필요한 만큼 나누어 주고, 집집마다 돌아가며 순수한 마음으로 기쁘게 음식을 함께 나누었으니 그들 가운데 가난한 사람은 하나도 없었다. 그들은 날마다 성전에 모여 사랑의 교제를 나누었으니 세속에 대한 미련이나 욕심이 드러날 틈이 없었다. 이런 모습을 주변 사람들이 보고 그 모임에 동참하는 수가 날마다 늘어간 것이 바로 교회 성장이다. 이것이 바로 교회의 참모습이며 살아 있는 예배였으니 '사랑'이 교회와 예배 그리고 신도들의 신앙적 신조(信條)였다. 그러므로 이제 우리도 일상 자체가 신앙이 되어 일상 그대로 하나님께 드리는 산 예배요 산 제물이 되게 할 것이다. 여기에 하나님의 영광이 있고 또한 우리의 기쁨과 행복이 있는 것이다. 인생과 신앙은 수행 그 자체이다. 수행에는 이기심도 없고, 세속적인 욕심도 없으며, 비교의식도 없고, 상대적 박탈감도 없으며, 성급함도 없다. 항상 자기를 돌아보며, 진리를 탐지하고, 사람과 만물을 사랑하며, 아무것에도 매이지 않아 자유와 평화를 누리는 일상이 곧 생활신앙이다. 종교 진리 성경은 예배와 기복을 위함이 아니라 사랑으로의 변화와 성숙을 위해 주어진 것이니 언제나 '사랑'으로 존재할 뿐이다. 이것이 신과의 교제요 만남이며 신과 하나 됨이니 진정한 의미에서의 예배가 아닐 수 없다.

10. 예수라면 어떻게 할 것인가?

「예수라면 어떻게 할 것인가?」란 책은 1896년도에 초판이 발행되면서 세계 곳곳에서 오랫동안 베스트 셀러에 오른 책이다. 책 속의 주인공인 맥스웰 목사는 인쇄소에서 실직을 당하고 노숙자가 된 사람을 만난다. 그는 목사에게 도움을 구했으나 위로의 말만 들어야 했다. 그리고 며칠 후 노숙인은 맥스웰 목사님의 교회를 찾아갔다. 그날 목사님은 예수님을 따르자는 설교에 힘을 주었다. 그리고 예배는 은혜와 감동으로 끝났다. 이때 노숙인은 목사님 앞에 나타나 "목사님은 예수를 따른다는 것은 무엇을 의미할까 하시며 그것은 바로 순종과 믿음과 사랑 그리고 모방이라고 하셨습니다. 그러나 예수의 발자취를 따르는 것의 구체적인 의미는 말씀하시지 않았습니다. 저는 지금 위로의 말만 하시고 직장을 구해주지 못한 것에 대해 원망하거나 추궁하는 것이 아닙니다. 다만 예수를 따른다는 것이 무엇을 의미하는지를 알고 싶을 뿐입니다.

제 아내는 넉 달 전에 셋방에서 죽었는데 차라리 가난과 굶주림의 고통에서 벗어난 것이 다행이라고 생각합니다. 제 딸은 친구 집에서 더부살이하고 있습니다. 셋방 주인도 기독교인입니다. 저는 '십자가를 내가 지고 따라가오리다' 하는 찬송을 들으면서 그 가사대로만 산다면 고통받는 사람들이 현저히 줄을 겁니다"하고 말하는 중 그는 정신을 잃고 쓰러졌다. 그는 사택에서 일주일 동안 돌봄을 받다가 숨을 거두었고 그 이후 목사님은 큰 충격을 받았다. 다음 주일 목사님은 교인들에게 1년 동안 예수라면 어떻게 하실까를 자문자답하지 않고는 어떠한 일도 하지 않을 것을 서약하자고 제안한다.

　그리고 교인 중 한 신문사 사장이 직원들에게 "만일 예수님이 신문사 사장이고 편집인이라면 스포츠 기사와 술과 담배광고를 싣겠는가"를 묻는다. 만일 예수처럼 한다면 신문사는 당장 문을 닫아야 한다면 직원들은 사장을 비난한다. 그러나 사장은 계속 말을 이었다. 예수의 결정과 행동이 기독교인이 따라야 할 행동 기준이 아니겠냐고 말한다. 맥스웰 목사도 매번 "예수라면 어떻게 설교를 하실까? 과연 무슨 말씀을 하실까?" 하면서 설교를 하니 설교의 내용과 질이 확연히 달라졌음을 교인들이 실감한다. 그렇다. '나'는 지금의 얼굴 모습이나 이름이 내가 아니다. 신분과 지위도 내가 아니다. '나'는 하나님의 자녀인 '작은 예수'이다. 이것이 나의 진정한 정체성이요 내 모습이며 내 이름이고 내 신분이다.
　만일 예수가 목사라면 어떤 설교를 할 것인가? 만일 예수가 목사라면 교회당을 건축하고 가장 비싼 비품으로 채울 것인가? 과연 교회당과 비품들과 성경책을 신성시하겠는가? 만일 예수가 사업을 하는 분이라면 어떻게 하실까? 만일 예수가 정치인이라면 어떻게 하시겠는가? 예수가 직업인이라면 어떻게 일하실까? 예수가 언론사 사장이라면 어떤 프로그램을 제작하실까? 예수가 출판사 사장이라면 어떤 책을 출판하실까? 예수라면 돈과 명예와 권력을 탐하실까? 예수라면 정치에 참여하거나 정치인을 비난하는 일에 앞장설까? 예수라면 비대면 예배를 거부하실까? 결코, 현실 앞에서 쉽게 결정하고 선택할 수 있는 문제는 아니다. 그러나 우리는 예수의 결정을 선택해야 그리스도인이 아니겠는가?

　예수의 결정이란 하나님의 뜻을 따름이다. 하나님의 뜻은 사람이라면 누구나 선택해야 할 생각과 결정의 '근본'을 말하고 근본은 인생과 삶의 '본질'을 말한다. 인간의 근원은 하나님이고 삶의 본질은 예수의 공생애이다. 따라서 우리의 모든 생각과 결정과 선택의 기준은 하나님과 예수이어야 함은 당연한 진실이다. 그러나 우리는 하나님과 예수에 대한 강조는 수없이 듣고 말하면서도 생각과 결정의 기준은 언제나 나 자신이고 내 뜻이고 내 욕심과 욕망이며 삶의 기준은 세상이다. 그리고 내 욕심과 선택을 하나님 앞에 예수의 이름으로 기도하는 것을 당연시하며 좋은 믿음과 신앙으로 간증하고 있으니 과연 예수도 동의하실까? 우리는 번번이 생명 나무와 지식의 나무 중 지식의 나무를 선택하고 있으니 우리의 거처는 하나님의 동산 에덴이 아니라 세상이다. 지식의 나무란 이기적인 내 뜻을 의미한다. 지금 나에게 하나님이 계시고 예수가 살아 있는가? 만일 그렇다면 우리는 범사에 근본과 본질을 상실하지 않는다. 비본질을 본질로 착각하고 소중히 여기는 것들이 얼마나 많은가? 기복 신앙이 그러하고, 교회의 대형화가 그러하며, 교회 세습이 그러하다. 이런 것들이 모두 욕심의 절정임을 모르는가? 외면하는 것인가? 성직자가 성직을 모르니 신도들도 덩달아 부패하고 타락하는 것이다. 소경이 소경을 인도하는 격이 아닌가?

근본과 본질 문제가 언급되었으니 조금 더 이어 가본다. 하나님의 말씀을 담은 성경전서의 근본 또는 본질은 무엇인가? "내가 대접받고자 하는 대로 이웃을 대접하라" 그리고 "이웃을 내 몸처럼 사랑하라" 이 말씀이 성경 전체를 대변해주는 중심이다. 우리가 너무도 잘 알고 있는 강령(綱領)이다. 세상에서 소금이 되고 빛이 되라는 말씀이다. 그러나 세상 사람들과 별반 다름없이 이기심과 욕심으로 살고 있지 않은가? 진정 "예수라면 어떻게 사실까?" 하고 물을 것도 없다. 그의 공생애를 매일 듣고 있지 않은가? 우리의 생각과 판단과 선택하는 삶의 방향과 목표 등은 세상 사람들과 조금도 다르지 않다는 말이다. 왜 그럴까? 나의 근원과 인생의 본질을 망각하기 때문이다. 성경의 많은 율법 조문과 계명들은 하나님의 영감으로 기록된 진리라고 강조하면서도 영성으로 이해하고 설교하는 것이 아니라 지식으로 전달하고 기복으로 풀이하고 있다. 영혼을 풍성하게 하는 것이 아니라 육신의 오감을 풍족하게 하고 있을 뿐이다. 성경의 많은 율법과 계명이 있을지라도 그 말씀의 근본 또는 본질은 '오직 사랑'이다. 창조의 근본은 사랑이고, 인간의 배반과 타락은 욕심이다. 인간의 배반과 죄악에 대한 용서도 사랑이 근본이고, 성육신의 본질도 인간에 대한 지극한 사랑에 있다. 예수의 공생애도 오직 사랑이었고, 십자가의 죽음을 선택한 것도 사랑이었으며, 마지막 유언도 사랑이었다. 하나님은 사랑이 아니라 사랑이 곧 하나님이고, 예수는 축복의 근원이 아니라 사람이 살아가야 할 길(道)이요 진리(眞理)이며 부활의 새 생명이다.

우리가 성경을 잘 알고, 예배에 참여도 잘하고, 믿음으로 기도도 열심히 하며, 십일조와 각종 헌금도 잘 드리고, 헌신과 봉사도 잘한다. 설교도 은혜롭게 잘하고, 위로와 격려의 말도 잘 주고받는다. 겸손과 온유한 모습도 보이고 때로는 구제 활동도 한다. 그러면서 교회 성장과 돈과 재물과 출세와 성공과 사업의 번창 등 소원을 꿈과 희망이라는 이름으로 아름답게 포장하여 기도로 올린다. 그러나 속을 보면 꿈과 희망이 이기적인 욕심이다. 다른 사람이 어떻게 되든 나와 내 가족이 소원하는 대로 잘 되기를 바라는 이기심이요 욕심이다. 우리의 교회 생활과 일상을 보면 바리새인과 서기관들 또는 유대인들과 다르지 않음을 본다. 율법주의자가 아니라고 주장하지만 철저한 율법주의자들이다. 교리신앙을 따를 뿐 '오직 사랑'을 따르는 모습은 어디에도 없다. '나'는 있는데 '이웃'은 없고 내 교회는 보이는데 이웃 교회는 잘 보이지 않는다. 잘 난 사람과는 친교를 나누고 싶고 못나 보이는 사람과는 그저 눈인사만 하고 지나친다. 모이면 자랑하고 험담하며 흩어지면 세속과 어울리는데 분주하다. 신앙과 생활이 욕심으로는 하나이고 말씀과 생활은 늘 분리되어 둘이다. 왜 그럴까? '오직 사랑'이 없어서이다. 그래서 바울은 "내가 사람의 방언과 천사의 말을 하더라도 내게 사랑이 없다면 나는 시끄러운 꽹과리와 다를 게 없고, 내가 예언하는 능력이 있어 모든 비밀과 모든 지식을 가르치고, 또 산을 옮길 만한 믿음이 있어도 내게 사랑이 없다면 나는 아무것도 아니며, 내가 내 모든 재산을 나누어 주고 내 몸을 불사르게 내어 준다 하더라도 사랑이 없으면 내가 얻는 것은 아무것도 없다"라고 한 것이다.

 종교는 신앙이 아니라 삶이고 신앙은 기복이 아니라 사랑이다. 따라서 우리는 '사랑'으로 존재하고 '사랑'으로 사는 것뿐이다. 이것이 인생이고 신앙이다. 사랑은 하나님의 형질이요 말씀의 본질이다. 그래서 '사랑'은 가난한 마음을 근간으로 삼아 애통하고 온유하며 의를 사모하고 자비를 베풀고 마음은 청결하며 모든 이와 화평을 도모하는 본성을 지니고 있다. 그리고 그 사랑의 본성은 오래 참고 온유하며 시기하지 않고 자랑하지도 않으며 교만하지 않고 무례를 범하지 않고 사욕을 부리지 않으며 분노와 악의를 품지 아니하고 오직 진리만을 기뻐하는 덕성(德性)으로 드러난다. 그러므로 내가 하나님 믿는 사람임을 자랑으로 여길 것이 아니라 하나님의 자녀답게 사는 것을 자랑으로 여길 것이고, 예수 믿는 것을 다행으로 생각할 것이 아니라 예수처럼 살지 못함을 불행으로 여길 것이다. 예수라면 내 인생을 어떻게 살 것인가? 결코, 근본과 본질을 떠나지 않을 것이니 그것은 '오직 사랑'이다.

제2부

팔복의 마음은 사랑의 초석이다

마음이 가난한 사람은 행복하다
하늘 나라가 그들의 것이니라

1. 가난한 마음은 사랑의 원초(原初)이다

  부패하고 타락한 인간의 유전자는 신의 형질에서 욕심의 형질로 변이(變異)되었는데 변이된 유전자를 이기적 유전자라고 한다. 그래서 인간은 자신의 이익이나 유익을 먼저 생각하는 악성을 지니게 된 것이다. 인간 본래의 모습은 신의 품성을 닮았는데 그 품성이 인간의 마음 또는 양심을 형성하였다. 인간 본래의 마음은 어질고 착하다 하여 양심(良心)이라고 한 것인데 이를 '사랑의 집'이라고 한다. 어질고 착한 그 양심 즉 사랑의 집이 신의 품성으로서 인간은 신의 형상을 지녔기에 작은 신(little god)이라 할 수 있다. 처음 인간 세대에는 분별심과 상대적 개념이 없어 좋음과 싫음, 선과 악, 나와 너 등 구분이 없었다. 그래서 인간의 삶은 곧 신의 삶이나 다름이 없었다. 굳이 일상에서 축복을 기대할 이유가 없었고, 욕심을 부릴 일도 없었으며, 경쟁이나 다툼도 몰랐다. 양심이 조금도 흐트러지지 않아 신의 형질인 어질고 착한 자애로움 그 자체로 존재했기 때문이다. 그런데 그 자애로운 형질의 유전자가 변이를 일으키게 되었는데 그 원흉이 바로 욕심이다. 선하고 착한 양심이 두 개의 서로 다른 마음 즉 겉과 속이 다른 마음이 된 것이다. 그래서 인간에게 으뜸 가르침인 종교와 진리가 주어진 것이니 선한 양심(良心)이 변이되어 두 마음(兩心)으로 변질된 것을 이제 심성을 수양(養心)하여 본래의 양심을 회복하고 사람 구실을 온전히 행해야 할 것이다.

  인간은 몸과 영혼이 결합 된 생명체이다. 생명체란 생명을 담는 그

룻이란 말로서 인간의 생명체는 육신을 말하고 생명은 영혼, 정신, 의식 등을 의미한다. 생명체가 소중한가 아니면 생명이 소중한가? 육신이 소중한가 아니면 영혼이 소중한가? 물질이 소중한가 아니면 마음과 정신이 소중한가? 물론 소중하지 않은 것은 없다. 그러나 생명이 없다면 생명체도 당연히 없을 것이고 영혼이 없다면 육신도 없을 것이다. 생명과 영혼이 있기에 오늘의 '나'가 존재할 수 있다는 것을 알자는 것이다. 그러므로 '나'는 육체가 아니라 영혼이요, 물질이 아니라 정신이며, 말초신경이 아니라 마음(心靈)이다. 따라서 진정한 축복의 영역은 겉이 아니라 속이요, 껍데기가 아니라 알맹이임을 자각해야 할 것이다. 진정한 축복과 행복의 원리는 마음에 있는 것이지 결코 돈과 재물과 성공이나 권력 등 표면적인 것에 있는 것이 아니다. 그래서 진정한 축복과 행복은 세속에서 얻어지는 것이 아니라 마음 곧 사랑의 집으로부터 비롯되는 것이다. 대부분 사람은 육신의 즐거움을 위해 물질적인 복(假福)을 기원하지만 참복(眞福)은 잃어버린 영성 회복에 있으니 여기에 참자유와 대평화 그리고 영원한 사랑이 있기 때문이다.

본 장에서 말하는 팔복(八福)의 가르침은 인간의 의식 속에서 세속적인 욕심과 물질적인 복을 해체하고 새로이 거듭날 수 있는 새 사람으로서 갖추어야 할 고품격의 인성 또는 영성 회복의 가르침으로 주어진 '마음의 경전'임을 밝힌다. 신앙과 믿음은 형식적인 예배와 성경 공부 및 기복(祈福)에 있는 것이 아니라 근본적인 심령의 변화와 성숙에 있음을 깊이 인식해야 한다. 뿌리가 건강하면 자연히 줄기와 열매도 건강하듯이 심령이 팔복의 영성으로 무장되어 있다면 우리의 신앙과 목회와 교회의 모습 그리고 일상(日常)이 변화를 입어 긍휼과 인애와 자비 즉 사랑이 널리 울려 퍼질 것이다. 종교의 가르침과 진리의 정신은 언제나 변함없이 신의 사랑이 세상에 드러나 곳곳이 낙원이요 천국을 이루는 것을 목적으로 삼고 있기 때문이다. 그 본(本)을 보여주신 이가 있으니 예수이다. 예수가 2000년 전 이스라엘 땅에 온 것은 이스라엘의 그릇된 인생과 신앙관을 바로 잡기 위해서였다. 그들은 조상 때부터 전해져 온 전통과 관습에 익숙하다 보니 형식과 거짓된 위선만 남고 하나님께 대한 신실함을 상실하였으니 오늘 우리의 모습이 또한 그러하다. 이제 이 땅에 오신 예수가 가장 먼저 가르침을 준 산상수훈은 의미가 정말 크다 하지 않을 수 없다. 특히 팔복의 가르침은 예수의 품성과 영성을 조화롭게 이루는 사랑의 초석(礎石)들이다. 그 초석들이 영혼의 본성이요 심령의 바탕이니 '사랑'은 인간 본래의 인격이요 품성으로서 나의 존재의 원형이다.

예수가 최초로 세상을 향해 가장 먼저 주신 가르침은 "마음이 가난한 사람은 복이 있으니 하늘나라가 그들의 것"이라 한 가르침이다. 이 짧은 가르침은 성경 전체를 대표할 수 있는 으뜸 가르침의 진수라 할 수 있다. 가난한 마음은 이웃 경전들의 중심에도 무욕(無慾), 무아(無我), 무위(無爲), 허심(虛心) 등으로 표현하는데 이는 공통으로 '비움'을 가르침의 근간으로 삼고 있음을 보여주는 것이다. 마음(心)을 심령(心靈)이라 하는데 이를 마음의 영(靈)이라고 한다. 가난한 마음 곧 마음의 영은 신의 형상과 신의 본성 자리이기에 '가난한 마음'은 신의 마음으로서 인간의 마음과 본성과 양심을 이룬다. 그러므로 가난한 마음이 복이 있다는 것은 신의 마음을 회복하는 것이 곧 복이라는 것이다. 신의 마음은 항상 텅 비어 있어 의도적으로 행하는 바가 없이 자신의 존재적 속성처럼 항상 '스스로 되어감'이라는 자연의 섭리를 따르는데 이것이 곧 신의 섭리이다. 그래서 신은 인간의 생사화복에 관여하지도 않으며, 인간의 소원을 듣지도 아니하고, 따라서 기도에 대해 불평등과 편애를 일으키는 응답조차 하지 않는다. 따라서 신의 형상을 지닌 인간도 인위적 또는 의도적인 행위와 모든 욕심을 멈추고 항상 마음을 비워 아무것도 담지 않은 가난한 마음을 회복하라는 것이다. 그러면 천국을 얻는다 하였으니 곧 마음의 천국을 이름이다. 많은 사람이 축복의 근원을 세속적인 물질에서 찾고 있으나 이는 욕심을 부추기는 어리석음일 뿐 축복도 아니며 행복도 아니다. 축복과 행복의 근원은 물질이 아니라 마음에 있으니 마음은 곧 신의 집이요 사랑의 품이며 에덴동산이다.

그러면 마음이 가난하다(the poor in spirit;淸貧)는 것은 무슨 말인가? 마음(Original Mind)의 본질은 영(靈)이기에 마음을 심령(心靈)이라고 한다. 그래서 '가난'을 뜻하는 것은 세속적인 경제적 빈곤을 말함이 아니라 '마음의 빈곤'을 의미한다. 그래서 가난한 마음이란 겸손함을 말함이 아니라 허심(虛心) 또는 공심(空心) 즉 빈 마음을 뜻한다. 세속적으로는 아무것도 바라는 바가 없는 무욕의 마음이요 영으로는 진리로 충만한 상태를 가난한 마음이라고 하며 이를 텅 빈 충만함이라고 한다. 가난한 마음은 타락하기 전 인간 본래의 마음이다. 일용할 양식으로 족한 줄 아는 마음, 스스로 선택한 청빈(淸貧)의 삶이 곧 가난한 마음이요 무소유 정신이다. 욕심이나 기대함 없이 순간순간 주어지는 환경에 말없이 순응하는 마음이 곧 빈곤이요 빈 마음이다. 오는 마음 가는 마음에 흔들림이 없고, 그 무엇에도 집착이 없는 마음이다. 가난한 마음은 성현들의 마음이요 신에 이르는 길이며 또한 인간의 본성이다. 그런데 아담의 타락 이후부터 인간의 가난한 심령은 욕심의 영으로 변질되면서 늘 소유하고 쌓는데 마음을 쏟고 있다. 욕심(慾心)이란 정도에 지나치도록 소유하려는 탐심을 말하니 욕심이 바로 미혹의 영이며 그 미혹의 영이 지금 인간의 마음을 지배하고 있기에 그 욕심의 마음을 텅 비워 빈곤하게 하라는 것이 곧 마음의 가난함이다. 바로 이 가난한 마음이 신의 형질이요 본성이며 또한 첫째가는 사랑의 기반이요 초석이다. 가난한 마음을 이루자는 것은 나의 빈곤이 목적이 아니라 이웃을 풍성하게 하기 위함이니 이것이 바로 '사랑'이다. 거짓 지도자들은 그릇된 교훈과 가르침을 가진 자들로서 사리사욕을 구하지만, 예수는 심령이 가난한 사람들을 진리로 부유하게 하려고 온 것이다. 그러므로 진정한 부유함과 축복과 행복은 심령의 가난함에 있음을 깊이 깨달아야 할 것이다.

말레이시아에서 2위의 대부호인 아난다 크리슈난은 7조원이 넘는 재력가이며 그의 부인은 태국 왕실의 후손이다. 그 부부에게는 외아들이 있는데 현대판 '싯타르타'로 불리는 아잔 시리판요(Ajahn Siripanyo) 스님이다. 그는 이미 20년 전에 부귀와 영화를 버리고 수행자로 출가(出家)를 하였지만, 오랫동안 이 사실이 알려지지 않았다가 최근에 알려지자 기자들이 대부호의 아들이 맞냐고 질문을 하였다. 그는 대부호의 아들이 맞지만, 지금은 가난한 수행자일 뿐이라고 하면서 매일 탁발을 하며 수행하고 포교하는 것이 가장 행복하다고 하였다. 그는 돈과 명예보다 삶의 의미를 묻는 출가를 택할 만큼 어려서부터 가난한 마음을 지닌 수행자이다. 엄청난 재산의 상속자가 되는 것을 아무 미련 없이 포기할 수 있는 것은 결코 쉬운 일이 아닐 것이다. 모든 것이 풍성하고 윤택한 생활 속에서 아무것도 소유하지 않을 수 있는 것은 평소 마음속에 그 어떠한 욕심과 욕구도 담지 않아서일 것이다. 진정한 출가는 모든 욕심과 소유욕에서 벗어나는 것이다. 인간의 역사는 다름 아닌 욕심의 변천사라 할 수 있다. 인간의 마음에는 이기적인 욕심이 자리를 굳히면서 미움과 시기와 원망과 다툼과 경쟁과 재물욕과 명예욕과 권력욕과 성욕과 소유와 소비 등으로 마음에 욕심과 욕구로 가득하다. 그리고 마음의 욕구가 채워지는 것을 축복이요 행복으로 여긴다. 그러나 인간이 생각하는 행복은 욕심 안에서 비롯된 무가치한 것들임을 모르고 있다. 진정한 축복과 행복은 소유와 소비에 있는 것이 아니라 비움과 나눔에 있음을 모른다. 인생과 신앙의 목적은 출세와 성공이 아니라 '나'를 찾아가는 길임을 모든 경전은 밝히고 있다. 진정 가난한 마음을 찾아가는 것이 곧 나를 찾는 길이요 또한 신에게 이르는 길이며 여기에 진정 신앙과 삶의 의미가 있는 것이다.

욕심은 신의 형상과 영성과 사랑을 모두 빼앗아 간 도적이요 강도이며 살생자로서 흉악한 원흉이다. 인간의 욕심과 욕구는 문명과 문화를 끊임없이 발전시켜 왔으며 앞으로도 계속 발전시켜 나갈 것이다. 그 문명과 문화는 인간의 삶을 흥미와 편리함과 신속함을 제공해 준다. 그러나 문명과 문화가 발달할수록 인간의 마음에서 정과 사랑은 메마르고, 자신의 이익과 유익을 위할 뿐이다. 그래서 다툼과 경쟁과 비난과 막말과 자기변호와 변명과 거짓과 위선과 권위와 자랑과 교만과 무례함과 시기와 성냄과 분노와 억지 등 각종 불법과 불의가 곳곳에서 벌어지고 있는 현실이니 이는 사람이 사는 세상이 아니라 짐승이 사는 세상으로 변질되어 가는 것이다. 이것이 지식의 나무 즉 미혹의 나무, 욕심의 나무가 번성해 가는 결과물들이다. 결코, 여기에는 축복도 없고 행복도 없다. 문명과 문화의 발달은 오히려 인간의 정서를 메마르게 하고 사람의 육체와 기술과 재능과 지식 등이 상품화되어 비인간화를 촉진시키고 있을 뿐이다. 그래서 인간은 발전하는 문명과 문화 속에서 살아도 여전히 욕심의 갈증이 끊이지 않는 것이니 진정한 축복과 행복은 늘 요원하기만 하다. 축복과 행복의 원천은 갈망과 집착과 욕심을 모르는 가난한 마음에 있는 것이다.

가난한 마음이란 좌우로 치우치지 않는 마음, 이분법적 사고나 상대적 개념을 모르는 마음 그래서 좋음과 싫음 등 분별심이 없는 마음을 의미한다. 이러한 마음은 비교의식이 없어 앞서려는 마음이 없고, 이기려는 승부욕도 없어 매사에 서두르거나 성취해야 할 일도 없으니 매사에 탐심이 없고 다툼이 없으며 허물이 없다. 가난한 마음은 아무것도 담기지 않은 텅 빈 마음이다. 그래서 좌우로 치우칠 일이 없어 항상 공명정대하고, 분별심이 없어 항상 평등하고, 비교의식이 없으니 아무런 욕구나 욕심이 없다. 이와 같은 가난한 마음을 달리 표현한다면 '사랑'이라 하겠다. 사랑도 언제나 좌우로 치우치지 아니하고, 항상 공명정대하여 나와 너를 나누지 않으며, 다툼과 대립과 비난과 분열 등이 없으니 언제나 중도(中道)에 머물러 도무지 허물이 없다. 그런데 교계와 사회 곳곳에서 보수와 진보를 나누고, 종교와 복지를 악용하여 사리사욕을 채우며, 부정과 불의를 변명하고 변호를 일삼으니 이는 가난한 마음 또는 존재적 사랑이 결여된 탓이다. 신, 진리, 가난한 마음, 사랑은 모두 동일한 궁극적 실존(實存)이니 이것을 아는 것이 참복이라 하겠다.

그래서 마음이 가난한 자는 복이 있으니 하나님 나라가 그의 것이라 한 것이다. 그런데 우리는 하나님 나라는 사후의 세계로만 이해하고 축복과 행복은 육신이 원하는 바를 성취하는 것으로 곡해하고 있으니 세속의 속성을 버리지 못하고 있다. 예수 십자가의 죽음과 부활은 사후의 천국과 영생을 약속한 것이 아니라 지금 육신의 삶을 죽이고 영혼의 삶으로 거듭나야 함을 힘주어 강조한 것이다. 그 영혼의 삶이 바로 마음의 가난함이다. 영의 속성은 소유와 소비 그 자체가 없다. 별도의 축복과 행복도 요구하지 않는다. 영으로의 존재함과 그 본능과 본성이 삶으로 드러나는 것뿐이다. 본래 인간의 심령은 욕심도 없고, 욕구도 없으며, 축복과 행복도 갈구하지 않는다. 그래서 영으로 존재함에는 자유와 평화와 사랑 그리고 무욕(無慾)과 비움(虛)이 있을 뿐이다. 자유와 평화와 사랑은 곧 하나님 나라이고, 무욕은 축복의 근원이며, 비움은 그 자체로 나눔이기에 행복의 근원이 된다. 축복과 행복은 하나님이 은혜를 주심으로 비롯되는 것이 아니라 인간의 마음에서 비롯되는 것이다. 우리의 마음이 하나님의 마음이면 축복이요 행복이고, 우리의 마음이 욕심이면 번민과 불행의 연속이다. 매 순간 생명 나무와 지식의 나무 중 선택을 하며 사는 것이 곧 인생살이다. 생명 나무를 선택하면 자유와 평화를 얻고, 지식의 나무를 선택하면 갈등과 고통이 따르는 것이다.

그런데 우리는 여전히 하나님의 사랑을 벗어나 이기적인 욕심만을 구하고 있다. 십자가의 죽음은 욕심의 죽음을 상징하는 것인데 우리는 그 욕심을 붙든 채 구원의 은총을 노래하고 감사하며 사랑한다고 거짓을 말하고 있다. 목사 안수를 받아 성직자가 되고, 세례를 받아 교회의 정회원이 되고, 집사 권사 장로가 되며, 주일성수와 헌금 생활에 충실하면 우리는 구원받고 사후에 천국에 들어가는 줄로 안다. 진실로 그러한가? 특히 교회의 물량적인 성장과 교회 부동산의 증가는 목회자의 영적인 능력으로 추앙받고 있으며, 대형 교회당의 건축은 목회 성공의 마침표로 여기고 있다. 과연 크고 넓고 높고 화려하고 웅장한 교회당을 하나님의 종(從)으로서 그것이 하나님의 뜻이요 영광이며 축복이라고 주장할 수 있는가? 진정한 교회 개혁의 시작은 정도를 넘어선 교회당부터 무너져야 할 것이다. 예수와 제자들은 능력이 부족해서 교회당을 세우지 못한 것이 아니다. 사람의 손으로 지은 집에는 하나님이 계시지 않는다. 교회는 건물이 아니라 본질적으로 가난한 심령을 의미하는 것이다. 특히 교회 세습은 진실로 욕심의 절정임을 부정하지 못할 것이다. 라오디게아 교회는 스스로 말하기를 '나는 부자라 부유하여 부족한 것이 없다'고 하였으나 정작 자신들의 영혼이 곤고한 것과 메마른 것과 눈먼 것과 벌거벗은 것을 알지 못한다고 책망하였다.

누구보다도 마음이 가난해야 할 교회 지도자들이 부와 명예를 누리며 가난의 영성(靈性)을 상실해 가고 있다. 부자가 하늘나라에 들어가는 것은 낙타가 바늘구멍을 지나기보다 더 어렵다는 설교를 수없이 하면서도 신앙적 양심은 보이지 않는다. 돈과 명예를 사랑하는 것이 일만 악의 뿌리가 된다고 강론하면서 양심에 죄책감을 느끼지 못하고 있다. 하나님이 빔(虛)으로 존재하고, 예수도 빈 마음(虛心)으로 사셨으며, 선지자들과 사도들도 가난한 마음으로 사역하면서 순교의 삶으로 지켜온 복음이 오늘 우리에게 주어졌는데 우리는 그들과는 달리 채움과 부와 출세와 명예를 위한 수단으로 진리와 하나님을 악용하고 있으니 진정 하나님의 종들이며 하나님의 사람들인가 묻고 싶다. 교단의 신학과 교리에 밝다고 해서 훌륭한 목회자가 아니며, 성경을 문자적으로만 강조하는 것은 율법주의자에 불과한 것이다. 진정 마음을 비우면 하나님의 형상과 영성과 그의 본성을 보게 될 것이며, 그의 나라가 내 안에서 완성될 것이다. 세속적으로도 검소하여 가난한 것이 가난한 마음을 이루는 길의 시작이며 또한 영적인 부유함으로 가는 지름길이 될 것이다.

진리의 본질은 빈 영(虛心)이요 가난(貧窮)이지만 부족이나 모자람을 전혀 모르는 빔 속의 충만(充滿)이다. 세상 사람들이 다 세속적인 부유함을 추구할지라도 우리만은 스스로 가난함(淸貧)을 추구해야 한다. 가난한 마음이란 이기적인 욕심이 없는 빈 마음이라 하였다. 무엇에도 집착하지 않는 가난한 마음으로 세상의 빛과 소금이 되어야 한다. 가난한 마음으로 비롯된 자유와 행복이 무엇인지를 보여줄 수 있어야 한다. 가난한 마음 그 자체가 행복이요 천국인 줄을 널리 알려야 한다. 천국이란 사후(死後)에 가는 미래의 왕국이 아니라 현존(現存)하는 가난한 마음, 무욕의 마음, 평화의 마음을 의미한다. 결국, 버리고, 내려놓고, 비우고 하는 가난한 마음이 아니면 하나님도, 진리도, 깨달음도, 행복도, 구원과 영생도 얻을 수 없으며 또한 이웃을 내 몸처럼 사랑할 수도 없다. 이제 무엇을 하든지, 어떤 사람이 되든지 우리는 항상 가난한 마음을 떠나서는 아니 될 것이다. 가난한 마음, 자기 부정, 자아의 죽음, 무욕을 실현하는 것이 모든 경전과 성현들이 강조하는 가르침의 근본이다. 따라서 마음의 가난함은 성직과 신앙 그리고 인생의 출발선이니 누구든지 진정한 축복의 길, 행복의 길 그리고 진리의 길을 가고자 한다면 가난한 마음 곧 청빈(淸貧)의 자리에 항상 머물러야 할 것이다. '가난한 마음'은 팔복심(八福心)의 완성이자 나머지 일곱 마음의 최종적인 결과이다.

2. 애통할 줄 아는 마음이 사랑이다

애통(哀痛)함이란 나의 죄와 허물 그리고 이웃과 세상의 불의로 인한 가슴 저린 아픔과 통증을 의미하는 것이니 진실로 자신을 사랑하고 이웃과 세상을 사랑할 줄 아는 넓고 큰마음이다. 여기서 애통함이란 일반적으로 죽은 자를 위해 슬퍼하거나 애통해하는 것 그 이상을 의미한다. 사람들의 마음이 완악하여 양심의 가책이 둔해지면서 자신의 허물과 죄과에 대해서 변명과 변호를 할지언정 잘못을 인정하지 않는다. 심지어는 의혹만으로도 사실을 넘어 진실이 보여도 증거물을 은폐하면서 끝까지 부정한다. 진실로 부정할 것은 사실과 진실이 아니라 자신의 부정한 양심을 부정해야 할 것이다. 세상에서뿐만 아니라 교회 안에서도 지도층들의 부정한 일이 드러나면 역시 부정하다가 변명하고 변호하기에 급급하다. 아무리 부정하여도 때마다 달라지는 변명과 얼굴 모습 그리고 목소리에서 거짓은 드러나니 진실은 은폐할 수 없을 것이다. 그러면서 세상의 부정한 일에 대해서는 자신만이 의로운 양 비난과 비판을 쏟아낸다. 참으로 자신과 세상의 부정과 불의로 인하여 애통해하는 모습은 어디서도 찾아보기 어렵게 된 듯싶다. 인간의 본성인 맹자의 수오지심(羞惡之心) 즉 자신과 세상의 불의를 부끄럽게 여기거나 수치스럽게 여기는 마음이 아쉬운 시대이다.

또한, 부정한 일이나 불의에 대해서뿐만 아니라 세상과 소외계층들의 아픔과 고통을 보면서도 애통한 심정은 열려야 한다. 나와 상관이 없는 사람들이어서 무관심하거나 외면하기가 십상이다. 그렇다면 사람 도리에서 벗어나는 몰인정한 사람일 것이다. 세상에는 강자와 약자가 공존하고, 부자와 가난한 자가 공존하며, 건강한 자와 병약한 자가 공존하고 있다. 표면적으로는 분명 불공평한 세상이다. 그러나 강자가 있는 것은 약자들을 받쳐주기 위함이여, 부자는 가난한 자들을 돌아보기 위함이며, 건강한 자는 병약한 자를 돌보기 위함인 것을 안다면 세상은 결코 불공평하지 않을 것이다. 그러나 세상은 강자가 약자를 괴롭히고, 부자는 가난한 자들을 가볍게 여기며, 건강한 자들은 병약한 자들을 외면한다. 그것은 그들의 마음에 약자들에 대한 아픔과 고통에 대한 이해와 긍휼의 마음이 없기 때문일 것이다. 긍휼의 마음은 가난한 마음에서 비롯되는데 가난한 마음에서부터 굳어져 있으니 어찌 긍휼과 애통함이 있겠는가? 맹자의 측은지심(惻隱之心) 즉 이웃의 불행을 긍휼히 여기고 아파하는 마음은 인간의 본성이라고 하였다. 사람이 마땅히 행해야 할 애통함이 발현되지 않는다면 인간의 본성이 죽은 것이니 이것이야말로 진정 애통해야 할 일이다. 사랑의 뿌리는 겸손과 섬김과 봉사의 열매를 저절로 맺는다. 수오지심과 측은지심은 진실로 어진 사랑의 마음이니 행할 수 있다면 참복이 아닐 수 없다.

우리는 애통의 모본을 하나님과 예수로부터 배울 수 있을 것이다. 에덴동산에서 아담이 하나님의 계명을 불순종하고 선악과로 죄를 범한 후 숨어 있을 때 하나님은 아담의 이름을 부른다. 아담아! 아담아! 하고 불렀을 때 하나님의 마음은 분명 애통이었을 것이다. 사랑하는 자녀들이 어리석어 하나님 곁을 떠나 탐심으로 인하여 평생 고통 겪을 것을 생각하면 하나님의 마음은 무척 슬프며 가슴이 저리다. 자식이 잘못되면 부모의 마음이 찢어지고 고통스럽지 않은가? 하물며 자비와 사랑의 하나님은 오죽하겠는가? 그래서 무지하고 어리석은 당신의 자녀들을 깨우치고 돌아오게 하려고 선지자들과 사도들을 세워 권면하고 일깨워 주지만, 여전히 인간은 하나님을 등지고 물질적인 우상을 숭배하면서 탐심을 채우려는 축복만을 요구하고 있으니 하나님의 애통함은 끊어질 날이 없다. 오늘 하나님의 성직자들은 죄악으로 관용한 세상을 보면서도 애통함 없이 비난과 정죄를 할 뿐 당신의 아픔으로 끌어들이지 못하고 있다. 그 비난과 정죄를 일삼는 것 자체가 자신에게 큰 죄와 허물이 되는지도 모르고 있으니 애통함이 없는 것은 마음이 완악함이요 가난한 마음이 없음이다. 그러면서 나는 항상 의롭다고 자부하고 있으니 이 또한 교만하고 오만한 죄가 아닌가? 모든 죄와 허물은 마음에서부터 비롯되는 것이니 가난한 마음 이루는 것을 목회와 신앙의 정점으로 삼아야 애통함도 따를 것이다.

결국, 하나님은 인간의 옷을 입고 세상을 구원하기 위해 오시니 그의 오심 또한 인간을 향한 애통한 심정으로 오는 것이다. 인간이 하나님의 뜻을 거부할 것을 알지만 그래도 한 사람이라도 구원을 이루기 위해 큰 사랑으로 우리 곁을 찾아온 것이다. 그리고 구원의 길과 진정한 축복의 길을 선언하였다. 주옥같은 산상수훈의 가르침을 받은 많은 사람이 감동하고, 가난하고 병든 사람들을 찾아 그들의 아픔을 위로하였으니 그는 일생을 세상의 죄악과 약자들의 고통을 끌어안고 긍휼과 애통함으로 보냈다. 당시 사람들은 육신의 축복만을 염두에 두어 하늘의 복길(福道)을 깨닫지 못하였으니 지금 우리가 그러하다. 그리고 십자가의 죽음을 눈앞에 두고 예루살렘으로 입성하면서 마음의 눈이 어두운 이스라엘과 우리를 향해 예루살렘아! 예루살렘아! 하고 안타까이 부르시는 것은 당신의 사랑을 깨닫고 온전히 돌아오라는 애통함의 호소였을 것이다. 그리고 예수는 온 마음과 뜻과 성품을 다하여 진리의 정신을 선포하였지만 결국 종교 지도자들은 마음의 탐심과 시기만이 가득한 채 예수를 십자가에 매다는 데 성공을 한다. 예수는 십자가상에서 나의 하나님! 나의 하나님! 어찌하여 나를 버리시나이까? 하는 애절함을 토하면서 운명하였으니 그의 죽음은 곧 인간을 향한 애통함의 절정이 아닐 수 없다. 이렇게 하나님과 예수의 애통함은 인간의 죄와 욕심으로 인하여 찢어지는 아픔과 애통의 연속이었다. 그런데 지금 우리마저 하나님의 애통함을 철저히 외면하며 그의 오심과 가르침과 십자가의 죽음 등 모든 의미를 상실한 채 아직도 육신의 삶을 위한 욕심만을 구하고 있으니 우리의 마음도 굳어져 애통함이 사라진 것이다.

그러므로 우리는 이제라도 자신의 죄와 욕심으로 인하여 애통해 할 수 있어야할 것이다. "주님! 나의 죄와 욕심으로 인하여 내 얼굴이 수척해졌으며 나의 뼈와 영혼이 떨리나이다. 나의 영혼을 주의 사랑으로 구원하소서."(시편 6:2-4) 하는 다윗의 기도가 우리의 애통함이 되어야 한다. 우리는 매일 매순간 자신의 마음을 들여다보며 늘 깨어서 한 순간이라도 세속의 생각이나 욕심이 침투해 올까 염려하며 경계해야 한다. 아담이 그 순간을 방심하여 미혹의 영에 빠지지 않았는가? 육신의 생각과 욕심은 언제나 자아(自我)의 뜻을 따른다. '자아'란 나 밖의 모든 것 즉 자아의 대상으로 존재하는 모든 현상계를 경험하는 주체를 말한다. 그래서 자아는 언제나 육안으로 보고 느낄 수 있는 것들에 대한 집착과 소유 하려는 속성을 지니고 있다. 그러다 보니 짐승 세계와 같이 경쟁과 다툼이 생기면서 이기적인 욕심이 끊이지 않는 것이다. 이 과정에서 인간은 끊임없는 죄와 허물이 드러난다. 자기 이익을 위해서 불법을 행하고, 권위를 앞세워 불의를 행하며, 자신이 옳다고 주장하여 교만과 오만을 드러내기도 한다. 이러한 자아의 실체를 보고 자신의 죄와 허물에 대한 슬픔과 참회가 있을 때 이를 애통함이라고 한다. 이 애통함은 '나'라고 여겼던 자아를 십자가에 매다는 것과 같으며 또한 애통함은 참나를 깨우고 영혼을 살리는 축복이 아닐 수 없다.

또한, 백성들과 성직자들과 나라의 지도자들이 욕심과 욕망으로 인하여 부정과 비리가 난무할 때 우리는 애통해 할 수 있어야 한다. 인간은 누구나 이기적인 욕심으로 무장된 죄인들이기에 정의로운 자는 없다. 그런데 자신이 심판관이 되어 누군가를 함부로 정죄하고 심판하며 비난하고 있다면 죄인이 죄인을 탓하는 우스꽝스런 일이 되는 것이다. 어느 날 종교 지도자들과 사람들이 간음 중에 붙잡힌 여인을 예수 앞에 데려와 율법대로 돌로 쳐 죽이고자 할 때 예수는 '누구든지 죄 없는 자가 먼저 돌로 치라'고 하니 모두들 돌을 땅에 떨어뜨리고 각자 자기 길로 갔다고 하였다. 그리고 예수도 그 여인을 정죄하지 아니하고 다시는 죄를 범하지 말라 하였으니 그 돌은 땅의 돌, 심판의 돌이 아닌 용서의 돌, 사랑의 돌을 의미하는 것이다. 용서와 사랑의 돌은 뜨거운 숯불을 죄인의 머리에 올려놓는 것과 같다고 하였다. 정죄와 심판은 사람을 죽이지만 애통함은 죄와 허물도 덮어주고 사람도 살리는 최고의 심판이다. 이것이 하늘의 애통함으로 세상을 심판하는 방법이다. 우리는 다른 사람의 죄와 허물은 곧 나를 깨우치는 산 진리가 되는 것을 알고 나를 돌아볼 것이며 또한 그를 위해 눈물을 흘리며 애통해 할 수 있다면 그는 이미 하나님의 사람이 된 것이니 어찌 축복이 아닐 수 있겠는가? 우리는 지금 애통이 아니라 비난과 심판의 돌을 던지고 있지는 않은가? 비난과 심판은 정의가 아니며 사랑도 아니다. 자신을 돋보이려는 오만이요 어리석음일 뿐이다. 이제는 이웃과 세상을 향한 애통함도 우리의 기도 제목이 되어야 할 것이다. 만일 우리의 마음에서 이기와 오만과 욕심이 사라져 가난한 마음을 이룬다면 나와 다른 사람의 죄와 허물로 인하여 진실로 슬프고 마음이 아파 괴로워하며 애통하게 될 것이다. 애통함은 가난한 마음이 근간이 되어 있을 때 가능해지는 것이다.

설교는 사랑의 본(本)이고, 교회 성장은 사랑의 영토를 확장하는 것이며, 신앙과 믿음은 사랑의 진리를 삶으로 드러내는 것이다. 예수가 말씀을 가르친 것은 율법을 가르친 것이 아니라 사랑을 가르친 것이고, 병자를 고친 것은 능력이 아니라 사랑이 고친 것이며, 가난한 자들을 배부르게 먹인 것은 빵이 아니라 사랑이었던 것이고, 핍박하는 자들과 원수를 맺지 않은 것은 용서가 아니라 사랑이었으니 우리가 이렇게 하지 못하는 것을 수치스럽게 생각하고 마음으로 아파하며 애통해 할 수 있는 사람으로 거듭나야 할 것이다. 예수 십자가의 죽음은 몸의 죽음이 아니라 우리의 죄와 허물의 죽음이요 하늘 사랑이 잠시 죽은 것이니 이제 내 안에서 그 사랑이 부활되면 가난한 마음과 애통하는 마음도 부활할 것이다. 그래서 누구보다도 성직자들은 가난한 마음을 회복하고 애통함으로 교회와 나라와 백성을 돌보아야 한다. 욕심으로 인한 죄악들이 관용한 현실을 직시하며 성직자들은 애통함을 잃지 말아야 한다. 성직자들과 위정자들은 나라와 백성을 항상 끌어안고 그들의 희로애락과 함께 해야 한다. 따라서 이제는 우리의 웃음을 애통으로 바꾸고 우리의 즐거움을 근심으로 바꾸어야 한다. (야고보서 4:8-9) 진정 애통해 할 줄 아는 사람은 하나님의 위로와 사랑이 이미 내 안에 머물고 있는 것이니 복이 아닐 수 없다. 진정 애통함은 자신과 세상을 향해 인애와 긍휼과 자비를 베푸는 큰 사랑의 초석(礎石)인 것이다.

3. 온유한 마음이 사랑이다

　온유(溫柔)함이란 친절함, 상냥함, 따뜻함, 부드러움, 관대함, 겸손함 등을 뜻하는바 자신을 낮추는 겸손과 상대를 존중하는 사랑이 결합된 유순(柔順)함이다. 온유함 역시 가난한 마음이 그 바탕이 된다. 가난한 마음과 온유한 마음은 항상 짝을 이루어 마치 쌍둥이와 같은데 가난한 마음은 자기 자신과 관련이 있지만 온유함은 타인과 관련이 있는 마음이다. 가난한 마음은 하나님의 본성을 내 마음과 동일시하는 것이고, 온유한 마음은 그 가난한 마음을 타인을 향해 이해와 양보와 친절 그리고 관용 등으로 베푸는 마음이니 온유한 마음은 가난한 마음의 열매라 할 수 있다. 그래서 예수는 '나는 마음이 온유하고 겸손하니 내게 와서 배우라'고 하였다. 온유한 마음은 하나님 앞에서 값진 것이며 또한 사랑의 열매 중 하나로서 그리스도인에게는 기본적인 덕목 중 하나이다. 온유한 사람은 자신을 잘 관리하는 사람으로서 이기심과 성냄과 흥분과 분노 등을 표출할 줄 모르니 쌍방 간에 다툼이나 분쟁이 생기지도 않지만, 혹시 다툼이나 분쟁이 생기면 먼저 양보하고 휘말리지 않는다. 만일 어쩔 수 없이 분쟁에 휘말리게 되면 재빠르게 양보하고 분쟁을 끝내는 것이 슬기로운 지혜이다. 정당성을 인정받지는 못했으나 흉한 꼴은 피할 수 있으니 이는 사랑과 온유는 중도(中道)이기 때문이다. 원망받을 만한 일이나 소송이 걸릴 일이 있거든 속히 먼저 화해하고 화목을 회복하라는 것이 예수의 가르침이다. 자신의 정당성을 얻고 원수를 만드는 것은 이기적인 소인배의 짓이다.

무엇보다도 온유한 마음은 하나님의 말씀에 대한 순종함으로 성취할 수 있다. 하나님이 인간을 향해 바라는 그 뜻이 무엇이며 율법과 계명의 정신은 어떠한 것인지를 바로 알고 그대로 따르는 것이 진리와 하나님을 향한 온유한 마음이다. 특히 행불행을 분별하지 않고 범사를 신의 섭리 또는 자연의 섭리로 알고 자연스럽게 순응하는 것이 곧 온유이다. 종교와 진리와 신앙이 인간에게 필요한 것은 하나님의 자녀답고 작은 신으로서의 명예를 유지하기 위한 것이니 하나님의 말씀에 순응하는 것은 당연한 이치이다. 그러므로 진리의 정신과 하나님의 형질이 사랑인 것을 알고 사랑으로 응답하고 사랑으로 삶을 영위하는 것은 진리를 진리로 대접하는 온유이고, 하나님을 하나님으로 경외하는 온유가 되는 것이다. 만일 우리가 진리의 정신과 하나님의 뜻을 외면하고 내 뜻대로 목회하며 내 욕심을 구하면서 이것이 하나님의 뜻이라고 주장하고 하나님을 사랑한다고 하면 거짓이 되는 것이니 그 거짓 속에는 하나님과 진리를 향한 온유함이 없는 것이다. 하나님의 뜻과 진리의 정신을 가벼이 여기는 것은 자신의 뜻과 욕심이 앞서기 때문이니 이러한 불손한 태도로 인하여 하나님을 향한 온유함이 크게 결여될 수밖에 없는 것이다. 하나님에 대한 경외심과 경건은 진리에 대한 겸허한 순종이 따르니 이것이 하나님에 대한 온유함이다.

그리고 하나님에 대한 온유가 겸손한 순종이라면, 이웃과 세상을 향한 온유함은 역시 빈 마음으로 사랑하는 것이다. 이웃과 세상을 사랑하는 것은 내 마음에 드는 사람에게만 선대하는 것이 아니다. 내가 좋아하는 사람에게 친절하거나 그의 실수나 허물에 대해서 관용을 베풀 수 있는 것은 인지상정이다. 그러나 내 뜻과 다르거나 나에게 해를 끼치는 사람일지라도 온유함의 진가는 변함없이 나타나야 한다. 내가 억울한 일을 당하거나 모욕적인 일을 당해도 그 억울함과 모욕에 집착하거나 매이지 않을 때 온유할 수 있다. 이러한 경우 복수와 용서 어느 쪽으로도 치우치지 않는 경계선을 중용(中庸)이라고 하는데 그 중용의 자리가 바로 온유이다. 위정자들과 각계의 지도층들 그리고 성직자들은 누구보다도 중용의 자리를 잃지 않는 온유의 덕(德)을 항상 유지할 수 있을 때 신뢰와 존경 속에서 사람들이 따를 수 있을 것이다. 그뿐 아니라 가난하고 병든 사람들 등 사회의 모든 약자의 고통을 보면 함께 아파하고 위로하며 격려하는 마음은 겸손과 친절과 따뜻함을 베푸는 공의로운 사랑이 아닐 수 없다. 온유한 품성은 부드럽고 따뜻한 양털과도 같아 모든 이들의 마음을 안정시키고, 평화롭게 하며, 성냄과 분노를 잠재울 수 있다. 분노와 난폭함으로 상대를 이기려 하지 말고 진정 자신의 분노와 난폭함을 이길 수 있는 사람이 온유의 미덕을 성취할 수 있을 것이다.

온유함은 적극적인 사랑으로서 멸시를 받거나 억눌려 아픔과 고통을 받을 때 오래 참으며 노하기를 더디 하고 관용을 베풀 수 있는 높은 덕성이라 할 수 있다. 당시 유대 땅은 로마의 속박을 받고 있었으며, 헤롯왕은 나라와 백성을 돌보지 않은 채 부귀와 영화를 누리고, 종교 지도자들은 돈과 명예에 빠져 있어 가난하고 병든 사람들과 죄인 취급받는 약자들은 항상 천대를 받아 차가운 곳에 버려져 있었다. 그래서 예수는 약자들이 자신의 환경을 스스로 원망하거나 세상을 향해 분노할 것이 아니라 온유한 마음으로 승화하여 인내하며 마음의 평화 얻을 것을 권면하고 위로하였다. 마음의 평화와 사랑이 곧 하나님 나라를 얻는 길이기 때문이다. 당시 유대교의 열성당원들은 이스라엘을 압박하고 있는 로마를 향해 분노와 살인을 일삼았다. 이것이 그들에게는 정당하다고 여겼다. 그러나 나에게 해를 끼치는 사람들에게 분노하고 복수를 하는 행위는 자신과 이웃들에게 더 큰 고통과 화(禍)를 초래할 뿐이니 언제나 온유함을 잃지 말아야 할 것이다.

　인도의 마하트마 간디는 영국의 인도인에 대한 인종차별과 탄압을 수없이 겪으면서 인도인들을 대표하여 영국 정부에 맞섰다. 그러나 그는 이에는 이, 눈에는 눈으로 맞선 것이 아니고 온유한 마음으로 '비폭력 무저항 불복종' 운동으로 맞선 것이다. 물론 수많은 동포들이 억울한 죽음을 계속 겪어야 했지만, 그는 폭력을 대항하기 위해 폭력을 사용하는 것은 같은 범법자임을 강조하면서 평화를 얻기 위한 폭력을 저지하였다. 그는 끝까지 평화를 얻기 위해 자신이 평화가 된 것이다. 결국, 영국은 비폭력 무저항 앞에 굴복하고 인도의 독립을 승인하였다. 특히 간디는 자신의 종교만을 고집하지 않아 모든 종교에 관용하며 존중을 하였는바 예수의 산상 수훈 중 원수를 내 몸처럼 사랑하라는 말씀에 깊은 영향을 받았다는 후문도 전해지고 있다. 우리나라의 3.1운동은 비폭력 무저항 운동의 선각자 역할을 한 대표적인 평화로의 저항이었다. 온유함은 유약(柔弱) 속에 감추어진 강함이고, 무저항 속의 저항이며, 어리석음 속의 지혜이고 그리고 폭력을 잠재우는 평화와 사랑인 것이다.

　노자는 세상에서 물처럼 온유하고 유약한 것은 없으며 단단하고 강한 것을 이기는데 물만 한 것은 없다고 하였다. 이것을 사람들이 모르고 있다. 살아있는 사람은 부드럽지만 죽으면 굳고 강해진다. 산천초목도 살아있을 때는 부드럽고 유연하지만 죽으면 말라서 뻣뻣해진다. 그래서 굳고 강한 것은 죽음의 성질이고 부드럽고 유연한 것은 삶의 성질이라고 하였다. 그러므로 매사에 이기와 욕심과 독선으로 강한 자는 신뢰와 존경을 잃으니 살았어도 죽은 자요, 범사에 부드러움과 양보와 관용으로 온유한 자는 신뢰와 존경을 받으니 신분의 고하를 떠나 진실로 높은 자이다. 그래서 강한 것은 아래로 떨어지고 온유한 것은 위에 놓이게 된다는 것이다. 물은 언제나 높은 곳 낮은 곳, 깨끗한 곳 더러운 곳 등을 가리지 아니하고 주어진 환경과 여건에 자연스럽게 순응하기에 최고의 선(善)으로 비유되고 있으니 물의 온유한 성질은 마치 하나님의 품성을 보는 듯하다. 때때로 사회와 교회 안에서 충돌이 발생하는 경우 폭력적이기보다는 온유함과 오래 참음의 지혜로 대응하되 결국에는 양보하는 것도 온유임을 인정할 것이다.

세상에는 언제나 온유함보다는 강함이 우위(優位)에 있어 왔다. 온유는 따뜻하고 부드러워 순하기에 늘 자신을 드러내기를 좋아하지 않아 겸손하기까지 하다. 온유와 겸손은 마치 부부 관계처럼 한 쌍을 이룬다. 온유하고 겸손한 사람을 싫어하는 사람은 없어 칭찬을 아끼지 않는다. 그러면서도 사람들은 온유함과 함께하지 아니하고 강함에 아첨한다. 그것은 온유함의 성질은 세상에서 늘 얻어맞는 자리에 있고 강함은 늘 때리는 자리에 있기 때문이다. 힘(力)이 작용하는 세상이다. 그리고 강함은 온유에 대해서 시기하고 질투를 하며 미워하여 적대감을 느낀다. 사람들의 시선을 온유에서 강함으로 빼앗아 오려는 심리이다. 그래야 강함, 자신이 살아남을 수 있기 때문이다. 당시 서기관들과 바리새파 지도자들이 그러했기에 예수를 십자가의 죽음으로 몰아갔던 것이며, 오늘의 교회 지도자들도 교회 내부에서 다툼이 일어나면 가장 먼저 자기 사람들을 모아 불법이나 불의를 정당화시키려고 안간힘을 쓰고 있다. 우리는 교회와 가정과 사회 안에서의 분쟁이나 다툼을 겸손과 온유함으로 해결하려는 것이 아니라 자신의 체면과 자존심을 앞세워 강한 힘으로 해결하려고 한다. 그것이 세상 법을 의존하거나 몸싸움과 기물 파괴 등으로 드러나는 현상이다. 법 중의 최고의 법은 사랑의 법이고 그 사랑 계명의 중심은 겸손함과 온유함이다.

예수의 온유함에 바리새파 사람들은 늘 강직함으로 예민하게 대립각을 세우다가 결국에는 십자가의 형틀에 매달고 나서야 만세를 불렀다. 강함이 온유함을 이긴 것이다. 온유함의 존재를 없애면 강한 자신들만 남으니 강한 세력의 존재가 정당성을 얻게 되는 것이다. 그러나 강함이 지나치면 오래가지 않아 반드시 꺾이고 부러지기 마련이다. 이것이 자연의 법칙이요 하늘의 법도이다. 예수가 십자가상에서 고통을 겪는 동안에도 죽이라고 아우성을 치던 사람들의 고성이 메아리로 돌아오기도 전에 예수는 부활하였다. 온유함과 겸손함이 죽었다가 다시 살아난 것이다. 결국, 온유는 싸우지도 않고 강함을 이긴 것이니 온유(溫柔)는 유약(柔弱)이 아니라 오래 참음 속의 강함이다. 온유는 시기와 미움과 원한을 모르니 강함과 다투지 않는다. 언제나 승패를 떠나 매사에 긍정하고 웃을 뿐이다. 그러나 맨 나중에 웃는 것은 강함이 아니라 유약이다. 그래서 온유함은 사랑의 초석(礎石)이라 할 수 있겠다.

4. 의를 갈구하는 마음이 사랑이다

    네 번째의 축복로(路)가 열리니 의(義)에 주리고 목마른 자는 복이 있다고 하였다. '의'란 올바르고 공정함, 정직, 진실, 정의 등을 뜻하는 바, 이는 사람의 신앙적 또는 도덕적인 행위를 말함이 아니라 하나님의 말씀(道), 진리(眞理) 그 자체를 의미한다. 사람이 빵으로만 살 것이 아니라 하나님의 입으로 나오는 모든 말씀으로 살 것이라고 한 그 '말씀'이 곧 '의'이다. 말씀 곧 의는 영원히 변하지 않는 절대적인 권위와 정당성을 지닌 진리요 정의이기 때문에 시대를 초월하여 인간다운 삶의 지표가 되는 것이다. 그래서 인간은 의를 상실했을 때 부정과 불의를 행하는 악인이 되는 것이며, 잃어버린 '의'를 다시 회복하였을 때 비로소 의인이 되는 것이다. 우리는 문자적으로 지키려는 율법적인 행위로 의롭게 되는 것이 아니라 예수 그리스도를 믿는 그 믿음으로 의롭게 되는 것이다. 그런데 우리는 믿음의 방법을 2000년 전에 오신 사람 예수를 역사적인 하나님의 아들이요 구세주로 확신하는 교리적인 믿음으로 안다.

    그러나 믿음의 대상은 사람 예수가 아니라 길과 진리와 생명이 되는 '말씀'을 의미하는 것이다. 말씀이 육신이 되어 오신 분이 예수이니 사람 예수는 본래 '말씀'이고 그 말씀이 예수 그리스도의 본형이요 본질이다. 그래서 예수를 믿으라는 것은 율법과 계명을 문자적으로 지키라는 뜻이 아니고 예수의 삶을 닮고 따르라는 말이다. 다시 말하면 진리의 말씀을 내 안에 잉태하고 몸과 마음과 생활의 일치를 이루는 것을 믿음이라 하니 그 믿음을 '의'로 여기는 것이다. 그래서 '의에 주리고 목마름'이란 '말씀에 주리고 목마름'이란 말이니 진리파지(眞理把持)의 정신이 곧 '의'다. 성경 로마서에 "복음에는 하나님의 의가 나타나서 믿음으로 믿음에 이르게 되나니 기록된바 오직 의인은 믿음으로 말미암아 살리라" 하였다. 예수는 하나님의 '의'가 되어 세상에 온 것이니 그 '의'를 내가 받아들여 '의'를 행하면 그 '의'로 말미암아 산다는 말인즉 '믿음'이란 '의'를 행하는 것을 의미한다. 예수가 곧 '의'요 예수를 믿는다는 것은 곧 그의 의로운 삶을 따른다는 말이니 의를 갈구하는 그 마음은 바로 예수의 삶을 사모하고 갈구한다는 말이다.

그런데 인간은 언제나 인간을 향한 하나님의 선한 뜻, 의를 저버리고 자기의 욕심에 이끌려 불의를 행할 뿐이니 도무지 하나님과의 올바른 관계 즉 믿음의 관계를 회복하지 못하고 있다. 기껏해야 하나님 앞에 나와 자기의 욕구를 들어달라는 욕심만 보이면서 하나님을 사랑한다거나 예수를 믿는다는 거짓과 위선만 보이니 성직자나 신도들 모두가 불법과 불의에 깊이 빠져 있는 실정이다. 자기 욕구와 욕심에 목말라하는 신도들을 바르게 일깨워 주어야 할 성직자들이 먼저 기복 신앙을 매시간 힘주어 강조하고 있으니 참으로 개탄스러운 일이 아닐 수 없다.

하나님은 인간의 기도를 들어주고 응답해주는 신이 아니며 또한 예수는 우리의 기도를 하나님께 날라다 주는 우체부가 아니다. 보이지 않는 하나님은 예수의 이름과 사람의 옷을 입고 보이는 하나님으로 세상에 오신 것이다. 그리고 욕심으로 인하여 부패하고 불의한 세상을 향해 인간다운 삶 즉 사람답게 사는 길을 몸소 보여주셨으니 다름 아닌 예수의 공생애이다. 우리가 하나님을 모르고 진리를 몰라도 무의식

중에 양심의 경전을 따라 하나님의 뜻과 율법의 정신이 실천된다면 그는 자신도 모르는 사이에 하나님과 올바른 관계를 맺고 있는 것이다. 하나님 앞에서는 율법을 듣는 자가 의인이 아니요 오직 율법을 행하는 자라야 의롭다 하심을 얻는다 하였으니 율법을 모르는 이방인이 본성으로 율법의 일을 행할 때는 이 사람은 율법이 없어도 자기가 자기에게 율법이 되기에 이런 자들은 그 양심이 증거가 되어 그 마음에 새긴 율법의 행위를 나타내는 것이라 하였다.

 그러면 율법의 정신과 양심의 본성은 무엇을 말함인가? 이 물음에 대한 해답은 역시 예수의 공생애일 것이다. 예수는 율법과 계명을 의식하면서 지키려는 마음으로 노력을 기울인 것이 아니라 양심의 본성으로 사회의 모든 약자를 차별 없이 사랑하고 그들의 아픔과 고통을 해결해 주었다. 배고픈 자들은 빵과 생선을 먹은 것이 아니라 예수의 사랑을 먹은 것이며, 병 고침을 받은 자들은 다름 아닌 사랑으로 고침을 받은 것이며, 소외되고 무시당하는 자들 역시 사랑으로 상한 마음을 어루만져 주셨으니 예수의 공생애는 한마디로 사랑의 삶, 사랑에 의한 삶 그리고 사랑을 위한 삶이었다.

 '사랑'은 예수의 인생관과 신앙관과 목회관의 전부였으니 사랑은 하나님의 형질이요 본성이며 말씀과 진리의 정신이기 때문이다. 그래서 예수의 마지막 유언도 "내가 너희를 사랑한 것처럼 너희도 서로 사랑하라"였던 것이다. 그런데 우리는 예수를 믿고 하나님을 사랑한다면서 자기 욕심을 구하며 가족이나 이웃을 외면하고 있으니 어찌 교회라 할 수 있으며 성직자요 성도라 할 수 있겠는가? 우리는 정의에 목말라해야 하는 데 출세와 성공, 사업의 번창, 건강과 장수 등 소원 성취에 목말라 하고 있다. 하나님, 예수, 성령, 의. 말씀, 진리 등을 가장 적절하고 합리적인 표현을 한다면 '사랑'뿐이니 사랑의 영을 때에 따라 적절한 표현으로 달리했을 뿐이다. 그래서 의에 목말라한다는 말은 사랑에 목말라한다는 말과 같으니 의를 갈구하는 그 마음이 곧 사랑이라는 말이다. 무관심이 사랑을 찾지 않는다. 사랑이 사랑을 찾는 것이다.

그렇다. 말씀이신 하나님이 나와 세상을 사랑하셨기에 인간의 옷을 입고 세상에 오신 그 자체가 '의'다. 만일 '사랑'이 없었다면 말씀은 육화되지 않았을 것이고, 하나님의 의는 세상에 나타나지 않았을 것이다. 그리고 인류에 대한 '사랑'이 없었다면 예수는 박해의 수난을 겪지 않았을 것이고 또한 십자가의 죽음을 선택하지 않았을 것이다. 말씀의 성육화와 십자가의 죽음 배경에는 '사랑'이 있었으니 말씀의 본질은 곧 '사랑'이고, '의'의 정체도 '사랑'인 것이다. 그리고 구원의 주체는 사람 예수가 아니라 사람 예수 안에 감추어진 존재적 '사랑'이다. 말씀, 의, 하나님, 예수는 필요에 따라 불리는 이름이나 호칭이고 그 이름과 호칭의 본질은 '사랑'이라는 말이다.

'사랑'이 말씀으로 천지를 창조하고, '사랑'이 선지자와 예언자들을 통해 말씀을 선포하고, '사랑'이 육신을 입고 사랑의 의로 나타나신 바 된 것이며, '사랑'이 사회의 약자들을 만나고, '사랑'이 핍박과 박해를 받았으며, '사랑'이 십자가에 매달려 죽은 것이며 그리고 그 '사랑'은 다시 깨어나 부활한 것이다. '사랑'은 하나님의 품성이나 덕 이전에 '존재'인 것을 새롭게 인지할 수 있다면 사랑이 곧 하나님이라는 이해에 무리가 없을 것이다. '하나님'이라는 이름은 호칭일 뿐 인격적인 신이 아니다. 우리가 부르고 있는 '하나님'이라는 이름의 본질은 '말씀'이고 '사랑'이다. 말씀과 사랑은 신의 성격이 아니라 삶의 원리이다. 따라서 종교와 신앙은 기복이 아니라 사랑의 삶이다. 이것이 바로 사랑이 내 안에서 내 몸을 통해 친히 사는 작은 예수가 되는 길이다.

　하나님은 말씀이요 성령이며 생명이다. 그 말씀과 성령과 생명은 태초부터 지금까지 하나님으로 불린다. 그리고 그 하나님은 성육화 하였고, 세상에서 고난과 죽음을 겪었으니 이것이 하나님의 의요 하나님의 사랑이다. 하나님이 세상과 나를 죽기까지 사랑하시어 독생자를 주셨다고 하였는데 그 독생자란, 형상으로는 사람 예수이지만 본질로는 새 생명을 의미한다. 그래서 '새 생명'을 회복하면 '새 삶'을 얻는 것이다. 왜 말씀이 육신을 입었으며, 수치와 수난 그리고 죽음을 겪어야 했는가? 무엇 때문에 몹쓸 인간들을 굳이 구원하려 하였는가? 하는 질문에 대한 해답은 오직 '사랑'뿐이다. 인간을 구원하려는 것은 사후에 천국 입성을 위한 목적이 아니다. 세상에서 사는 동안에 하나님의 사람다운 사람으로 살게 하려는데 그 의미와 목적이 있는 것이다. 우리가 서로 사랑하면 이로써 세상의 모든 사람은 우리가 예수의 제자인 줄 안다고 하였다. 우리는 사랑으로 세상의 빛과 소금이 되어야 한다. 하나님은 우리에게 형식적인 예배와 찬양으로 숭배를 받고 그 대가로 세속적인 축복을 주기 위해 우리를 선택한 것이 아니다. 하나님 나라, 하나님의 평화, 하나님의 사랑을 세상에 널리 확장하려는 것이 우리를 선택한 하나님의 목적이다.

　예수는 사람이 빵으로만 살 것이 아니라 하나님의 말씀으로 살 것이라 하였고, 너희는 세상의 소금이 되고 빛이 되어야 한다며 성령의 열매와 육신의 열매를 열거하면서 사랑의 열매 맺을 것을 신신당부하였는데도 불구하고 우리는 언제나 이기와 욕심을 포기하지 못한 채 세속의 부와 명예를 위해 갈구하고 있다. 그리고 세상에서의 출세와 성공을 하나님의 은혜요 축복이라고 힘주어 강조하고 있으며, 왜곡된 목회와 설교와 신앙과 믿음과 아집으로 하나님의 이름을 망령되게 하고 있으며, 하나님의 이름을 욕되게 하고 있음을 외면하면서 기복(祈福)만을 가르치며 배우고 있다. 교회 안에서 하나님의 의와 사랑은 도무지 찾아볼 수가 없는 실정인지라 여전히 성직자의 품위와 성도로서의 품격은 점점 떨어지고 있다. 이는 분명 포도나무 본체에서 떨어진 죽은 가지일 것이다. 그러기에 죽은 빈껍데기의 열매만 가득할 뿐 생명의 열매가 없는 것이다. 성령을 의지하는 것이 아니라 자신을 의지하고, 말씀을 따르는 것이 아니라 욕심을 따르고, 사랑이 주체가 아니라 아집이 주체가 되어 도무지 영적인 깨달음이 없다. 영적인 모든 지체가 마비되고 굳어져 아무것도 감지하지 못하고 있다. 단지 육적인 지체만이 살아 육신의 만족만을 추구하고 있을 뿐이니 어찌 산 자라 할 수 있겠는가?

의로운 다윗은 항상 하나님을 갈망하였다. "하나님이여 사슴이 시냇물을 찾기에 갈급함 같이 내 영혼이 주를 찾기에 갈급하나이다." (시편 42:1) 하였으며 또한 "내 영혼이 하나님 곧 살아 계시는 하나님을 갈망하나니 내가 어느 때에 나아가서 하나님의 얼굴을 뵈올 수 있을까" (시편 42:2) 하며 그는 끊임없이 "하나님이여 주는 나의 하나님이시라 내가 간절히 주를 찾되 물이 없어 마르고 황폐한 땅에서 내 영혼이 주를 갈망하며 내 육체가 주를 앙모하나이다" (시편 63:1) 하였다. 그리고 그는 스스로 응답을 발견하였으니 "하나님이 사모하는 영혼에게 만족을 주시며 주린 영혼에게 좋은 것으로 채워주심이로다." (시편 107:9) 하고 고백을 하였다. 누가(Luke)도 "굶주리는 자는 좋은 것으로 배불리셨으며 부자는 빈손으로 보내셨다" (누가복음 1:53)고 하였고 또한 "지금 주린 자는 복이 있나니 너희가 배부름을 얻을 것이요 지금 우는 자는 복이 있나니 너희가 웃을 것이라" (누가 6:21)하였다. 이처럼 하나님을 갈망하는 자에게는 세속의 것을 얻을 때와는 달리 심령의 배부름과 영혼의 풍성함을 누리게 되니 곧 자족과 평화와 기쁨이 가득한 것이다. 육적 그리스도인은 육적인 배부름을 갈망하고, 영적 그리스도인은 영적인 배부름을 갈망하나니 나는 거짓 그리스도인인가 아니면 참 그리스도인인가?

　이제는 예수가 남겨준 숙제들을 우리가 감당해야 한다. 하나님의 의와 사랑은 존재로 그치는 것이 아니라 삶으로 자신의 존재를 드러내니 곧 예수의 공생애가 우리 삶의 모본이다. 세상에는 시대와 나라와 종교를 떠나 사랑을 받아야 할 사람들이 언제나 수없이 존재해 왔다. 그것은 사랑을 베풀어야 할 사람들이 베풀지 않고 자신에게만 베풀었기 때문일 것이다. 다시 말하면 사랑을 자신 안에서부터 죽이고 대신 이기적인 욕심만을 키웠기 때문이다. 그래서 세상에는 정의가 사라진 것이니 이는 사랑의 절대적인 결핍을 부른 것이다. 정의란 곧 공정한 사랑의 베풂 또는 나눔을 의미하기 때문이다. 이것이 바로 진리를 행하는 것이다. 그런데 세상에는 불의를 합리화하는 거짓 정의가 정의 노릇을 하고 있다. 이런 현상은 교회 안에서도 마찬가지이다. 교회는 독립된 작은 사회 공동체이다. 그래서 교회 공동체는 물질적으로나 인격적으로 항상 평등해야 한다. 하나님 나라에는 불평등이 존재하지 않는다. 성경의 주제가 생명과 사랑이기 때문에 교회와 신앙의 주제도 역시 생명과 사랑이어야 한다. 생명(生命)은 삶을 의미하고, 삶(生)은 사랑을 의미한다. 삶(生)이란 생명의 작용을 말하며, 그 생명의 작용이 곧 사랑의 드러남이다. 초대 교회가 바로 사랑의 의를 행한 대표적인 교회이다.

　그러므로 이제 우리 자신이 제2의 마리아가 되어 말씀, 의, 사랑을 잉태하여 매일 매순간 순산을 해야 할 것이며, 또한 제2의 성육화자가 되어 하나님의 의를 드러내야 한다. 예수를 따른다는 목회자들이 호의호식(好衣好食)하면서 교회와 이웃과 지역 사회의 약자들을 외면한 채 교회 사역을 하는 것은 목회가 아니라 경영을 하는 위선자일 뿐이다. 진정한 정의는 강자들의 이익이 아닌 사회의 모든 약자의 이익과 유익을 창출하는 일이다. 그래서 예수처럼 사랑의 의를 행하는 것이 곧 진정한 목회요 믿음의 수행이다. 예수가 제자들에게 "너희가 진실로 나를 사랑하느냐? 그러면 내 양을 돌보라" 하지 않았는가? '양'은 사회의 약자들을 지칭하는 것이다. 또한, 신도들 역시 이기적인 욕심을 채우려는 기복 신앙과 믿음을 포기하고 진실로 하나님의 말씀으로 인한 사랑의 의로 새로이 거듭나기를 늘 갈구해야 할 것이니 이는 의로움이 곧 사랑의 초석(礎石)이기 때문이다.

5. 자비를 베푸는 마음이 사랑이다

　사람들이 가장 선호하는 복(福)은 하나님이 제시하는 복과 현저히 다르다. 사람은 육신을 위한 복을 구하고, 하나님은 영혼이 잘되는 복을 제시하는 것이니 다를 수밖에 없을 것이다. 육신은 즐거워도 영혼은 괴로운 경우가 대부분이지만 영혼이 즐거우면 육신도 함께 즐거운 것이 다르다 하겠다. 여기서도 복의 길을 제시하기를 "긍휼(矜恤)히 여기는 자는 복이 있나니 그들이 긍휼히 여김을 받을 것"이라고 하였다. 긍휼이란 불쌍하고 가엾이 여기는 자비심을 말하는데, 이웃이 필요로 하는 것을 주는 것은 '자(慈)'라 하고 이웃의 슬픔과 아픔을 내가 가져오는 것은 '비(悲)'라고 한다. 그래서 자비심도 가난한 마음이 전제되지 못하면 긍휼과 자비의 마음은 드러나지 않는다. 자비와 사랑은 물이 항상 아래로 흐르듯이 나보다 더 힘겹게 살아가는 사람들에게 베풀어야 하는 어진 마음(仁愛)이다.

　하나님이 존재하는 근거가 긍휼과 인애와 자비 즉 사랑에 있듯이 예수 또한 그러했으며 우리에게도 서로 사랑할 것을 유언하였으니 당연히 긍휼과 인애와 자비 등 사랑은 인류 공동의 몫이다. 인간의 존재적 가치는 바로 사랑에 있는 것이며, 사람 구실을 한다는 것도 다름 아닌 자비심을 널리 베푸는 일이다. 모든 재능과 지혜와 지식과 능력을 지녔다 할지라도 '사랑'이 없으면 나의 존재적 가치는 없는 것이며 밖에 버려진 쓰레기와 다른 바가 없다는 것이 경전의 가르침이다. 그러므로 긍휼과 자비와 사랑을 베풀 수 있는 사람은 이미 만복을 누리고 있는 것이다.

   자비와 같은 큰 사랑의 근원은 진리(道)에 있다. 진리란 경전이나 문자적 계명이 아니라 사랑의 영이니 진리의 본질은 인애와 자비와 긍휼이다. 말씀 즉 진리가 육신을 입었다는 것은 사랑이 육신을 입었다는 의미와 다르지 않다. 그래서 하나님과 예수와 성령의 이름과 호칭을 '사랑'으로 바꾸어 부르면 좀 더 존재의 본질과 그의 뜻을 쉽게 이해할 수 있을 것이다. 하나님, 예수, 성령의 존재적 근거와 본형(本形)이 사랑에 있는 것처럼 우리의 존재적 근거도 사랑에 있음을 잊지 말고 '나는 존재한다. 고로 사랑한다'라는 명제를 가슴 깊이 새겨야 할 것이다.

   그러나 우리는 하나님을 물신(物神)으로 변형시키고 원시적인 신앙과 무속적인 믿음으로 육신을 위한 세속적인 축복만을 기원하고 있다. 하나님과 예수를 신령한 존재로만 알고 예배하고 찬양을 하며 기복을 바라는 것은 가장 이기적인 신앙으로서 일신의 안위와 물질적 풍요로움을 구하려는 것이다. 가장 존경받는 신앙은 자기 자신을 부정하고 언제나 자비심으로 이웃을 사랑하는 일상(日常)이다. 긍휼과 자비를 떠난 모든 종교적 행위들은 하나님의 성육신과 예수의 수난을 무의미하게 만드는 결과를 낳는 것이니 어찌 하나님과 예수의 이름을 찬양할 수 있겠는가? 우리의 무지가 우리의 영혼을 파괴하고 있음을 간과해서는 아니 될 것이다. 영혼을 죽이고 육신을 살리는 어리석음은 자신을 스스로 심판하는 것이나 다름이 없을 것이다.

   하나님은 우리를 자비의 그릇으로 불렀다. 그리고 하나님이 자비하신 것처럼 우리에게도 자비를 베풀 줄 아는 사람이 되어야 함을 반복하여 강조하였다. 만일 이웃의 가난과 슬픔과 아픔과 고통을 외면한 채 긍휼과 자비를 베풀지 않는다면 하나님은 '자비가 없는 심판'을 하겠다고 하였으니 이는 우리를 이기와 욕심이 초래할 결과에 그대로 두겠다는 말이다. 우리는 하나님의 긍휼과 자비가 흐르는 사랑의 통로이다. 그래서 하나님의 은혜와 사랑이 나를 통해서 이웃과 세상으로 흘러가야 한다. 하나님은 모든 인간에게 하나 이상의 재능을 주었다. 그 재능은 나를 위함이 아니라 나를 통해 이웃과 세상으로 흐르게 하라는 것이다. 가진 것의 기부와 나눔을 통해 서로 공존할 수 있기 때문이다. 사실 인생살이는 욕심과 소유가 아니라 유무상통(有無相通)이어야 한다. 그런데 그 재능으로 이기와 욕심을 부리며 자신만을 위해 활용하되 재능을 상품화하여 돈과 명예를 구하고 있다. 하나님 사랑의 흐름을 내가 막고 나만 모든 영예를 누린다면 그 이기와 욕심의 결과에는 진정한 행복이 없다. 돈과 재물과 명예와 권력 그리고 문명과 문화를 누리는 것이 행복은 아니다.

당시 종교 지도자 중 한 사람이 예수께 '모든 계명 중에 첫째가 무엇이냐'고 물었다. 이때 예수는 "첫째는 네 마음을 다하고 목숨을 다하고 뜻을 다하고 힘을 다하여 주 너의 하나님을 사랑하라 하신 것이요, 둘째는 네 이웃을 너 자신과 같이 사랑하라 하신 것이라 이보다 더 큰 계명이 없느니라. 또 마음을 다하고 지혜를 다하고 힘을 다하여 하나님을 사랑하는 것과 또 이웃을 자기 자신과 같이 사랑하는 것이 전체로 드리는 모든 번제물과 기타 제물보다 나으니라." 하였다. 어느 교만한 율법 교사도 '내가 무엇을 하여야 영생을 얻겠느냐'고 물었다. 이때 예수는 그에게 "율법에는 무엇이라고 기록되었으며 너는 그 계명을 어떻게 이해하고 있는지"를 되물었다. 그는 '나의 마음과 목숨과 힘과 뜻을 다하여 하나님을 사랑하고 또한 이웃을 자신 같이 사랑하라 하였다'라고 대답하니 예수는 "네가 아는 대로 행하라. 그러면 살리라" 하였다. 예수는 우리의 예배와 찬양보다 자비를 원하신다. 그러나 우리는 예배와 찬양과 십일조 등은 드리면서 율법의 근본정신인 사랑은 사장(死藏)시킨 채 교리적 신앙과 기복신앙만을 강조하고 있다. 욕심이 많거나 가진 것이 많으면 그것들을 놓기가 쉽지 않으니 그것이 도리어 화(禍)가 되는 것이지 결코 복이 아니다. 건강 재산 재능 지식 권력 영성 등 무엇이든지 많이 가진 자는 많이 베풀고 적게 가진 자는 적게 베푸는 것이 사람 도리이다.

그리고 사랑은 이웃에게 악을 행하지 않기에 사랑은 율법의 완성이라 하였다. (로마서 13:10) 그러나 우리에게는 온갖 불의와 악행과 탐욕과 악독으로 가득 차 있다. 시기와 살인과 다툼과 속임과 적의로 가득 찼으며, 남에 대해 말하기를 좋아하고, 남들을 비방하고, 거만하고, 건방지며, 뽐내기를 잘한다. 그뿐 아니라 악한 일을 계획하고, 부모님께 순종하지 않으며, 양심도 없고, 약속도 지키지 않으며, 친절하지도 않고, 동정심도 없다. 우리는 그런 일을 행하는 사람은 죽어 마땅하다는 하나님의 의로우신 법을 알면서도 자신들만 그런 악한 행동을 계속하는 것이 아니라 그런 행동을 저지르는 다른 사람들까지 잘한다고 두둔하기까지 한다. (로마서 1:29-32)

이러한 우리에게 성경은 묻는다. 누구보다도 하나님을 알고 하나님을 사랑하며 말씀으로 은혜를 받아 기쁘다고 하면서 어찌 이방인들 사이에서 자신과 하나님을 욕되게 하느냐고 묻고 있다. 우리가 이웃을 사랑하면서 예배와 찬양과 헌신을 한다면 그 모든 것의 의미와 가치가 있지만, 사랑이 없다면 율법을 파괴하는 자로서 모두 무가치하다고 하였다. 그러면서 한 걸음 더 나아가 하나님과 율법을 모르는 이방인이 율법의 정신을 행하고 있다면 하나님은 그를 율법을 세우는 자로 인정한다고 하였다. 그러므로 우리는 아는 자가 되지 말고 행하는 자가 되어야 하고, 머리에 세례를 받을 것이 아니라 마음에 사랑의 영으로 세례를 받아야 할 것이다. (로마서 2:17-29) 사람의 품격을 굳이 세 단계로 나눈다면 자신의 이익만을 추구하는 자를 하품(下品)이라 하고, 자신의 구원만으로 만족하는 자는 중품(中品)이며, 이웃을 내 몸처럼 사랑하는 자는 상품(上品)이라 하겠다.

내 안에 긍휼이 없는데도 예수의 이름을 부르는 것은 내가 원하는 복을 얻고자 함이요 사후에 천국에 가겠다는 마음뿐이니 이러한 이기적인 욕심이 어찌 복을 얻고 천국에 들어갈 수 있겠는가? 특히 교회 지도자들은 누구보다도 긍휼의 영성을 상실해서는 안 된다. 만일 긍휼의 영성은 메마르고 권위와 특권 의식에 사로잡혀 세속적인 부귀영화와 문명과 문화 누리는 것을 자랑으로 여기고 있다면 그는 사리사욕에 눈이 먼 가장 어리석고 불쌍한 사람일 것이다.

이사야 선지자는 "하늘이여 들으라. 땅이여 귀를 기울이라. 너희의 무수한 제물이 내게 무엇이 유익하냐? 내 마당만 밟을 뿐이니 헛된 제물을 다시 가져오지 말라. 안식일과 대회로 모이는 것도 그러하니 내가 견디지 못하겠노라. 너희가 손을 펼 때 내가 내 눈을 너희에게서 가리고 너희가 많이 기도할지라도 내가 듣지 아니하리라. 너희는 내 목전에서 너희 악한 행실을 버리고 선행을 배우며 정의를 구하며 학대받는 자를 도와주며 고아를 위하여 신원하며 과부를 위하여 변호하라" 하였다. 또한, "가난하고 어려운 사람들의 사정을 들어주고 그들의 아픔과 고통을 해결해 준다면 이것이 하나님을 잘 아는 것이라 하였으며 과부와 고아와 나그네와 궁핍한 자를 무시하지 말며 너희가 서로 해(害)하려고 마음에 도모하지도 말라"고 하였다. 그래서 하나님은 인애를 원하고 제사를 원하지 아니하며 번제보다 하나님 아는 것을 원한다고 하였으니 하나님은 우리에게 긍휼과 자비 베푸는 것을 가장 귀하게 여기신다. 이제 우리는 무엇이든지 아는 만큼 전하고 가진 만큼 베푸는 것이 얼마나 기쁘고 축복 되며 행복한지를 발견해 나가야 할 것이다.

마지막 때에는 불법이 성하므로 많은 사람의 사랑이 식을 것을 예수는 가슴 아파하였다. "사람들이 자기 자신과 돈만 사랑하고, 하나님이 원하시는 사람이 되려고도 하지 않으며, 다른 사람에 대한 사랑도 없고, 용서도 없으며, 나쁜 말을 일삼으며, 절제하지도 못하고, 잔인하며, 선한 것을 싫어하여 겉으로는 하나님을 섬기는 체하나 실제로는 하나님을 경외하지 않을 것이니 이런 사람들을 멀리하라"(디모데후서 3:1-5)고 하였다. 특히 심령이 메마르고 사랑이 식어가는 원인 중 하나가 '돈'에 대한 집착이 강하다는 것이다. 세속적인 삶에서는 돈이 차지하는 비중이 절대적이기 때문에 돈으로 인한 수고와 무거운 짐은 평생 짊어져야 한다. 특히 문명의 발달은 더욱 돈에 대한 집착을 요구하고 있으니 이기심과 욕심은 더욱 기승을 부릴 수밖에 없다. 그러다 보니 경제적 분배가 주로 강자들에게 치우쳐 빈부의 격차가 갈수록 심해지고 있다. 진정 위정자들과 부자들이 앞서서 기득권을 포기하고 모두가 함께 공존할 수 있도록 평등한 경제적 분배를 위해 용기 있는 제도의 개혁이 요구되나 이것은 불가능한 기대일 것이다.

그러나 종교계는 꼭 긍휼과 자비심을 회복하여 세상의 빛과 소금이 되어야 한다. 돈을 사랑하는 것이 모든 악의 뿌리가 되며, 돈을 더 많이 얻으려다가 인간미를 상실하고 믿음에서도 떠나며 나아가 더 큰 근심과 고통만 당하게 될 것이다. 세상을 사랑하는 것이 하나님을 미워하는 것이 되며 또한 스스로 하나님과 원수가 되는 것이다. (야고보서

4:4) 우리가 그리스도 예수 안에 있다면 세례를 받았느냐 받지 않았느냐는 중요하지 않다. 중요한 것은 사랑으로 말미암아 나타나는 믿음뿐이다. (갈라디아서 5:6) 그러므로 '내가 너희에게 새 계명을 주노니 내가 너희를 사랑한 것같이 너희도 서로 사랑하라. 이것이 바로 내 계명이라'(요한복음 15:12) 하였다. 사회적 신분과 경제력이 중요한 것이 아니라 어떻게 사느냐가 중요한 문제이다. 이기심을 버리고 진실로 긍휼과 자비 즉 사랑을 베푸는 사람은 사람 존중과 사람 사랑할 줄 아는 사람이니 참으로 복된 마음이 아닐 수 없다.

6. 청결한 마음이 사랑이다

"마음이 청결한 사람은 복이 있으며 그들이 하나님을 볼 것이라"고 하였다. '청결'(淸潔)이란 거룩, 성결, 정결, 순결 등 맑고 깨끗함을 의미하며, 속과 겉이 다르지 않아 두 마음을 품지 않으며, 거짓과 꾸밈이 없는 정직한 마음이 곧 청결이다. 맑고 깨끗한 마음은 욕심을 모르는 마음이니 세속적인 유혹으로부터 흔들림이 없어 이를 청정(淸靜)이라 한다. 또한, 경제력이 있지만 스스로 가난을 선택하여 검소와 나눔을 생활화하는 것을 청빈(淸貧)이라 하는데 이를 맑은 가난이라 한다. 청결과 청정과 청빈은 모두 같은 마음으로서 세속을 향한 근심 걱정과 번뇌와 갈등을 몰라 내면적으로 아무런 탐욕이 없어 텅 비워진 마음이다. 그래서 모든 소유욕으로부터 자유로운 상태가 곧 청결이요 청정이며 청빈이라 하니 먼저 가난한 마음이 전제되지 않으면 이러한 마음을 유지할 수 없다. 세속 일로 분주하거나 탐심이 쉬지 않으면 마음이 청결하지 않아 혼탁해지니 실상(實像)을 볼 수가 없다. 신의 뜻과 진리의 정신을 깨달을 수가 없다는 말이다. 이기적인 탐심이 많을수록 마음이 여러 갈래로 갈라지고 혼탁해지니 어찌 실상을 볼 수 있겠는가? 청결 그 자체가 곧 신의 눈(眼)이다. 그래서 청결한 마음을 지니면 하나님을 본 것이니 이것을 참복이라 한 것이다.

청결한 마음은 순수한 마음, 순진한 마음, 탐심이 없는 빈 마음 그래서 맑고 깨끗한 마음이니 세속의 때가 묻지 않은 마음이다. 마치 흙탕물 안에서도 자신을 더럽히지 않은 채 항상 맑은 이슬을 머금은 연꽃과도 같은 마음이다. 이렇게 자연의 만물은 어떠한 환경이나 여건 안에서도 자신의 본질과 본성을 잘 보존하는 데 반하여 우리 인간은 하늘의 본질과 본성은 그만두고 기본적인 양심과 상식도 없는 추한 꼴을 너무도 많이 보고 있다. 양심과 상식으로만 살아도 세상은 깨끗하고 맑을 것인데 우리는 늘 이기적인 욕심과 욕망으로 살고 있다. 자기 생존과 자기 보호 그리고 자기 주장이 지나치게 강해서 양심과 상식을 떠난 안중무인(眼中無人)으로서 오직 자기만이 있을 뿐이다. 눈에 훤히 보이는 거짓과 변명과 변호를 하면서까지 자기 생존과 자기 보호를 하려는 그 마음은 용기없는 비겁함이며 더럽고 추한 모습이다. 수많은 사람의 비난과 원성을 들으면서도 못 들은 척하면서 밝은 세상을 어둡게 만들고 있다. 그러나 세상은 더 많은 밝고 맑은 사람들이 있어 항상 맑음과 밝음을 잃지 않아 참으로 다행스러운 일이다.

세상 사람들은 차치하고 종교계의 성직자들과 신도 된 우리를 보면 경전의 가르침과 역행하는 모습들이 여실히 보이니 세상과 조금도 다른 바가 없다. 가르침과 배움은 홍수를 이루는데 실천과 감동은 없다. 도리어 주변 사람들로부터 조롱과 비난과 외면을 받고 있지만 역시 모르는 척하면서 여전히 당당할 뿐이다. 특히 종교계의 지도층들이 세속적인 부귀영화 누리는 것을 신의 축복으로 여기면서 교만과 권위 의식으로 당당한 것은 신의 뜻과 진리의 정신에 대한 무지임을 알아야 할 것이다. 물량적인 성장을 교회와 목회의 정당한 사명으로 주장하는 것이나 지나친 사례와 대접 그리고 교회 세습 등은 욕심의 민낯이 아닌가 묻고 싶다. 열매를 보아 그 나무를 안다고 가르치면서 정작 자신의 열매가 선행인지 악행인지도 돌아볼 줄 모른다면 어찌 성직자라 할 수 있겠는가? 더럽고 추한 자신의 마음에 눈이 어두우면서 어두운 욕심에 빠진 사람들을 가르치고 있으니 종교계가 맑고 밝아질 수가 있겠는가?

가난한 마음의 선봉자가 되어야 할 사람들이 물질과 문명의 노리갯감이 되어있으니 세상의 등불은 어디서 만날 수 있을지 모르겠다.

흙탕물 속에서 자라는 연꽃의 꽃말은 순결, 청결, 청정이라 한다. 연꽃은 진흙탕 속에서 자라지만 그 줄기와 꽃은 더러움에 물들지 않으며 오히려 향기를 낸다. 물이 연꽃잎에 떨어져도 물방울은 바로 굴러떨어진다. 이는 연꽃을 보는 사람들에게 욕심 없이 청정한 마음으로 살 것과 또한 어떠한 유혹에도 흔들림이 없어야 함을 말하고 있는 듯싶다. 우리가 세상의 문명과 문화 속에서 살지라도 맑고 깨끗한 청정(淸淨)을 지키려는 의식이 꺼지지 않는다면 연꽃처럼 주어진 환경을 탓하지 않으며 순수와 순결, 청결과 청정을 잃지 않을 것이다. 의식(意識)이 꺼지는 것은 곧 죽음을 의미하는 것이니 영적인 의식이 꺼지면 영성이 죽은 것이니 문명과 문화의 늪에 빠지는 것은 당연한 결과이다. 그러므로 우리가 늘 청결한 마음을 보존 유지하려면 무엇보다도 청빈한 마음을 굳게 지켜야 할 것이다. 스스로 절제와 자족을 익혀서 세상살이에서는 기본적으로 필요한 만큼만 소유하고 소비하며 비움과 나눔을 생활화하면서 기쁨과 보람을 얻을 수 있다면 이것이 곧 부유함이 되는 것이다. 말하기는 쉬워도 실천하기에는 거의 불가능한 일이겠으나 진정한 축복과 진정한 행복을 찾으려면 이 길을 선택하지 않을 수 없을 것이다. 신앙과 믿음 그리고 기도는 바로 연꽃과 같은 청결과 청정을 위해서 요구되는 것이지 세속적인 출세와 성공이나 부귀영화를 구하는 것이 아니다. 출세와 성공과 부귀영화에는 더럽고 추한 이기와 탐심이 끼어있다.

우리가 신앙생활을 시작하면 가장 먼저 경험하는 의식(儀式)이 세례 또는 침례이다. 이는 이기적인 죄의 습성과 탐욕의 허물로 인한 세속적인 때를 온전히 씻어내고 청결을 찾아가고자 하는 거룩하고 경건한 의식이다. 특히 이 의식은 예수 십자가의 죽음과 부활에 동참하여 옛 사람은 죽고 새사람으로 다시 태어난다는 깊은 의미가 있는 의식이다. 우리는 세례와 침례 의식을 통해서 성직자가 되고 성도가 된다. 이 의식에 참여하는 순간에 우리는 뜨거운 눈물을 흘린다. 하나님의 은혜와 사랑이 너무도 감사하여 눈물을 흘리며 하나님의 뜻대로 살겠노라고 다짐을 한다. 그 다짐은 세상으로 다시는 나가지 않겠다는 다짐이 아니었던가? 그런데 어느새 우리는 처음 눈물과 처음 은혜와 처음 다짐 모두를 잊은 채 이방인들과 다름없는 세속인으로 살아가고 있다. 세속인으로 잘 살 수 있도록 하나님께 도움을 구할 만큼 우리는 무지하고 몰염치하며 뻔뻔해졌다. 아름답고 향기가 있는 연꽃이 우리의 모습이지 진흙탕이 우리의 모습은 아니다. 우리의 마음이 항상 맑고 깨끗해야 함에도 불구하고 이미 탐욕으로 더럽고 추해졌다. 청결한 마음은 세상을 향하던 눈이 십자가의 도(道)를 바라볼 때 가능할 것이다.

사람의 외모와 거주하는 집과 재산의 크기 그리고 언행을 보면 그가 평소 어떤 사람인지를 알 수 있다. 보이지 않는 사람의 마음은 얼굴의 표정으로 나타나고, 외모로 드러나며, 집과 재산을 보면 그의 신앙과 인생의 철학이 엿보이고, 말과 행동은 그 사람의 인품을 보여준다. 마음은 곧 그 사람의 주체요 주인이다. 그래서 매사에 욕심이 없는 빈 마음, 겸손과 온유의 인품과 절제와 검소의 생활, 고요와 평화 그리고 이웃과의 나눔 등 진선미의 마음을 지녔다면 이는 분명 마음이 청결한 사람일 것이다. 반면 매사에 욕구가 많아 마음이 늘 분주하고, 교만하고 오만하며, 비난과 비판을 자랑으로 여기고, 소유와 소비를 즐기며, 권위나 허세를 부리고, 자신의 실수나 허물은 감추거나 변명하고, 대접하기보다는 대접받기를 좋아하고, 돈과 명예를 추구하며, 사치와 허영과 낭비를 뽐내는 사람이라면 그는 분명 탐욕의 사람일 것이다. 마음이 맑고 깨끗한 사람은 의인의 모습이지만 탐욕의 사람은 더럽고 부패한 죄인의 전형적인 모습이다.

유대교의 종교 지도자들은 외식(外飾)과 위선(僞善)이 가득하여 하나님과 예수로부터 무서운 책망을 들어야 했다. '화 있을진저! 외식하는 서기관들과 바리새인들이여! 잔과 대접의 겉은 깨끗이 하되 그 안에는 탐욕과 방탕으로 가득 하도다. 눈이 먼 바리새인이여, 너는 먼저 안을 깨끗이 하라 그리하면 겉도 깨끗하리라. 화 있을진저! 외식하는 서기관들과 바리새인들이여! 회칠한 무덤 같으니 겉으로는 아름답게 보이나 그 안에는 죽은 사람의 뼈와 온갖 더러운 것이 가득하도다. 이처럼 너희도 겉으로는 사람에게 옳게 보이되 안으로는 외식과 불법이 가득하다' 라고 하였다. 오늘의 교회 지도자들은 어떠한가? 서기관들이나 바리새인들과 다른 바가 없다. 속과 겉이 달라 잘 난 자에게는 친절을 베풀고 못 나 보이는 사람에게는 성의 없이 대하거나 외면을 한다. 그러면서 거룩해 보이는 성의를 걸치고 거룩한 목소리로 종교의식을 인도하고, 진리를 사람의 교훈으로 전하며, 온갖 욕심을 부리고 있다. 우리는 이미 화(禍) 안에 깊이 빠져 있음을 보지 못하고 있다. 우리는 하나님의 말씀에 순종함으로 맑은 영혼을 회복할 수 있으며 또한 예수 그리스도와 하나로 연합될 때 깨끗한 마음을 얻을 수 있다. 진리만이 우리의 마음과 영혼을 정화할 수 있는 것이다. 그러나 진리는 멀리하고, 하나님의 말씀은 왜곡하며, 십자가의 도를 무색하게 만드는 거짓과 위선을 행한다면 그는 결코 하나님을 영원히 보지 못할 것이다.

하나님이 독생자 예수를 주신 것은 오직 인류를 온갖 욕심으로부터의 구원을 이루기 위함이다. 그런데 여전히 온갖 욕심으로 우리의 마음을 더럽히며 그 욕심을 채워달라고 부르짖고 있으니 진정 교회의 지도자는 없다는 말인가? 굳이 대형 건물과 화려함과 웅장함이 왜 필요하며, 목회자의 권위와 독선이 왜 드러나는가? 교회가 재산을 형성할수록 목회자의 사리사욕만 높아지고, 고액의 사례비와 활동비와 강사료에 당연하다는 듯 뻔뻔스러워지며, 세속적인 부정과 비리가 생기기 마련이고, 호의호식을 누리게 되니 스스로 부패하고 타락하는 지름길이 되는 것이다. 통치권의 세습과 기업의 세습도 부정한 일이거늘 어찌 교회 세습을 합리화 할 수 있을까? 이는 욕심의 절정을 여실히 보여주는 증거이니 어떠한 변명이나 변호도 할 수 없다. 목회자는 누구보다도 비움과 나눔의 선두에 서야 할 예수의 제자요 성직자이다. 성직자(聖職者)란 하나님의 거룩한 직무를 대행하는 선택받은 사람을 말한다. 성직자는 현대판 성인(聖人)이어야 한다. 그래서 최소한 겸손하고 온유하며 절제와 검소함이 몸에 배여 있어야 한다. 그래야 가난한 마음, 청결한 마음을 회복하고 유지할 수 있다. 성직자뿐만 아니라 신도 역시 세속적인 모든 욕구와 탐욕으로부터 자유로워야 하는 사람들이다. 모든 종교계의 지도자들과 신도들만이라도 청결한 마음을 지닐 수 있다면 진실로 세상은 다르게 변화할 것이다. 세상의 환경오염과 헤아릴 수 없는 쓰레기 더미들은 인간의 욕심을 그대로 반영한 것이다.

그러므로 우리는 어린 아기의 품성을 돌아보아야 한다. 하나님은 잘난 사람이나 든 사람에게는 나타나지 아니하고 어린 아기와 같은 사람에게 나타난다. 그래서 세속적으로는 지혜 있는 자가 되지 말고 아둔하고 미련한 자가 되어야 한다. 어린 아기와 같지 아니하면 진리를 깨달을 수가 없으며 또한 하나님을 볼 수도 없고 하나님 나라에도 들어가지 못하기 때문이다. 어린 아기의 마음 바탕은 이기와 탐욕이 전혀 그려지지 않는 하나님 마음이며 하나님 나라이니 순수하고 순백한 마음이요 청결과 청빈이다. 하나님에 대한 사랑과 믿음은 세속으로부터 정조를 지키는 청결한 마음이어야 한다. 하나님은 우리 마음의 중심이 항상 순수하고 진실하기를 원한다. 순수함과 진실함이 곧 청결이다. 그리고 마음이 청결하고 청빈한 사람은 삶의 뜻을 허탄한 데에 두지 아니한다고 하였다. 그러므로 우리는 항상 청결의 영성이 깊은 잠에 빠지지 않도록 늘 신령(神靈)으로 눈을 떠야 할 것이니 청결 역시 사랑을 이루는 초석(礎石)이기 때문이다. 신령한 눈은 청결한 마음이요 청결한 마음의 눈은 언제든지 진리의 정신을 볼 것이니 그 눈이 열릴 때 비로소 이웃과 세상을 맑고 밝게 정화하는 사랑의 사도가 될 것이다.

7. 화평을 도모하는 마음이 사랑이다

"화평을 만들어 가는 사람은 복이 있으니 그들이 하나님의 자녀로 불릴 것이라" 하였다. 화평(和平)이라 함은 서로 뜻이 맞는 화목, 다툼과 경쟁과 전쟁이 없는 평화, 정을 나누는 친목, 사이좋게 화합하는 융화, 생각과 의견이 잘 통하는 소통, 서로 고르게 잘 어울리는 조화, 서로 도우며 함께 사는 공존, 서로 신뢰하는 존중 등을 의미한다. 이렇게 화평한 사이를 이루려면 무엇보다도 내가 죽고 없어야 한다. 다시 말하면 누구에게든지 자신을 지극히 낮추어 겸손할 것이며, 항상 온유할 것이고, 양보하고 배려하는 마음이 깊어야 할 것이다. 그래서 성냄이나 분노 등 미움과 원망과 불평 등이 없어야 한다. 그러니 내가 죽지 않고서야 화평을 이룰 수 없을 것이다. 물론 상대방이 그렇게 하지 못할지라도 나만은 화평을 유지하려는 진실한 마음에는 변함이 없어야 한다. 화평과 평화를 이루는 수단과 방법은 없다. 인위적인 노력으로도 불가한 일이다. 나 스스로가 평화가 되지 못하면 평화는 없다. 화평, 평화, 화목은 '사랑'의 다른 이름이기에 다른 사람을 진정 사랑하는 것은 나 자신부터 죽어야 한다. 종교의 모든 가르침을 실현하는 방법이 있다면 억지라도 사랑하는 길 외에는 없다. 화평은 존중이 앞서야 하고 존중은 사랑에서 비롯된다. '사랑'은 인품이요 인격이며 실존이다. 따라서 자아가 죽지 않고 실현할 수 있는 으뜸 가르침은 없다. 내가 좋아하는 사람이나 내 기분이 좋을 때 화평을 이루는 것은 화평이 아니다.

화평, 평화, 화목, 존중의 대명사는 하나님 또는 예수로부터 배울 수 있다. 아담이 불순종하여 에덴에서 쫓겨날 때 이미 하나님은 예수 그리스도를 계획하였으니 하나님의 마음에는 죄와 허물이 끊이지 않을 인간에 대한 사랑과 화평을 포기한 적이 없다. 오랜 역사를 거듭하면서도 하나님의 뜻을 외면하고 이기적인 욕심으로 하나님을 우상화하였지만 하나님은 이스라엘을 변함없이 사랑하였으니 화목을 버린 적이 없다. 그리고 성령 하나님 자신이 예수라는 이름으로 사람 옷을 입고 세상에 오신 것은 하나님과의 화평을 깬 인간들을 다시 화평의 길로 인도하기 위함이었으니 화평과 화목은 인간에 대한 최고의 존중과 사랑이었다. 그리고 예수로서의 사역도 조롱과 고난의 연속이었지만 그 조롱과 고난 더욱이 십자가에서의 죽임을 당한 것은 오직 인간과의 화평을 회복하기 위함이었다. 그래서 십자가의 근본정신은 사랑과 평화였다. 우리가 구원을 말하려면 십자가의 정신을 빼고는 말할 수 없을 것이다. 사랑과 평화를 회복하는 것이 진정 구원이고 영생을 보장받을 수 있는 것이지 교회의 신분이나 교회 생활의 연조가 아니고 예배와 기도와 공로의 흔적도 아니다. 참으로 화평을 이룰 수 있는 사람은 성인(聖人)이 아닐 수 없다.

화평을 이루려면 무엇보다도 하나님과의 화평을 먼저 이루어야 한다. 이 말은 진리와 계명의 근본정신을 깊이 인식하고 깨달아야 한다는 말이다. 수많은 가르침과 계명이 있을지라도 그것은 오직 '서로 사랑함'을 경전으로 넓게 펼쳐놓은 것에 불과한 것이다. 수없이 많은 샘물은 수많은 계곡과 내천과 강줄기를 만들지만, 결국엔 한 바다로 모이니 바다는 모든 것을 끌어안고 정화한 후 다시 비가 되어 샘물이 된다. 이처럼 우리에게 주어진 수많은 가르침과 계명들은 사랑 바다에서 나온 사랑의 계명들이다. 그래서 사랑 바다를 이룬 사람이면 자연히 모든 사람을 차별 없이 존중하게 될 것이고, 화평과 화목도 이뤄질 것이니 진리와 계명들을 '사랑'으로 깨닫고 우리 자신이 '사랑의 존재자'가 되어야 한다. 우리가 이기와 욕심을 버리지 못하면 하나님과의 화평은 이룰 수 없음을 깊이 인식해야 한다. 다시 말하거니와 십자가의 죽음은 이기와 욕심의 죽음을 상징한 것이다. 인간의 죄와 허물이란 곧 이기적인 욕심을 말한다. 욕심을 모르는 빈 마음이면 존중과 화평과 사랑의 문이 다 열린다. 바로 무욕의 자리, 빈자리, 화평의 자리에서 구원과 축복을 볼 수 있다.

만일 도무지 화평을 이룰 수 없는 사람이 있다면 그래도 우리는 화평을 포기하거나 미루어서는 안 된다. 그래도 사랑해야 한다. 우리에게는 사랑할 권리만 있을 뿐 미워하거나 원망하고 정죄할 권리는 없다. 심지어는 법을 다루고 집행하는 사람들도 마찬가지이다. 본래 악하고 나쁜 사람은 없다. 인간의 본성은 아담 이후 이기와 악성으로 변질되었어도 하나님의 형상과 본성은 언제든지 회복할 수 있다. 우리 몸은 본래 정상 세포로 건강하게 주어졌다. 그런데 성장하는 가운데 이기와 욕심 등으로 건강에 적신호가 들어오면서 건강 이상 증세를 보이지만 우리가 무시하거나 알아채지 못해 결국에는 정상 세포가 악성 세포로 변질된다. 그렇지만 회복할 수 있는 조건들을 제공해 준다면 악성 세포는 사라지고 정상 세포로 돌아온다. 우리가 지금은 시기와 원망과 다툼과 분열을 행하고 있지만 언제라도 깨닫고 돌이킬 수 있다면 이기와 욕심을 버릴 수 있고 이웃과 소통하며 화평을 이룰 수 있다. '깨달음'이라는 명약을 통해서 본래의 선한 마음을 다시 회복할 수 있다. 그중에 사랑은 명약 중의 명약이다. 우리는 화평을 이루려는 노력이나 방법을 펼치는 것이 아니라 자신이 화평 그 자체로 존재할 때 가능한 것이다. 그러면 말할 때마다 화평의 소리가 나오고, 사람을 만날 때마다 차별 없이 화목을 이룰 수 있을 것이다. 핍박자도 사랑하고, 증오하는 자도 사랑하고, 배반자도 사랑하며 모든 이들과의 화평을 놓치지 않을 수 있다. 화평은 모든 이들과 더불어 공존하는 아름다운 에덴동산을 만들어 가는 것이니 구원과 낙원이 여기가 아니겠는가? 우리는 아무 일에든지 다툼이나 허영으로 하지 말고 마음을 같이하여 같은 사랑을 가지고 한마음을 품어야 한다. 그리고 오직 겸손한 마음으로 각각 자기보다 남을 낮게 여기고 모든 사람과 더불어 화평함을 따라야 한다.

그런데 우리는 하나님의 말씀을 건성으로 듣고 오직 자신이 원하는 축복만을 말하고 있으니 하나님과의 화평을 이루지 못하고 있다. 하나님과의 화평이 가장 소중하다는 것을 모르니 어찌 사람과의 관계에서 화목이 가장 소중하다는 것을 알겠는가? 하나님과의 관계와 사람과의 관계에서 '관계'란 곧 '의'를 의미한다. '의'란 바름과 옳음을 뜻하는 정의를 말하고, 정의란 곧 사랑을 의미한다. 그 정의와 사랑에서 화평과 화목의 열매가 맺어지는 것이다. 우리는 집에서나 거리에서 그리고 교회당에서 심지어는 액세서리에서 십자가 모형을 매일 보고 있다. 그 십자가는 축복을 상징하는 것이 아니다. 하나님과 사람과의 화평의 가교(架橋)이며 사람과 사람과의 화목의 다리이다. 우리가 하나님과의 화평이 이뤄지지 않는 것이 세속적인 탐심을 포기하지 못했기 때문이라면 그 탐심이 타인에 대한 존중을 방해할 것이고, 존중함이 없으니 서로 소통함도 없을 것이고, 소통이 안 되니 화합과 공존도 없을 것이다. 그러면 오래 참음과 겸손과 온유와 이해와 관용과 용서와 긍휼과 자비와 사랑은 더욱 없을 것이니 당연히 화평과 화목 또한 없을 것이다. 그래서 교회 안에서마저 이기와 탐심과 재물과 명예와 교만과 권위 등이 앞서 사람을 사회적 신분과 경제적 능력 등으로 차별하는 것이니 입으로만 화평을 수없이 가르치고 배운들 무슨 소용이 있겠는가? 내가 죽지 않고 변화되지 않은 채 하나님과 그리고 이웃과의 화평과 평화는 영원히 없을 것이다. 과연 나는 하나님의 자녀인가? 나는 작은 예수로 살고 있는가? 그렇지 못하면서 예배와 찬양과 기도와 헌신이 무슨 의미가 있겠는가? 화평과 평화는 곧 사랑이다. 사랑이 없는 우리의 모든 종교적인 행위는 가증과 위선으로 몰고 갈 것이다. 하나님을 향한 종교가 아니라 자신의 탐심을 향한 거짓 신앙이기 때문이다.

우리는 이미 살아있는 공동무덤에서 죽은 자로 살아가고 있음을 알지 못한다. 심령이 죽고, 정신이 죽고, 영혼이 죽은 것은 몸이 살아있어도 살아있는 것이 아니다. 사랑이 없는 인간은 영적으로 메마르고 굳고 단단하여 자신밖에 모르기에 죽은 것이다. 세상에는 수많은 사람이 공존해 있지만, 이기적인 사람은 화평과 화목을 모르고 살기에 언제나 혼자일 뿐이다. 그 혼자, 홀로가 바로 마르고 굳은 상태라는 것이다. 나와 이웃과의 화평, 화목, 화합, 조화가 곧 온전한 지체이기 때문이다. 물론 얼굴과 이름을 알고, 그의 사회적 내지는 교회적 활동도 알고, 때로는 함께 어울려 먹고 마시니 화목하다 할 것이다. 단지 친목으로 어울림에서 한 걸음 더 나아가 진실로 이웃의 슬픔과 아픔과 고통 등 무거운 짐에 대해서도 함께 나눠지고 있는가? 그렇다면 정말 무덤 밖에서 잘살고 있는 산 자라 할 수 있겠다. 혹시 나눔에 있어서 친한 사람에게만 제한된 것은 아닌가? 내가 좋아하는 사람과만 어울리고 있는 것은 아닌가? 이런 것은 이방인들 가운데서도 흔히 볼 수 있는 모습이다. 하나님은 하나님을 사랑하는 자와 사랑하지 않는 자를 분별하거나 차별하지 않고 동일하게 늘 햇빛과 비를 주신다. 우리도 그렇게 할 수 있을 때 작은 예수요 하나님의 사람이라 할 수 있을 것이다.

그러므로 우리는 머리에 세례를 받을 것이 아니라 심령에 성령 세례를 받고 진정 거듭난 자가 되어야 한다. 성령 세례란 진실로 자신의 죄와 허물이 무엇인지를 깊이 깨닫고 참회하는 것이요 또한 세속적인 자아를 부정하고 세상을 등진 채 하나님께 온전히 돌아와 화평을 이루는 것을 말한다. 세례는 하나님과의 평화와 이웃과의 화평을 상징하는 십자가의 정신이기 때문이다. 그러나 아담이 하나님과의 화평을 스스로 무너뜨렸고, 이스라엘이 하나님과의 평화를 저버렸으며, 서기관들과 바리새인들이 하나님과의 화평도 이루지 못한 채 하나님의 이름만 부르고 있었으니 오늘 우리의 현실과 조금도 다르지 않음을 볼 수 있다. 화평을 모르는 자들은 십자가의 정신을 모르는 자들이요, 그 정신을 상실한 자들의 목회와 신앙과 믿음은 모두가 거짓이요 위선일 따름이다. 화평을 외면하는 자들에게는 십자가의 정신으로부터 아무런 영향을 받지 못한 것이니 어찌 하나님의 종들이요 하나님의 사람들이라 하겠는가?

하나님은 예수 그리스도를 통하여 우리를 하나님과 화목하게 하셨으며 또한 우리에게도 화목의 직분을 맡기어 그리스도를 대신하여 이웃과 세상을 향해 화목의 사신으로 살 것을 부탁하였다. (고린도후서 5:18-20) 그래서 우리는 모든 사람과 더불어 화평함과 거룩함을 나누어야 한다. (로마서 12:18) 만일 화평함과 거룩함을 떠나면 우리는 하나님을 볼 수 없다(히브리서 12:14)고 하였다. 화평은 성령의 열매 중 하나이며 사랑의 본질이기도 하다. 따라서 우리가 성령을 떠나 이기와 욕심으로 하나님을 찾는다면 하나님과의 화평은 물론 이웃과의 화목도 영원히 실현될 수 없을 것이다. 이웃과의 화평과 화목은 자신의 수고와 희생, 이해와 양보, 겸손과 온유 등이 전제될 때 가능할 것이니 곧 자신을 부정하는 일이다. 우리는 화평을 널리 이웃과 세상으로 펼쳐 나가야 할 영적인 책임과 의무가 있으니 우리는 그리스도의 편지요 화목의 사신이기 때문이다. 이 일에 교회 지도자와 신도는 항상 화평과 화목의 본보기가 되어야 할 것인즉 화목은 사랑의 열매이기 때문이다.

8. 의를 위해 박해를 참는 것도 사랑이다

이제 사랑의 영성을 회복하는 황금률 팔복에 대해서 마지막 단계에 이르렀다. 팔복에서 언급한 여덟 가지의 마음 밭은 곧 사랑을 이루는 초석이요 사랑의 원형임을 잊지 말아야 할 것이다. 다시 언급하지만 '사랑'은 이성간의 애정이나 감정이 아니라 하나님의 존재적 양식이요, 하나님 존재의 형질(形質)이며, 하나님의 근본 형상으로서 모든 인간에게도 유전되어 내재해 있는 인간의 본질이요 본성이며 품격이다. 따라서 인간은 무엇인가, 또는 나는 누구인가 하는 물음에서 '사랑'을 벗어난 논쟁은 백해무익한 일이다. '사랑의 영' 그 자체로 인간이고 사람이며 나인 것이다. 다만 우리가 이기와 욕심에 마음의 눈이 어두워져 나의 정체성을 보지 못하고 돈과 재물과 명예와 권력과 문명과 문화 등에서 자신의 정체성을 찾으려는 어리석음에 빠져 있어 모를 뿐이다. 그러나 세속에는 우리가 바라는 영원한 만족과 행복이 없다는 것을 잘 알면서도 그 늪에서 빠져나오지 못하고 있는 것이 현실이다. 나의 정체성을 '사랑'으로 깨달을 수만 있다면 영원한 축복과 행복을 만날 것이다. 참복(眞福)은 내 안에서 '사랑'이 깨어나는 것이요 그 '사랑'이 곧 나임을 아는 것이다. 세속적인 물질은 수렁이요 늪이다. 한번 빠지면 스스로 나오는 것은 거의 불가하다. 복(福)이란 사랑을 알고 그 사랑이 회복되는 것이지 소원 성취가 아니다. 따라서 모든 종교계는 '소원 성취'라는 망상에서 속히 벗어나야 할 것이니 이는 '사랑의 진리'를 모독하는 것이기 때문이다.

진리는 육신의 삶을 위해 주어진 것이 아니라 영혼의 삶을 위해 마음에 주어진 것이다. 진리는 다름 아닌 보편타당한 인간의 도리요 삶의 정석이며 상식이다. 이기와 욕심과 욕망을 잘 다스릴 수 있는 유일한 제어 장치가 바로 진리이다. 그 진리는 배우고 익혀서 얻어지는 것이 아니라 이미 모든 사람의 양심(良心)에 내재해 있다. 그 양심이 바로 존재적 '사랑'의 대사(大使)이다. 사랑은 옳고 그름과 선과 악 등에 대해서 언제나 경계선에 서 있다. 그리고 좌우 어느 쪽으로도 치우치지 않는다. 언제나 흔들림이 없고 유혹됨이 없다. 진리의 속성이 그러하고 신의 속성이 또한 그러하다. 진리와 사랑은 차별이나 차등 그리고 편 가르기를 모른다. 이기와 욕심과 욕구가 없다. 언제나 물 흐르듯 바람 부는 대로 자연의 이치에 말없이 순응할 뿐이다. 그러므로 우리 인간도 언제나 자연의 이치와 섭리 앞에 겸손과 온유함으로 따를 수 있다면 우리의 양심은 유혹과 미혹, 욕심과 욕망, 이익과 유익 등에 흔들리지 않을 것이다. 그래서 양심을 의롭게 관리하는 것에서부터 사람 노릇은 시작되는 것이다.

이제 끝으로 언급하고자 하는 복은 인간의 상식으로는 도무지 복이라 할 수 없는 복을 예수는 무거운 마음으로 입을 연다. "의롭게 살려고 하다가 박해를 받는 사람은 복이 있으니 하늘나라가 그들의 것이다. 사람들이 진리 때문에 너희를 모욕하고 박해하고 온갖 나쁜 말을 할지라도 너희에게 복이 되느니라. 그러므로 기뻐하고 즐거워하여라. 하늘에서 너희의 상이 크도다." 하였다. 박해(迫害) 또는 핍박(逼迫)이란 지극히 선하고 옳은 일에 대한 미움과 분노와 증오 등으로 인하여 신체적 심리적 정신적 영적으로 괴롬과 고통을 주거나 죽음으로 몰고 가는 악한 행위를 말한다. 이러한 박해는 종교와 정치와 기업과 사회 곳곳에서 사람의 목을 조이는 형식으로 나타난다. 자신의 불의한 뜻에 동조하지 않거나 자신의 욕심을 채우려 할 때 각종 공갈 협박으로 위협을 가하는 것이 박해요 핍박이다. 이러한 박해는 과거 침략 전쟁터에서 정치적인 고문과 죽음으로 나타났으며 또한 종교적 교리나 신념이 다르다고 하여 고문이나 화형식 등으로 나타나기도 하였고, 군사 정권이 철권통치를 행사할 때마다 고문과 죽음의 행렬이 끊이지 않았다.

신약 시대 당시에도 기득권을 잡은 종교 지도자들 앞에 등장한 예수는 군중들의 시선을 모으면서 정치와 종교의 지도층들로부터 박해를 받기 시작하였다. 예수의 가르침은 종교 지도자들의 가르침과 현저히 다르며 그의 인품이 남다르니 군중들의 발걸음이 예수에게 몰리면서 지도층들은 예수를 향한 미움과 증오와 분노를 터트리게 된 것이다. 그리고 억지스러운 비난과 조롱과 박해를 하였으니 이는 자신들의 이기적인 욕심과 욕망과 불의 등이 드러나면서 체면과 자존심이 크게 상했기 때문이다. 시대적으로 언제나 정의가 불의를 이기기보다는 불의가 정의를 짓밟고 박해하며 승리의 축배를 들 때가 더 많았다. 불의(不義)는 수명이 길고 정의(正義)는 수명이 짧은 것이 예부터 현실이다. 그러나 그 불의와 박해에 대항하지 아니하고 잘 참고 견디는 인욕(忍辱)의 정신도 사랑의 속성이다.

거짓은 진실을 미워하고, 불의는 정의를 증오하고, 교만은 겸손을 짓밟는 세상은 어제오늘의 일이 아니다. 인간의 역사가 시작되면서 선과 악의 투쟁은 끊이지 않았다. 본래 선과 악은 존재하지 않았다. 처음부터 진실과 거짓, 정의와 불의, 겸손과 교만 등 상대적 개념이 존재한 것은 아니다. 오직 한 존재(One being)와 그의 속성이 있는데 그것은 다름 아닌 '사랑'이다. 사랑에는 상대적 개념이 존재하지 않는다. 한 정신, 한 의식, 한 속성만이 있기에 굳이 선이나 진실이나 겸손 등의 의식조차도 없다. 이 '하나'(One)는 천성적인 정신이나 의식으로서 아담 부부가 에덴에서 거주할 때 볼 수 있었다. 이때에는 생명 나무나 지식의 나무를 의식하지 않은 채 '한 의식' 즉 천성(天性)으로 살았다. 그러다가 미혹을 받아 선악을 알게 하는 지식의 나무를 선택하면서 한 정신 또는 한 의식이 깨지고 선과 악이라는 이분법적 사고와 상대적 개념이 생기게 된 것이다. 선악의 지식이란 하늘의 지혜를 가장한 거짓과 꾸밈을 의미한다. 진실을 가장한 거짓, 자연스러움을 가장한 인위적인 것을 상징한 것이 선악을 알게 하는 지식의 나무이다. 그래서 인간 편에서의 선이나 진실이란 하늘의 선을 가장하고 꾸민 거짓이기에 위선(僞善)이라고 하는 것이다.

그래서 자신의 거짓과 위선이 드러남으로 체면과 자존심이 상하거나 손익 계산적으로 손해를 보게 될 때 또는 억지로 자기 뜻을 완성하려 할 때 방해가 되는 선이나 정의를 제압하기 위해 드러나는 것이 바로 고문과 죽음이요 박해와 핍박 등 불의한 행위이다. 불의(不義)한 자는 언제나 정의(正義)로운 사람을 핍박하고 박해를 멈추지 않는다. 정의가 사라져야 불의가 억지로라도 정당성을 얻게 되기 때문이다. 그러나 불의가 정의를 박해한다고 해서 정의가 사라지는 것은 결코 아니다. 세찬 바람이 나무의 꽃과 열매를 떨어뜨리지만 떨어진 꽃과 열매는 죽는 것이 아니라 땅속에 묻혀 생명력을 기르다가 봄이 오면 자연히 발화되어 싹을 내며 더 많은 식물이 탄생한다. 이와 마찬가지로 세상에서도 악이 선을 이기고, 거짓이 진실을 압박하고, 불의가 정의를 짓밟는다 하여도 결국 선과 진실과 정의는 더 큰 힘으로 재탄생한다. 만일 악이 세상을 완전히 지배했다면 세상은 벌써 자멸하고 말았을 것이다. 그러나 여전히 세상이 존재할 수 있는 것은 보이지 않는 선과 진실과 정의가 든든하게 받쳐주고 있기 때문이니 잘 난 지도층 덕이 아니라 못나 보이는 소시민들 덕인 것이다.

　그러므로 우리는 언제나 악과 거짓과 불의 등 추함 편에 동조할 것이 아니라 선과 진실과 정의 등 아름다움 편에 설 것이다. 아름다움 편에 서다가 박해를 받는다 하여도 결코 포기하고 타협을 하거나 동조를 하는 어리석음은 행하지 말아야 한다. 대부분 사람이 이러한 용기를 따를 수만 있다면 악행을 멈추게 하고 사회를 정화하는 데 큰 유익을 남길 것이다. 비근한 실례를 든다면 군사 정권 시절 군대와 경찰력 등 공권력을 동원하여 소시민들에게 무참한 시련과 고문과 죽음 등 박해를 하려 할 때 비록 자리와 목숨의 위협을 받는다 할지라도 관련 있는 지도층들이 불의 앞에 굴복하거나 동조를 하지 않고 '정의로운 불복종'을 할 수 있었다면 억울한 죽음과 고통의 역사는 없었을 것이다. 불의한 행동을 하면서까지 자리를 보존하거나 더 큰 승진의 기회를 얻는 것은 가장 추한 악의(惡意)이다. 정의가 고문을 받고 죽임을 당한다 하여도 결코 패배하는 것이 아니다.

　예수는 지극히 짧은 생애였지만 평생 진실과 선함과 정의를 위해 산 사람이다. 그러나 그에게는 항상 조롱과 비난과 박해가 따라 다녔다. 그래도 그 박해에 대한 두려움 없이 정의를 위해 사랑을 선포하고 몸소 진리의 힘을 보여주었다. 그러다가 그는 결국 박해와 핍박의 절정인 십자가에서 비참한 죽음을 맞는다. 예수가 불의와 타협을 하였다면 목숨을 건질 수는 있었다. 그러나 그는 불의와의 타협을 모른다. 그것은 세속적인 신분이나 재산이나 명예나 권력 등 그 어떠한 욕심이나 야심이 없는 빈 마음이었기 때문이다. 자신의 신념과 뜻을 실행하는데 저해되는 박해와 맞바꿀만한 어떠한 조건도 없는 빈 마음은 그 자체로 정의로운 마음이다. 그 정의는 십자가에서 죽음과 함께 사라진 줄 알았지만 잠시 뒤에 정의는 세상에 다시 드러났으니 그의 부활이었다. 그의 죽음도 정의이고 부활도 정의이다. 정의는 언제나 죽지 않는다. 그의 정신과 삶은 후대에 계속 전해지니 이것이 박해와 핍박에도 굴복하지 아니하고 사랑의 정의로 승리한 결과이다.

또한, 사도들이 무섭고 두려운 박해를 알면서도 하나님의 말씀을 전하는 이유는 무엇인가? 왜 굳이 미련하고 바보 같은 핍박의 길을 선택했는가? 죽음의 길인 줄 알면서도 진리의 길, 복음의 길, 의의 길을 당당히 걸어가는 용기와 힘은 어디서 나오는가? 그것은 진리에 대한 사랑, 그리스도에 대한 사랑이다. 우리가 그 사랑을 진실로 깨닫고 발견하면 12제자들과 스데반이나 바울처럼, 막달라 마리아처럼 그 사랑에 감복하고 평생 마음과 성품과 목숨을 다하여 충성을 아끼지 않는다. 그래서 바울은 이렇게 고백한다. "누가 우리를 그리스도의 사랑에서 끊을 수 있겠는가? 환난인가 아니면 어려움인가 혹은 핍박인가 그렇지 않으면 굶주림인가 헐벗음인가 위협인가? 그러나 우리를 사랑하신 하나님을 힘입어 이 모든 것을 이기고도 남는다. 나는 확신한다. 죽음이나 생명이나, 천사들이나 하늘의 권세자들이나, 현재 일이나 장래 일이나, 어떤 힘이나, 가장 높은 것이나 깊은 것이나, 그 밖의 어떤 피조물도 우리를 그리스도 예수 안에 있는 하나님의 사랑에서 끊을 수 없다."라고 확신에 찬 고백을 하였다. 우리도 나라와 동족을 사랑한다면 불의와 타협을 하거나 동조하지 않을 것이며, 교회를 진정 사랑한다면 불의한 자들과 함께하지 않을 것이다.

지금까지 살펴본 가난한 마음(淸貧), 애통한 마음(哀痛), 온유한 마음(溫柔), 의를 목말라 하는 마음(正義), 긍휼히 여기는 마음(慈悲), 청결한 마음(淸潔), 화평케 하는 마음(和平) 그리고 박해에 대한 인욕(忍辱) 등 여덟의 마음(八福心)은 '존재적 사랑'을 형성하는 초석들이다. 특히 청빈은 애통과 온유와 정의와 자비와 청결과 화평과 인내를 낳고 기르는 어미라 할 수 있으니 일곱 마음은 청빈이 전제될 때 열리기 때문이다. 이 팔복심이 온전히 하나의 조화를 이룬 것이 바로 존재적 사랑의 원형이다. 그런데 세상은 이렇게 의롭게 사는 것을 바보 취급하며 시기하고 조롱하며 박해를 한다. 부유함과 오만함이 청빈을 지배하고, 완악함이 애통을 억누르고, 강함이 온유를 질투하고, 불의가 정의를 짓밟고, 무정함이 자비를 막고, 부정이 청결을 비난하고, 다툼이 화평을 시기하고, 박해로 진실을 죽이려 한다. 그러나 팔복심의 사랑은 그 어떠한 힘에도 굴복하지 않는다. 다만 무저항 불복종 정신으로 불의나 불법과 타협을 하지 아니하고 침묵 속에서 묵묵히 인내할 뿐이다. 범사에 가난한 마음, 빈 마음이 인내를 낳고 인내는 엄동설한에도 줄기가 마르지 않고 끝까지 잘 견디어 봄에 다시 새순을 내는 인동초(忍冬草)처럼 억눌렸던 사랑은 다시 피어오르게 하니 욕심과 물성(物性)이 죽으면 사랑의 영성(靈性)이 부활할 것이다.

여덟의 마음은 각각의 특질을 지닌 존재적 사랑(道)의 지체들이며 그 여덟의 지체들이 모여 존재적 사랑으로의 한 몸을 이루는 것이 바로 사람 마음이어야 한다. 마음의 사랑을 회복하기 위해 진리가 주어진 것을 종교적 의식이나 축복을 위한 축문(祝文)으로 악용을 하는 것은 진리와 신성에 대한 모독이다. 만복(萬福)은 물질에서 나는 것이 아니라 팔복의 마음에서 나오는 것이다. 나이가 많아서 어른이 아니라 마음이 성숙해야 어른이다. 마음이 어른인 사람은 사랑의 얼(靈)로 사는 사람이다. 진정한 성직자와 신도 그리고 성공한 인생은 물질이 아니라 팔복의 영성으로 가늠할 것이다. 그러므로 지금까지 살펴본 여덟의 마음을 수행하는 것이 곧 신앙과 믿음이요 또한 인생의 목적이 되어야 할 것이다. 생활의 열매로 그 사람을 아느니 팔복의 마음 바탕은 열매를 결정한다. 선한 마음은 좋은 열매를 맺고 선하지 못한 마음은 나쁜 열매를 맺는 것은 자연의 법칙이다. 인생과 신앙은 육신의 만족을 위한 출세와 성공이나 부귀영화가 아니라 서로 존중하며 사랑을 나누는 일상이다. 내가 곧 존재적 '사랑'임을 찾아가는 것이 신앙이요 인생이어야 한다. 이제 그 존재적 '사랑'이 곧 나의 인격적인 참 존재임을 알고 우리의 일상(日常)에서 그 여덟 마음(八福心)의 지체들이 구체적으로 어떻게 펼쳐지는지를 다음 장에서 열거해 보고자 한다.

제3부

사랑은 존중이요
소통의 완성이다

사랑이 없으면 내가 아무것도 아니요
내게 아무 유익도 없느니라

1. 사랑은 오래 참는다

일반적으로 '사랑'하면 좋아하는 감정을 뜻한다. '좋아하는 것'에는 사람뿐만이 아니라 물건이나 애완동물 및 취미나 각종 기호품 등이 있다. 이렇게 좋아하는 것을 영어권에서는 'like'라고 하는데 이를 'love'와 동등하게 사용하고 있다. 그러나 나는 'like'와 'love'를 구분해서 이해하고 싶다. 사람에 대한 매력이나 호감 등으로 애정이나 연정을 느끼는 것, 유명인이나 지도층에 대한 열렬한 지지, 어떤 사물이나 대상물에 대해 아기는 마음 등은 '좋아하는 것(like)'으로 이해한다. 좋아하는 사람이나 사물 등 대상이 있다는 것은 정서적으로 안정과 기쁨 또는 자기만족을 충족할 수 있어 생활의 활력소가 된다. 그런데 좋아하는 마음은 생각이나 환경 등 상황에 따라 언제든지 변할 수 있다는 공통된 변수를 지니고 있다. 그래서 한때는 소유욕으로 표출된 좋아하던 마음이 시간이 지남에 따라 싫어지면서 새로운 것을 소유하고픈 마음으로 변하는 경우가 비일비재하다.

사람의 생각과 판단과 감정 등은 일정한 시간이 지나면서 환경이나 상황에 따라 변하기 마련이다. 아무 조건 없이 좋아하는 경우나 조건이 아주 마음에 들어 좋아하는 경우 어느 쪽이든지 좋아하는 감정은 언젠가는 변할 수 있다. 이렇게 세상에서 흔히 말하는 '사랑'에는 이성 간의 사랑은 소유 의식이 강하여 때때로 다툼과 미움과 이별 등이 발생하며, 지도층을 향한 사랑은 편 가르기가 되기에 십상이고, 애완동물에 대한 사랑은 그 동물의 뜻과는 상관없이 일방적인 애정을 주기에 생활습관이 고약해질 수가 있다. 사랑은 소유 의식이나 집착과 욕망 또는 자기만족이 아니다.

'사랑(love)'의 본질은 좋아하는 감정과는 그 성격이 다르다. 본래 '사랑'은 신의 형질이기에 오감을 통한 느낌이라기보다는 정신적 내지는 영성적으로 이해해야 한다. '사랑'은 인간의 속성이 아니고 신의 속성이기 때문이다. 그래서 신의 속성이 그러하듯이 '사랑'의 속성도 이분법적 사고(思考)가 없어 좋고 싫음과 나와 너 등 분별심이나 차별 등이 없으며 또한 어느 한쪽으로의 치우침도 없어 항상 중도(中道)의 자리에 머문다. 그 중도의 자리에서 편견이나 편애함 없이 누구에게든지 지금의 모습 그대로 바라볼 뿐이다. 이것은 무관심을 뜻하는 것이 아니라 '존중'을 의미하는 것이다. 존중(尊重)이란 높고 무겁게 여긴다는 뜻으로 경솔하거나 함부로 대하지 않는다는 말이다. 상대가 어떠한 사람이든지 정중히 대하는 것이 곧 존중이요 이를 사랑이라고 한다.

신의 속성 즉 존재적 사랑의 속성이 그러하기에 신의 형상과 선한 양심을 내재하고 있는 우리 또한 마땅히 사람을 가리지 아니하고 누구든지 존중해야 한다는 것이며 이것이 진정한 의미에서의 사랑이라는 것이다. 자식에 대한 부모의 마음과 신의 마음이 다르지 않으니 사랑 또한 그러하다. 사랑은 선한 자도 존중하고 악한 자도 존중한다. 이것이 신이 사랑하는 방법이고 사랑이 그러하다. 그래서 사랑이란 곧 '존중'을 의미한다. 사랑이나 존중은 분별과 정죄, 좋음과 싫음, 편견과 편애, 차별과 차등, 비난과 비판, 분열과 파괴 등을 모른다. 분별심 없이 언제나 존중하고 사랑할 뿐이다. 선한 선택뿐만 아니라 잘못된 선택을 할지라도 존중할 뿐이다. 그렇다고 악의적인 것까지 존중한다는 것은 아니다. 죄는 미워해도 사람은 미워할 수 없다는 것이다. 그래서 이웃을 내 몸처럼 사랑할 수 있는 것이며 또한 악인이나 원수일지라도 사랑할 수 있는 것이다. 사람 존중과 사람 사랑은 관용과 화합과 소통으로 이어질 것이다. 앞장에서 살펴본 사랑의 초석들인 여덟의 마음이 곧 신의 마음이요 신의 나라이며 사랑의 형질들이다. 그 팔복심(八福心)이 곧 나의 인격과 나의 본성이 된다면 사랑의 열매가 일상에서 어떻게 표현되는지를 이제 10가지로 살펴보고자 한다.

먼저, 사랑은 늘 오래 참는 것(Love is always patient;忍耐)이라고 하였으니 오래 참을 수 있는 것은 사랑의 덕목이 아니라 사랑 그 자체라는 말이다. 오래 참는다는 것은 체념하다, 수용하다, 기다리다 등의 의미가 있지만, 억지나 인위적으로 참는 것이 아니라 참음을 초월한다는 것에 본질적인 의미가 있다. 사랑은 오래 참는다는 체념과 수용 등의 표현은 인간의 이해를 돕는 언어일 뿐 사랑에는 본래 분별심이 없어 모든 사람과 모든 환경과 상황 등을 초월한 채 그대로 수용하고 스스로 변화될 때를 기다릴 뿐이다. 그래서 가족이나 연인이나 이웃을 사랑한다는 것은 어떠한 조건이나 환경이나 상황에서도 변함없이 곁에서 희로애락과 생로병사를 함께 나눈다는 것을 의미하는 것이니 이것이 바로 존중이요 사랑이다. 그래서 사랑은 오래 참는다는 말은 슬픔과 아픔과 고통 등을 '내가 겪는다'라는 뜻과 다르지 않다. 아프리카의 오지에서 현지인들의 각종 질병을 치료하면서 피할 수 없는 힘듦과 지친 몸을 지탱할 수 있는 것은 그들의 생명에 대한 존중이 아닐까? 이것이 바로 진정한 의미에서의 사랑인 것이다. 그리고 오래 참는다는 것은 단순히 긴 시간을 말하거나 어느 한계를 설정하는 것이 아니다. '오래'라는 말은 '끝까지'라는 의미를 뜻한다. 베드로가 이웃이 내게 잘못을 한다면 일곱 번을 용서하면 되겠느냐고 예수께 당당히 물었다. 그러나 예수는 일곱 번뿐만 아니라 일곱 번을 일흔 번까지라도 용서하라고 하였으니 상대에 대한 신뢰와 존중을 끝까지 포기하지 말라는 뜻이다. 그래서 '사랑은 오래 참는다'는 말은 '절대 포기하지 않는다'(Love never gives up) 는 말이다.

그러면 우리는 무엇에 대해 오래 참아야 하는가? 사람마다 성격과 생각과 생활습관 등이 천차만별이니 말과 행동이 다를 수밖에 없다. 여기서 발생하는 것이 대인관계에서의 마찰과 충돌이다. 상대방의 말이나 행동을 내가 수용할 수 없을 때 우리는 화를 내거나 분노할 수가 있는데 이때 요구되는 것이 바로 인내, 자신의 격해지려는 감정을 억제하고 다스리며 기다리는 일이다. 기다리는 것이 곧 참는 것이다. 짧은 순간이지만 기다리고 참는 동안에 격한 감정은 가라앉아 충돌을 예방할 수 있으니 훌륭한 덕(上德)이 아닐 수 없다. 특히 상대방으로부터 참기 힘든 억울한 일이나 큰 해(害)를 입었을 때 증오와 복수심이 일어날 수 있다. 이때 자신도 큰 실수를 저지를 수 있음을 염두에 두고 평생 후회할 일이 없도록 항상 마음의 생각과 감정을 잘 다스리는 다짐을 거듭 훈련해야 할 것이다. 분노와 다툼은 자신의 명예와 영성을 해치는 일이니 이는 자신을 스스로 폭행하는 어리석음이다. 분노는 다툼과 분열을 일으키고 폭행과 살인까지도 부를 수 있으니 작은 일로 인해 일생에 지울 수 없는 오점을 남길 수는 없지 않은가? 오래 참는 것은 상대방에 대한 오해를 풀 수 있고, 이해와 관용이 가능해지며, 다툼과 분쟁을 예방할 수 있고 더 나아가 자신의 영성을 잘 보존하여 본(本)이 되니 존경도 받을 수 있을 것이다.

오래 참아야 한다는 말은 겪어야 할 괴롭과 아픔과 슬픔과 고통 등이 있다는 말이다. 자의든 타의든 또는 자연이든 괴롭과 고통을 겪기도 하고 때로는 오해와 갈등 또는 뜻하지 않은 해(害)를 입어 마음고

생을 심하게 해야 할 때도 있다. 그 어느 경우든지 오래 참아야 한다는 것이 신의 가르침이요 사랑의 속성이라는 것이다. 그러나 인위적으로 기다리고 견디기는 쉽지 않은 일이다. 여기서 '사랑은 오래 참는다'는 말은 내가 참는 것이 아니라 '사랑'이 참는 것이니 내 마음의 본질인 사랑의 영성을 회복하고 보존하는 것이 전제되어야 할 것이다. 그래서 '오래 참는다'는 말은 처음부터 원망과 성냄과 분노 등 감정의 파고(波高)가 일어나지 않도록 '평상심을 잃지 말자'는 의미이다. 더 나아가 인간 본래의 천성인 '선한 마음(慈)자리'로 돌아가자는 말이요 잃어버린 '신의 형상(愛)'으로 돌아가자는 것이다. 인간 본래의 마음자리가 바로 사랑이니 그 사랑으로 돌아가는 것이 신앙과 믿음이요 기도가 되어야 할 것이다. 그리고 그 '사랑'이 바로 내 존재의 근원임을 깊이 성찰해야 할 것이다.

하나님은 조상 대대로 애굽에서 종살이를 하며 고통스럽게 살아야 했던 이스라엘 백성을 모세를 통해 구원하였다. 그러나 그들은 시시때때로 우상을 만들어 섬기며 그 앞에서 하나님의 이름을 부른다. 하나님은 그들의 배반과 패역한 행위를 보고도 참는다. 아니 참는다기보다는 처음부터 용서라는 개념조차 없이 사랑으로 그들을 품은 채 그들이 온전히 깨닫기를 기다린다. 하나님은 '이스라엘이여! 내 말을 잘 들어라, 너희가 태어날 때부터 내가 너희를 안았고, 어머니 뱃속에서 나올 때부터 너희를 돌보았다. 너희가 늙을 때까지 내가 너희를 돌보겠고, 너희 머리가 희어질 때까지 내가 너희를 품어 주겠다. 내가 너희를 지었으니 너희를 돌보겠고 너희를 인도하며 구원해 주겠다. 너희가 만든 신(神)에게 엎드려 경배하여도 그 신은 듣지 못하니 옛적 일을 기억하라. 나는 너희의 하나님이니라.'(이사야 46;3-9)하시며 이스라엘이 패역한 행위를 버리고 돌아오기를 기다릴 뿐이니 이것이 우리를 향한 하나님의 끝없는 사랑이다. 사랑은 오래 참는다. 관용과 용서를 품고 기다리는 것이 아니라 슬픔과 아픔의 고통을 품으면서 끝까지 기다리는 것이 진정한 사랑이다.

무엇보다도 우리는 예수의 공생애에서 인내의 사랑을 볼 수 있다. 그는 세상과 함께 하는 동안에 남다른 지혜의 가르침을 주었으며 또한 많은 자비를 베풀었다. 그러나 항상 돌아오는 것은 조롱과 박해였으나 예수는 그 핍박을 견디고 잘 참아 내었다. 아니 인위적인 노력으로 참았다기보다는 그 조롱과 박해를 마치 지나가는 바람처럼 여긴 것이다. 그래서 그의 마음과 사역에 아무런 영향을 받지 않을 수 있었다. 만일 예수도 우리와 같이 참지 못했다면 세상을 향한 참사랑은 존재하지 못했을 것이다. 무엇을 위한 참음이며 누구를 위한 참음이었던가? 우리의 깨달음과 참회와 구원을 완성하기 위한 참음이었고 나와 세상을 위한 참음이었다. 그의 참음이 없었다면 구원의 길은 없는 것이다. 특히 예수는 십자가에서의 죽음을 선고받은 뒤 십자가 형틀을 어깨에 짊어지고 골고다 언덕을 오를 때 지쳐서 쓰러지면 채찍질을 당하여 온몸이 찢어지는 수난과 고통을 겪었는데 누구를 위한 수난과 고통이었나? 그리고 오래 참는 사랑의 절정은 십자가상에서 나타난다. 온몸의 체중이 아래로 쏠리면서 못이 박힌 손목은 계속 찢어지고, 몸속의 피는 점점 고갈되어 가고, 태양 빛 아래에서 갈증은 심해지며, 몰골은 처참해지는 극심한 수치와 고통을 겪었다. 무엇을 위한 수치였으며 누구를 위한 고통이었나? 나와 세상을 향한 예수의 사랑은 죽기까지 사랑한 너무도 큰 사랑이었으니 그 사랑의 크기와 무게는 측량할 수가 없다. 그런데 우리는 기복에 눈이 어두워 그 큰 사랑을 외면하고 배신하였으니 십자가 사랑의 의미를 어디서 무엇으로 찾을 것인가? 구원의 사랑은 오래 참으로써 성취된 놀라운 크고 깊은 사랑이 아니던가?

사랑은 모든 사람을 품는다. 좋은 사람 나쁜 사람, 유익한 사람 해로운 사람 분별하지 않고 모두를 품는다. 그리고 모든 환경도 수용한다. 좋은 환경 불행한 환경을 분별하지 않은 채 모든 환경을 품을 수 있다. 그러면 시간이 흐르면서 적당한 때에 모두가 스스로 정화되고 해결된다. 오늘의 기쁨이 내일의 아픔이나 슬픔이 될 수 있고, 오늘의 아픔과 슬픔이 내일의 기쁨이 될 수 있다. 그러니 억지를 부리지 않은 채 오직 기다릴 뿐이다. 사랑은 언제나 서두르지 않는다. 조급한 마음으로 결과를 얻으려는 것이 아니라 천천히 과정을 흐르는 물을 보듯 할 뿐 내 생각을 앞세우기보다는 상대방의 생각을 존중하며 함께 기다리고 환경이 스스로 바뀌기까지 기다린다. 사랑은 자신과 싸우지 않으며 또한 이웃과 세상과도 다투지 않는다. 불우한 환경을 탓하지도 않는다. 단지 범사를 자연과 같이 수용하고 인내하며 기다릴 뿐이다. 침묵하며 평안히 기다릴 뿐이다. 이것이 진정 나를 사랑하고 이웃과 세상을 사랑하는 지혜이다. 오래 참는 사랑이 베풀어질 수 있다면 지극한 겸손과 온유함도 가능할 것이고 더 나아가 교만함과 무례함과 성냄과 원망 등 모든 불의(不義)에서 벗어날 수 있을 것이다. 참지 못하는 급한 성질은 만사를 그르치기에 십상이며 자신을 해치는 어리석음이요 세상과 다투게 될 것인즉 자신의 덕망이 없는 부끄러운 허물만 드러낼 것이다. 쇳덩이가 뜨거운 불꽃 속에서 오래 참을 때 단단한 농기구가 나오고, 금덩이가 불꽃 속에서 오래 참아야 값진 순금이 나오고 또한 아름다운 장신구가 만들어지듯이 우리도 오래 참음으로 자신의 인품이 성숙 되고 덕망이 깊어 존경받는 스승이 될 수 있을 것이다. 그러나 오래 참음은 인위적인 노력으로는 한계에 부딪혀 불가할 것이니 무엇보다도 가난한 마음, 빈 마음을 이루는 것이 전제되어야 할 것이다. 빈 마음이 곧 사랑 자리이니 빈 마음 곧 사랑으로는 이루지 못할 것이 없다. 오래 참음의 근본은 사랑이다. 나의 존재가 '사랑'이라면 당연히 오래 참는 일은 본능적으로 드러날 것이다. 우리가 사랑의 영성을 회복하는 것이 곧 하나님께 온전히 돌아가는 것이니 사랑이 신앙의 전부요 인생의 해답임을 다시 한번 강조해 본다.

2. 사랑은 따뜻하고 부드럽다

　사랑은 늘 온유하다(Love is always kind;溫柔)고 하였으니 온유함이 곧 사랑이라는 말이다. 온유함이란 따뜻하고 부드럽다는 뜻으로 친절과 호의와 예의와 관용과 존중 등의 의미가 함축된 큰 사랑이다. 온유와 같은 뜻으로 유순(柔順)이 있는데 역시 부드럽다, 순하다, 편안하게 하다 등을 의미한다. 특히 나에게 해를 끼친 사람에게 성을 내거나 분노하지 아니한 채 오래 참고 기다려 주는 것 자체가 온유이니 그 온유는 자애롭고 예의가 있는 깊고 큰 사랑이라 하지 않을 수 없다. 이렇게 따뜻하고 부드러운 마음을 베풀면 상대방이 자신의 실수나 잘못을 빨리 깨달을 수 있으며 또한 온유로 인해 편안한 마음을 얻으니 고마움을 느낄 수 있다. 그러면 서로가 화목과 화평을 나눌 수 있으니 서로 기쁨이 될 뿐 아니라 타의에 모본이 되어 이웃에게도 참사랑을 널리 전하는 좋은 기회가 될 것이다. 그래서 온유한 사람은 항상 자애롭고, 관대하며, 마음은 넓고, 손은 항상 펴있으며, 언제든지 양보할 수 있는 준비가 되어있고, 손해도 감수할 수 있는 속성을 지니고 있다. 오래 참을 수 있고 끝까지 인내할 수 있는 사람은 온유한 마음도 함께 지니고 있는 사람이니 인내와 온유는 사랑이 잉태하고 있는 쌍둥이일 것이다. 분명 온유는 사랑의 다른 이름이다. 온유는 하나님의 본성이요 예수의 품성이니 또한 나의 이름이요 나의 품성이 되기를 기도하는 것이 참신앙일 것이다.

　사도 요한은 야고보의 형제요 세베대의 아들이다. 요한은 '우뢰의 아들'이라는 별칭을 얻을 만큼 성격이 급하고 다소 거친 면을 지니고 있다. 어느 날 예수가 예루살렘 성안으로 들어가고자 할 때 사마리아 사람들이 자기 동네로 통과하는 것을 반대하는 목소리를 크게 내자 야고보와 요한은 하늘로부터 불을 내려 이 사람들을 모두 태워 버리자고 분노하였다. 그러나 예수는 야고보와 요한을 크게 꾸짖고 다른 동네로 방향을 바꾸었다. 이렇게 성격이 거칠던 야고보는 후에 야고보서를 통해 사람이 성을 내는 것은 더러운 악행이기에 하나님의 의(義)를 이루지 못하니 모든 악행을 버리고 온유할 것을 강조하였다. 사도 요한도 온유한 성품을 지니어 요한복음과 요한서신 등을 통해 항상 서로 사랑할 것을 힘주어 강조하였으며, 또한 사랑은 교회의 기초요 사랑만 있으면 모든 불의를 행하지 않는다고 하여 요한은 '사랑의 사도'로 불리기까지 하였다. 분명 존재적 '사랑'이 내 안에 거하면 급하고 거친 성품도 따뜻하고 부드러운 사람으로 변화될 수 있다.

특히 온유함은 나에게 해를 끼치거나 불의를 행한 사람에게 자비와 관용이 요구되는 사랑의 속성이다. 사랑의 원자탄으로 불리던 손양원 목사님은 공산 치하에 있을 때 금쪽같은 두 아들을 아들 친구에게 살해되어 잃었다. 그런데 손양원 목사는 그 깊은 슬픔과 아픔의 고통을 이겨내고 원수와도 같은 아들 친구를 양자로 삼아 주위를 놀라게 하였다. 두 아들을 잃은 상황에서 원수를 아들로 삼는 일은 불가능한 일이다. 분노와 원수 맺음과 복수심 등을 온유함으로 승화시킨 큰 사랑이 아닐 수 없다. 사랑은 분노와 원수 맺음과 복수심을 능히 억제하는 힘이 있어 나를 아프게 한 대상을 긍휼히 여기니 온유할 수밖에 없을 것이다. 이렇게 온유함은 강하고 거친 마음을 이기고 따뜻한 마음, 부드러운 마음, 용서하는 마음을 선택하니 이것이 곧 진리의 길이요 생명을 얻는 길이다.

온유함에 가장 잘 어울리는 자연이 있으니 그것은 '물'이다. 물은 유약(柔弱)하여 부드럽고 약하다. 그래서 물은 이기나 욕심 등 욕구가 없어 서로를 향한 경쟁이나 다툼이 없다. 언제나 물은 주변을 살리는 유익을 줄 뿐이다. 물은 더러운 곳에 있어도 불평과 불만이 없으며, 가장 낮은 자리에 머물러도 억울함을 호소하지 않는다. 그래서 노자(老子)는 물은 도(道)에 가장 가깝다고 하였으니 온유함은 유약이요 물과 같은 성질로서 도, 하나님, 사랑의 형질(形質)이다. 과연 최고의 선은 물과 같다.(上善若水) 사람이 태어날 때는 부드럽고 유연하지만 죽음에 이르게 되면 단단하고 강하며, 또한 나뭇가지도 살아있을 때는 유연하지만 죽으면 뻣뻣해진다. 이를 두고 노자는 강하고 거친 것은 죽음의 무리((堅強者死之徒)이고 부드럽고 유약한 것은 삶의 무리(柔弱者生之徒)라고 하였다. 강한 것은 부러지기 쉬우나 유연한 것은 휘어질 뿐 부러지지 않는다. 제주도의 돌담이 강한 태풍에도 무너지지 않는 것은 구멍이 많기 때문이다. 그 구멍은 거센 바람과 태풍에 저항하지 않는다는 온유와 겸손일 것이다. 인내와 온유와 겸손은 자기 비움, 자기 부정이 근본이다. 참신앙과 믿음이란 세속적인 물질 추구가 아니라 자아의 죽음을 수행하는 과정이다. 내가 죽으면 다툼이 양보가 되고, 강함이 유약이 된다. 그리고 온유한 품성은 물이 그러하듯이 주변 사람들에게 늘 이로움을 주고 감동을 주니 온유 그 자체가 사랑이 아닐 수 없다.

 예수는 "나는 마음이 온유하고 겸손하니 내게서 배우라"(마태복음 11:29)고 하였다. 온유와 반대되는 말은 성냄, 분노, 사나움, 과격함 등 강한 성질이고, 겸손과 반대되는 말은 교만과 자만과 권위 등 자신을 스스로 높이며 자랑하고 우쭐대는 모습을 말한다. 온유와 겸손은 한 쌍이고, 성냄과 교만이 한 쌍을 이룬다. 온유와 겸손은 하늘 품성이니 온유하고 겸손한 사람은 하늘 사람이고, 강하고 교만함은 이기(利己)의 속성이니 욕심의 사람이다. 그래서 온유한 사람은 복(福)이 있으니 하나님 나라를 유업으로 받을 것(마태 5:5, 시편 37:11)이라고 하였는데 그 하나님 나라가 바로 내 마음이다. 예수는 공생애 동안 선과 사랑의 은혜만을 베풀었지만 늘 강자들이 조롱을 일삼으며 박해를 가했다. 그들의 조롱과 박해에 대해 예수는 단 한 번도 대항하지 아니하고 무저항으로 일관하였으며 그리고 예수의 온유함과 겸손함의 절정은 십자가의 죽음에서 성취되었다. 오늘 우리에게 구원의 지혜가 주어진 것은 예수의 오래 참음과 온유함과 겸손함이 있었기 때문이다. 인내와 온유와 겸손이 겉으로 드러날 때는 유약해 보이지만 그 안으로는 강철보다 더 강한 사랑의 힘이 있다는 것을 결코 잊어서는 아니 될 것이다. 부드러움의 배후에는 언제나 사랑이 받쳐주고 있다.

오늘날 세상은 경제적으로 부요(富饒)해지면서 사람들의 마음은 완악해지고 사나워졌다. 작은 일에도 이웃 간에 성을 쉽게 내고, 큰소리로 항변하는 모습도 곳곳에서 볼 수 있으며, 집단행동도 망설이지 않아 사회가 시끄럽고 혼란스럽다. 특히 덕망을 잃지 말아야 할 지도층에서 흉한 꼴을 자주 보인다. 서로 원색적인 말로 비난하며 막말을 쏟아내고 있고, 동지와 원수가 자주 바뀌고 있으며, 불법과 불의를 행하면서도 억울한 누명을 썼다며 변호하고, 노골적으로 증거 인멸을 하면서 항변하고 있다. 강자는 약자를 교묘히 악용하면서 괴롭을 주고, 사회의 약자들을 가벼이 여기며 홀대한다. 교회는 어떠한가? 그 어느 곳보다도 온유한 모습들이 늘 보여야 하는데도 불구하고 교회 지도층은 하나님의 선한 권위를 권력으로 오용하고, 겉은 겸손해 보이나 속은 교만하며, 약자보다는 강자 만나는 것을 자랑으로 여기고, 실수나 잘못을 인정하기보다는 변명과 변호로 일관하며, 때로는 권위에 도전한다고 도리어 호통을 치며, 교회 안의 약자들에게는 형식적인 인사만

할 뿐 외면한다. 이제 부드러움과 친절과 상냥함과 존중과 예의와 관용 등 따뜻한 모습을 어디서든 만나기가 쉽지 않다. 사랑은 자기 자신보다 이웃 특히 약자를 잘 돌보는 것인데 이것이 온유의 전형적인 속성이다.

그래서 교회와 세상에는 덕망(德望)이 없어 늘 시끄럽고 혼란스럽기만 하니 이는 돈과 재물과 명예와 권위에 마음이 뺏기고 사람 존중과 사람 사랑이라는 으뜸 가르침을 상실했기 때문이다. 성직자들과 교육자들은 인도자 역할을 못 하고, 나라와 사회 지도층들은 교만과 오만과 자만에 빠진 채 자신들의 이익만 챙기는 도둑들이 되었으니 부패하고 타락한 교회와 세상을 치유할 수 있는 보약(補藥)이 있다면 그것은 겸손과 온유이며 존중과 이해와 배려와 예의일 것이다. 교회가 세상으로부터 불신을 받는 것도 전도 활동을 못 해서가 아니라 사랑이 없는 탓이요, 나라는 경제가 약해서 불안한 것이 아니라 사랑이 없어 불안하고 혼란한 것이다. 감성적 사랑이 아닌 존재적 사랑이 교회와 세상을 살리는 지혜가 될 것이다. 온유함은 인위적인 노력으로는 한계에 부딪히게 된다. 무엇보다도 가난한 마음, 빈 마음을 이루는 것이 전제되어야 할 것이다. 빈 마음이 곧 사랑 자리이니 빈 마음으로는 이루지 못할 것이 없다. 빈 마음속의 온유함은 진정한 사랑이다.

3. 사랑은 시기하지 않는다

　사랑은 결코 시기하지 않는다(Love is never envious;猜忌)하였으니 시기하지 않는 것도 사랑이라는 말이다. 시기는 부러움에서 시작되니 부러워하지 않는 것이 사랑이고, 가지고 있지 않은 것을 원하지 않는 것도 사랑이다. 또한, 질투하거나 격분하지 않는 것도 사랑이니 이는 오래 참음과 온유와 이어지는 사랑의 속성이다. 참으로 사랑의 속성은 범인(凡人)이 이해하기에는 난해한 숙제가 있다. 그러나 '사랑'은 진리이고 신의 형상이며 인간의 마음에 이미 새겨져 있으니 그 형상이 회복되면 시기와 질투와 격분하지 않는 사랑의 지혜를 능히 수용할 수 있을 것이다. 시기란 이기적인 자기중심의 감정에서 비롯되는 것으로서 자기보다 나은 환경과 조건에 있는 사람을 공연히 미워하거나 싫어하는 일 또는 자기보다 더 나은 기술이나 재능 및 직업 등에 대한 부러움으로 시샘하는 일 그리고 편애에 대한 질투심으로 격분하는 일 등 비교의식에서 우월한 사람을 미워하는 것을 시기라고 한다. 작은 시기와 질투심이 계속 반복되어 쌓이게 되면 결국 감정이 격해지면서 분노를 일으켜 큰 다툼이 생길 수 있다. 이러한 시기심은 경쟁 사회 속에서 두드러지게 나타나고 있으며 의외로 각계의 지도층에서도 빈번하게 일어나고 있다. 시기하는 마음이 인간의 본성인 듯하지만, 시기심도 욕심의 일면이니 우리는 항상 시기심을 경계해야 한다. 시기는 자신을 죽이고 상대방도 죽이는 정신적 살해 행위이기 때문이다. 그래서 마음의 화평은 육신의 생명이나 시기는 뼈의 썩음이라 하였다.

성경에도 시기심으로 인하여 불행을 자초한 사람들이 매우 많이 등장한다. 인류 최초의 부부였던 아담과 하와 사이에 가인과 아벨 두 아들이 있는데 그들이 성장한 후에 전례에 따라 하나님께 예배와 예물을 드렸다. 그런데 아벨의 예물은 하나님이 흡족하게 받으시고 가인의 예물은 받지 않았다. 이런 결과는 예물의 차이가 아니라 마음의 중심에 차이가 있었기 때문이다. 그것은 바로 '믿음'이었다. 믿음으로 아벨은 가인보다 더 나은 예배와 예물을 드렸다(히브리서 11:4)고 하였다. 아벨의 경우 자신을 향한 하나님의 사랑과 하나님을 향한 아벨의 사랑이 일치되어 예배와 예물을 드렸으니 이것을 믿음으로 드렸다고 한 것이다.

그러나 가인의 경우는 가인을 향한 하나님의 사랑은 있었으나 하나님을 향한 가인의 사랑은 없었다. 그래서 가인의 예물은 믿음이 없는 습관적인 예물이었기에 하나님께 드린 것이 아니었다. 우리가 하나님께 예배와 예물을 드리는 것은 그 매개체를 통해서 하나님께 대한 '사랑'을 드리는 것이다. 하나님의 사랑과 나의 사랑이 만나는 것을 예배요 찬양이라 하는 것이다. 여기서 아벨은 가인보다 더 나은 '믿음'으로 드렸다는 것은 하나님을 향한 '진실한 사랑'으로 드렸다는 것을 의미하는 것이다. 우리의 형식적인 예배와 예물도 사실 하나님께 드리는 것이 아니기에 공허할 뿐임을 알아야 할 것이다. 하나님은 보이는 '예배와 예물'을 받는 것이 아니라 드리는 자의 '신령과 진실'을 보는 것이다. 그런데 가인은 평소에 하나님께 대한 신앙심에 신령과 진실성이 없었던 것이다. 결국, 가인은 아벨에 대한 시기 질투심이 분노로 커지면서 살인을 저지르게 된 것이다. 만일 가인의 예물을 하나님이 받으시고 아벨의 예물은 받지 않았다면 아벨이 시기하였을까? 시기심은 평소 이기적인 욕심으로 살던 사람들에게 나타나는 악의(惡意)이다.

시기심은 인류의 시작점에서부터 지금까지 끊이지 않는 것을 보면 하나님을 상실한 사람들에게 나타나는 이기적인 자존심인 듯하다. 자신이 경쟁심에서 다소 밀리거나 인정을 받지 못한다면 자존심이 상하여 동료로 인식하는 것이 아니라 경쟁자로 의식하면서 시기심이 발로되는 것이다. 이웃과의 관계에서도 가계 경제 지표를 비교하는 의식에서 공연히 부러워 시샘하다가 어떤 계기가 되면 크게 다투기도 하고, 연인 사이에서도 시기와 질투심이 격해지면서 큰 상처를 주고받기도 한다. 직장에서도 오늘의 동료가 내일의 경쟁자가 되어 서로 흠집을 내려는 눈치싸움도 빈번하고, 작은 실수나 허물을 보면 크게 확대하여 험담하는 경우들도 있다. 정치계에서도 서로 상대를 향해 대안도 제시하지 못한 채 고의로 흠집 내기 위해 강도 높은 막말과 비난만을 일삼는 유치한 공명심도 일종의 시기심이다. 상대방을 깎아내리고 자신들의 신뢰도를 올려보려는 졸렬한 행동으로 정치적 철학으로 삼는 사람들의 심리는 악의적이지 않을 수가 없다. 과거 간신배들의 정치력은 언제나 분열과 대립을 앞세워 나라는 혼란에 빠지고 백성은 가난에 허덕여야 했으니 시기심과 자존심으로 인한 정치력은 지금이라도 반드시 청산해야 할 것이다.

신약시대에도 당시 종교 지도자들은 예수를 무척 미워하고 힐난을 일삼았으니 역시 시기하는 마음을 숨기지 못하였다. 누구보다도 하나님을 잘 알고 율법과 계명도 잘 지킨다고 자부하는 종교 지도자들은 갑자기 등장한 예수를 시기 질투를 넘어 원수로 생각하였다. 군중들은 예수의 가르치는 지혜에 놀라고, 각종 질병도 고치며, 가난한 자들과 죄인들과도 소통을 잘하여 남다른 지도력을 보이는 예수가 그들에게는 눈엣가시와도 같았을 것이다. 결국, 그들의 시기심은 인애와 자비심이 큰 예수를 십자가의 형벌로 살인을 저지르게 된다. 자신들의 체면과 자존심을 지키기 위해 의로운 사람을 비난하고 힐난하며 죽이는 행위는 분명 시기와 격분에서 나오는 악행(惡行)이다. 이러한 악행은 사람에게서 그치는 것이 아니라 하나님께 악행을 저지르는 일임을 결코 잊어서는 아니 될 것이다. 평소 시기심과 같은 이기적인 악의를 품으면서 하나님을 섬긴다는 것은 거짓과 위선으로서 가인의 후손이 아닐 수 없다.

불교 경전 중에 공명조(共命鳥)가 등장한다. 한 몸에 머리 두 개가 있는 비유의 새로서 목숨을 함께 공유한다는 뜻이다. 한 머리는 주로 낮에 활동하면서 항상 맛있는 과실을 먹는데 자기만이 맛있는 것을 먹는다고 미안해했지만 결국 한 몸이니 모두에게 좋을 것이라고 여겼다. 그런데 주로 밤에 활동하는 다른 한 머리는 아침에 깰 때마다 옆에서 맛있는 향기가 난다면서 함께 먹지 않은 것을 섭섭해하였다. 그러다가 섭섭한 마음이 쌓인 머리는 짝꿍에게 해(害)를 끼칠 속셈으로 일부러 독이 든 열매를 먹었다. 그러나 결국 둘 다 죽고 말았으니 이는 원한과 시기심이 낳은 어리석음이었다. 가정과 교회와 직장 그리고 사회 등 공동체는 마치 공명 새와도 같지 않은가? 그런데 그 공동체 안에서 서로 시기하고 미워하며 원한을 품는다면 자신의 정서와 삶을 스스로 무너뜨리는 것이며 또한 상대와 동료들에게도 큰 해를 입히면서 분열과 다툼만 격해질 것이다. 따라서 우리는 상생과 공존을 위해 서로 존중하고 아끼는 마음을 잃지 말아야 할 것이다. 특히 시기와 미움과 원한을 자극하지 않으려면 첫째가 되려는 마음, 아부하는 마음, 잘난 체하는 마음, 공명심을 앞세우려는 마음, 상대적 비교를 하는 마음 등을 지극히 경계해야 할 것이다.

그러므로 우리는 시기와 질투심이 표출되지 않도록 경계를 게을리하지 말아야 한다. 시기심은 우리가 아직도 육신에 속한 자임을 스스로 드러내는 악한 행위이다. 하나님(道)을 상실한 사람의 마음에서 나오는 것은 악한 생각 즉 도둑질과 살인과 간음과 탐욕과 시기 질투와 비방과 교만함이라 하였다. 시기 질투는 미움을 낳고 미움은 다툼을 가져오며 다툼은 비방과 험담 더 나아가서는 살인까지도 초래한다. 그래서 시기심은 처음 드러날 때 경계하지 않으면 자신의 정서와 영혼을 죽이게 된다. 시기심은 언제나 분별심과 상대적 비교의식에서 출발한다. 그러므로 자신의 생활 기준을 타인에게 맞출 것이 아니라 최고의 덕(上德) 즉 사랑에 맞출 것이다. 사랑은 앞에 서기보다는 뒤에 서기를 즐기고, 이기려 하기보다는 양보하여 상대를 높이려 하고, 대접받기보다는 대접하는 것을 기뻐하기에 사랑으로 사는 사람은 언제나 시기 질투를 할 줄 모른다. 그래서 늘 고요하고 평화롭다. 시기하지 않는 것은 시기하는 일로 인해 파생하게 될 모든 해(害)를 미리 예방하고 모두와 함께 평화를 나눌 수 있으니 사랑의 속성이라 한 것이다. 시기하지 않는 것은 인위적인 노력으로는 불가할 것이다. 무엇보다도 가난한 마음, 빈 마음을 이루는 것이 전제되어야 한다. 시기심을 드러내는 것은 자신에 대한 모욕이라고 하였고 또한 시기는 자신의 화살로 자신을 죽이는 행위라고도 하였다. 시기를 이길 수 있는 지혜의 뿌리는 신(神)적인 사랑뿐이다.

4. 사랑은 과시하지 않는다

　사랑은 결코 자랑하지 않는다(Love is never arrogant with pride;誇示)고 하였으니 자랑은 결코 사랑의 속성이 아니다. 사랑과 자랑의 연계가 궁금할 것이다. '사랑'을 감성(感性)으로만 생각한다면 자랑과 사랑이 서로 어울리지 않을 것이다. 그러나 '사랑'은 감성이 아니라 '실존적 존재'(存在)이다. 그래서 '사랑의 영'으로 보아야 한다는 것이다. 사랑의 영, 하나님, 신(神)으로 보면 지극히 겸손하여 자신을 드러내지 않기에 결코 자랑을 생각지 못하는 속성을 이해할 수 있을 것이다. 자랑이란 허영심과 허풍에서 유래하여 뽐내다, 과시하다, 자만하다 등의 뜻을 담고 있다. '나'를 다른 사람들 앞에서 돋보이도록 드러내고자 하는 표현을 자랑이라고 하는데 일종의 명예욕이라 할 수 있다. 그래서 스스로 자신의 입으로 자신이나 자신과 관련된 일에 관해 이야기할 때 으스대거나 뽐을 내는 모습을 보이게 된다. 특히 항상 우월감을 가지고 자신만만하게 사는 사람 중에는 자신도 모르게 자만심이 표출되어 잘난 체하는 모습이 비치면 상대방의 마음을 상하게 할 수도 있을 것이다. 자기 자랑은 자신의 부족이나 열등감을 감추기 위한 심리적 작용으로서 타인보다 우월하다는 착각을 일으키니 실속이 없는 허망한 짓이다. 또한, 자랑은 명예심의 작용으로서 우리가 공적 있는 일을 할지라도 스스로 자랑을 일삼는 것은 덕이 부족한 부끄러운 짓이거늘 괜한 공명심을 드러낼 일은 아니니 자랑이나 과시욕은 사랑의 성질이 아니다.

천지와 만물의 근원이 하나님이지만 하나님은 그 만물을 상대로 뽐을 내거나 으스대는 일이 없으며, 스스로 과시하지도 않으니 이것이 바로 지극한 겸손(下心)이요 가난한 마음(虛心)이다. 사랑 하나님은 언제나 공적이 있어도 그 공적을 행한 적이 없는 듯 무심할 뿐 아무것도 자랑하고픈 욕구가 전혀 발생하지 않으니 늘 마음이 고요하고 평정하여 흔들림이 없다. 반면에 사람은 신의 형상을 따라 지음을 받았음에도 불구하고 명예욕이 앞서 작은 공적도 누가 알아주기를 기대하는 마음에서 스스로 자랑을 늘어놓는다. 왜 그럴까? 사람은 돈과 재물과 지식과 지혜와 기술과 소유와 소비와 문명과 문화 등을 활용하거나 누리고 있을 때 무심코 그 누림 자체를 '자신'의 실체로 착각하기 때문이다. 그래서 그 활용들을 통해서 자신의 능력이나 재능 등 똑똑함을 드러내어 자랑하는 것이다. 나의 실체 나의 정체성은 뽐내고픈 자랑거리에 있는 것이 아니다.

　인간의 본래 형상은 무형의 영체(靈體)로서 이를 생령(生靈)이라 하여 영혼의 품성인 영성(靈性) 곧 사랑의 영성이 곧 인간의 정체성이요 실체이다. 따라서 우리는 신의 형상인 사랑으로의 존재적 가치를 다하여 언제나 겸손함을 이루어 그 무엇으로도 뽐내며 자랑스럽게 여기는 것이 없어야 할 것이다. 자랑거리가 곧 '나'로 착각을 일으키니 '나'가 없다면 자랑도 없을 것이다. 자기 부정은 가난한 마음이요 지극히 낮아지는 것을 의미하니 항상 자아의 일어섬을 알아채고 곧바로 다스리는 훈련이 거듭되어야 할 것이다.

　명예욕도 욕심의 한 부분이기에 시기 질투와 미움 및 험담 등을 유발할 수 있으니 이는 덕(德)에 미치지 못하는 수치스러운 일이다. 물론 직업적으로 사람들 앞에서 자신의 재능이나 기술 등 소질을 드러내야 하는 경우들도 많지만, 그 소질 역시 삶의 한 부분으로서 공기의 존재를 느끼지 못하듯이 자신의 재능도 남다른 재능으로 느끼지 않는 것이다. 타고난 저마다의 소질을 삶으로 드러내는 것이 조금도 특별할 것이 없다는 겸허한 마음을 지닌다면 명예심이나 공명심 등으로 자랑할 것이 없을 것이다. 만일 자랑하고 인정받고 칭찬 듣는 것으로 삶의 보람을 느낀다면 홀로 있을 때 공허함이 반복되면 심리적 압박으로 인한 정신적 질환을 얻을 수도 있을 것이다. 또한, 자신이 늘 특별한 대우와 대접을 받아야 한다고 의식을 한다면 교만한 사람이 되기에 십상이니 자랑하고픈 마음은 항상 경계해야 할 악의(惡意)이다.

그리고 자랑하는 일을 대수롭지 않게 여기거나 당연시하며 스스럼없이 자랑한다면 때때로 다른 사람의 마음을 흔들어 부러움을 사게 하거나 시기심을 부추기거나 과한 자랑에 감정을 상하게 하는 경우들이 있음을 염두에 두어야 할 것이다. 나는 자랑을 하여 기분이 좋아지지만, 상대에게는 보이지 않는 심리적, 정신적인 해(害)를 끼치게 되는 것이다. 그러면 미움이나 험담의 대상이 될 수도 있으니 여러모로 자랑은 결코 덕스러운 일이 아니다. 그래서 사랑의 속성은 언제나 겸손하여 자신을 드러내지 않으며 공적이 있어도 자랑할 것이 없음이다.

때때로 우리는 상대방을 치켜세우는 일들을 흔히 볼 수 있다. 그러면 당사자는 겉으로는 겸손의 모양을 취하지만 속으로는 의기양양해지거나 우쭐하는 마음이 생긴다. 사람을 추켜세우는 칭찬 세례는 본인이 듣기에는 좋으나 자신의 우쭐함이 자신을 특별한 사람으로 인식하게 되어 겸손과 순수성을 잃을 수가 있다. 그래서 자신을 바라보는 이들의 시선을 의식하면서 공연히 품위 있는 격을 인위적으로 연출을 하게 된다. 그러다 보면 두 개의 얼굴 모습을 지닐 수도 있으니 결코 자랑에 흔들리지 말 것이다. 자랑과 칭찬이 반복되다 보면 자만해지기 쉽고 거들먹거리게 된다. 그리고 그 자만심이 때로는 제 꾀에 스스로 넘어가 자신을 그르치게 한다는 사실을 겸허히 받아들이고 항상 자랑과 자만을 경계해야 할 것이다. 많은 사람이 문명과 문화의 혜택 누리는 것을 자랑으로 여기고, 자신의 신분을 과시하며, 돈과 재물이 많은 것으로 의기양양해 하고, 아는 것이 다양한 지식을 뽐내거나, 남다른 언변이나 재능과 기술로 우쭐한다. 또한, 교회 성직자들은 대형 교회당이나 고가의 내부 시설이나 교인 규모 등에 따라 우쭐대면서 권위의식이 상승하기에 십상이다. 겸손의 본이 되어야 할 지도층이 겸손을 잊고 있다면 지도자의 자질이 크게 결여되는 것이다.

그래서 하나님은 이렇게 말씀하신다. "이 땅에 사는 모든 사람이여, 높은 사람이나 낮은 사람이나 부자나 가난한 사람이나 다 들어 보시오. 나의 입은 지혜를 말하겠고, 내 마음은 명철에 관한 것을 말하겠다. 그들은 자기들의 신분과 돈을 믿고 사는 사람들이며, 자기들의 재물을 자랑하는 사람들이다. 재산이 늘어난다 하더라도 그곳에 마음을 두지 말라. 사람은 자신의 목숨을 돈 주고 살 수 없다. 돈을 많이 낸다고 사람이 영원히 살고, 돈이 많다고 죽지 않는 것은 아니다. 지혜 있는 사람도 죽고, 어리석은 사람도, 멍청한 사람도 모두 죽는다. 그리고 무덤이 영원히 그들의 집이 될 것이며, 묘지가 대대로 그들이 사는 집이 될 것이다. 그들의 이름으로 땅을 사지만 결국 다른 사람들이 그 땅을 차지하게 될 것이다. 사람이 아무리 돈이 있어도 영원히 살지는 못한다. 동물처럼 그들도 죽을 것이다. 이것이 자신을 굳게 믿는 사람들에게 일어나는 일이며, 그들의 말을 따르는 사람들이 치르는 대가이다. 그러나 하나님은 내 영혼을 무덤에서 건지실 것이다. 이는 그분이 나를 붙드시기 때문이다. 어떤 사람이 부자가 된다고 하여 부러워하지 말라. 어떤 집이 번성한다고 하여 못마땅하게 생각하지 말라. 사람은 죽을 때에 자기 소유를 가져가지 못하고, 그가 쌓은 영광이 그 사람을 따라가지 못하기 때문이다. 그는 반드시 그 조상들이 있는 곳으로 돌아갈 것이다. 그는 더는 빛을 보지 못할 것이다. 사람이 아무리 돈과 명예와 권력이 있어도 깨닫지 못하면 멸망하는 동물들과 같을 뿐"(시편 49편 1-20)이라고 하였다.

그리고 예레미야 선지자도 이렇게 호소한다. "지혜로운 사람은 자기의 지혜를 자랑하지 말고, 힘 있는 사람은 자기의 힘을 자랑하지 말며, 부유한 사람은 자기의 부유함을 자랑하지 말라. 오직 자랑하고 싶은 사람은 나를 깨닫고 아는 것을 자랑하고, 나 여호와가 자비롭고 공평하다는 것을 자랑하고, 내가 땅 위에서 올바른 일만 한다는 것을 자랑하여라. 이런 자랑이 나를 기쁘게 한다"고 하였다. 오직 하나님의 은혜와 사랑만을 스스로에게 고백하고 경외하라는 것이다. 그러나 우리의 자랑에는 하나님은 드러나지 아니한 채 자신의 자랑거리만 드러나고 있다. 목회의 성공과 실패를 의식하며 대형화되는 것을 가장 영예롭게 생각하고, 신분과 명예의 상승으로 우쭐대며, 사람을 상대할 때 차별을 두고, 최고급의 문명과 문화와 의식주로 대접받는 것을 당연시하고, 높은 연봉과 사례비를 받으며 부(富)를 축적하고 심지어는 교회를 사유화하여 세습하면서 부끄러운 편법을 지혜롭고 자랑스럽게 여기는 교회 지도자들이 곳곳에 널려 있다. 교회 직분을 계급으로 인식하고, 목회자 측근들은 덩달아 우쭐대며 자만과 위선을 보인다. 이런 모습들은 스스로 똑똑하고 현명하고 지혜롭다고 자만해 하는 어리석은 사람들의 전형적인 모습이다.

반면에 사도 바울은 여러모로 자랑할 것이 많았지만 그는 자신을 가장 낮은 자로 여기고 늘 겸허하였다. 하나님은 지혜롭다고 생각하는 사람들을 부끄럽게 하시려고 세상의 미련한 것들을 선택하셨고, 강한 것들을 부끄럽게 하시려고 세상의 약한 것들을 선택하셨으며, 세상에서 멸시받고 비천한 사람들을 선택하고 힘 있는 자들을 버리셨다고 하며 이것은 하나님 앞에서 어느 사람도 자랑하지 못하게 하기 위해서라고 하였다. 그러면서 그는 자랑하는 자는 오직 주(主)안에서 자랑하라고 하였다. 우리는 스스로 그리스도인임을 자처하며 하나님을 알고 예수 믿는 것을 신앙의 자랑으로 여긴다. 그러나 우리의 신앙과 믿음은 도리어 하나님을 욕되게 하고 있음을 인지하지 못하고 있다. 우리는 미련보다는 지혜를, 약함보다는 강함을, 멸시와 천대보다는 극진한 대접과 대우를 하나님의 축복으로 여기고 있다. 다시 말하면 우리는 늘 낮은 마음보다는 높은 마음에 빠져 있다. 늘 하나님의 마음 반대편에 있으면서 하나님을 안다고 주장한다. 우리는 예수의 십자가 말고는 아무것도 자랑할 것이 없으니 십자가의 사랑이 바로 주 안에서 자랑할 것이다. 그리스도의 십자가를 통해 세상은 나에 대해서 죽었고, 나는 세상에 대해서 죽은 것이기 때문이다.

우리는 진정 세속에 대해서는 자기 비움이라는 신앙적 본심을 따라 자랑할 것이 없어야 한다. 그러므로 물질적인 부와 명예를 자랑할 것이 아니라 하나님으로 인한 영적인 부와 명예를 심중(心中)에서 다행으로 여길 뿐이다. 이 세상에는 악한 것들로 가득하다. 그것은 바로 육신을 즐겁게 해 주는 것들과 우리 눈을 즐겁게 해 주는 것들 즉 우리의 삶에 대해 자랑하는 것들이다. 이러한 것들은 하나님에게서 나온 것이 아니라 세상으로부터 나온 것들이다. 우리가 하나님으로 부유하지 못하고 세속으로 부유한 것을 자랑으로 여기며 우쭐대며 자만에 빠지는 것은 곧 어두운 지옥에 빠지는 것과 다름이 없다는 것을 깊이 인식해야 할 것이다. 자랑하지 않는 것은 자랑하는 일로 인해 파생하게 될 모든 해(害)를 미리 예방하고 모두와 함께 평화를 나눌 수 있으니 사랑의 속성이라 한 것이다. 자기 자랑을 넘을 수 있는 것은 무엇보다도 나보다 남을 더 낫다고 여기는 마음, 즉 가난한 마음, 빈 마음을 이루어야 할 것이다.

5. 사랑은 교만을 모른다

　사랑은 결코 교만을 부리지 않는다(Love is never arrogant;驕慢)고 하였으니 교만하지 않은 것 즉 지극히 겸손한 모습이 곧 사랑이라는 말이다. 이는 교만을 모르는 것이 사랑의 속성이라는 말이다. 교만이란 헛되이 과장하다, 자만하다, 거만하다, 오만무도하다, 거드름을 피우다 등의 뜻으로서 '겸손'(謙遜)과 대비를 이룬다. 교만한 마음은 상대방보다 자신이 우월하다는 의식에서 출발한다. 사람은 항상 무의식중에라도 상대적 분별 의식을 가지고 타인과 비교하는 습관을 지니게 되었다. 그리고 자신보다 우월하다고 판단되면 몸을 낮추고 자신보다 열등하다고 판단되면 우쭐함과 함께 허세를 부리고 싶어 교만한 마음이 꿈틀거린다.

　대부분 사람은 타인의 지배를 받기보다는 지배하는 위치에 있는 것을 선호하기 때문에 그 심리가 교만으로 나타나는 것이다. 인간도 동물성이 있어 서열을 확인하면서 자신보다 낮아 보이면 슬며시 고무풍선처럼 자신을 부풀리어 허세를 부리다가 익숙해지면 자만과 거만한 태도를 보이며 거드름을 피워 상대를 내려다보는 교만을 보인다. 그래서 교만은 사람이 갖추어야 할 기본적인 예(禮)를 상실할 때 거침없이 드러난다. 예의(禮義)란 사람이 마땅히 지켜야 할 예절과 도리를 말하는데 예법은 배워서 되는 것이 아니라 사람의 본성으로 이미 우리 안에 내재해 있다. 교만은 마치 풍선 속의 공기와도 같아 지나치면 풍선이 터지듯이 교만이 만용(蠻勇)이 되면 결국 자신을 해치고 상대도 해치게 되는 정신적인 상해(傷害)가 되는 것이다. 그래서 상대에게 교만을 부리지 않는 것이 곧 사랑이라는 것이다.

교만은 어제오늘의 문제가 아니다. 사회 각계의 지도층이나 상류층 사람 중에서 교만과 오만무도함으로 사회적 물의를 일으키는 사람들이 많다. 사회적 신분이나 경제적 신분 등을 계급이나 힘으로 알고 스스로 자만하여 말과 행동을 함부로 행하는 사람들이 의외로 많다. 그 언어폭력과 성폭력 등으로 인하여 깊은 상처를 입기도 하고 때로는 불이익까지 받기도 하니 그 억울함을 해소할 길이 없다. 또한, 내 편이 아니면 노골적으로 상대방 또는 상대편에게 불이익을 주면서도 정당화 내지는 합리화하면서 스스로 자랑스러워 한다. 심지어는 자신의 부정과 불의는 증거 인멸을 하면서 정당화하고 억울함을 호소한다. 그리고 일방적인 비난을 앞세우면서 사회적 분열과 혼란을 일으키는 사람들도 있으니 참으로 교만은 사람과 사회를 해치는 무기가 될 뿐이다.

인간은 사회적 동물이라는 말은 신분의 고하를 막론하고 평등하고 동등한 관계에서 서로의 필요를 주고받는 나눔의 개념에서 공동체의 유익함을 정의한 명제일 것이다. 그런데 사람이 사람을 무시하고 업신여기며 함부로 대해도 된다는 사고방식은 자신의 품격을 스스로 저하(低下)시키는 어리석음이다. 교만과 만용을 부리는 것은 이웃 나라가 내 나라에 침략하여 온갖 짓으로 짓밟는 행위와 다름이 없는 악행(惡行)이다. 교만을 부릴 때 자신의 신분을 뽐내고, 상대방을 빈정거리며, 언성을 높이고, 욕설을 퍼붓고 심지어는 구타까지도 서슴지 않는 일련의 모습들은 가장 무식하고 질이 낮은 행동이다. 겉으로 드러난 추악함은 그의 속마음의 추악함이 그대로 반사되어 나오는 것이니 사람의 탈만 썼을 뿐 버릇없는 짐승이라 할 것이다.

사회적 신분과 경제적 능력 등을 떠나 동등하고 평등하다는 의식이 결여되어 사람 위에서 군림하려고 하는 것은 사회 조직을 계급으로 인식하기 때문이다. 신분이나 직급은 계급이 아니다. 일의 업무 분담을 위한 직급이요 호칭일 뿐이다. 아래 사람이라고 여기는 그 사람들이 없다면 그 궂은일들을 자신이 해야 하는데 해주는 사람이 있으니 얼마나 고마운 사람들인가? 어느 기관이나 기업이나 사회 조직 등에 있어서 인권을 무시 받아도 되는 사람은 단 한 사람도 없다. 서로의 유익을 나누기 위해 공존하고 상생해야 할 가족이요 동역자이다. 내가 '돈'을 주는 주체라고 해서 소위 갑질을 행사해도 된다는 의식은 악취 나는 쓰레기와 같은 짓이다. 그 돈은 노동이나 근로의 대가로 생각할 것이 아니라 고마움을 표현하는 사례비(謝禮費)로 인식의 변화를 주어야 한다. 지금까지는 대부분 서로가 대가로 인식하고 각종 갑질을 행사하거나 갑질을 당해도 부득이 참을 수밖에 없었지만, 누구든지 어느 자리에 있든지 무슨 일을 하든지 모두 동료로 생각할 수 있는 인식의 변화가 있을 때 품격 있는 사람, 품위 있는 사회와 조직이 되는 것이다. 이런 모습이 진정 선진화된 사회가 아니겠는가? 그래서 사람 위에 사람 없고 사람 아래에 사람 없다는 의식이 편만할 때 교만과 오만무도함은 사라질 것이다.

겸손(謙遜)은 상대방 앞에서 자신을 낮추는 마음이기에 상대방에 대한 존중(尊重)이 앞서야 한다. 존중이란 상대의 신분을 떠나 인격적으로 높이 여기고 조심스럽게 대하는 마음가짐을 말하는데 존중하는 것이 곧 사랑하는 것이다. 하나님은 우주의 천체와 자연의 만물 그리고 사람의 근원이 되지만 주인 의식이나 통치 의식을 가지지 않아 소유하지 아니하고, 다스리지 않으며, 제 뜻대로 하려고 고함이나 억지를 부리지 않는다. 구약성경을 보면 하나님은 위엄이 있어 무섭고, 상선벌

악(賞善罰惡)의 주체자로 기록되었지만, 이것은 본래 하나님의 모습이 아니다. 성경을 쓴 저자들이 하나님을 임금 이상으로 경외하고 순복할 것을 강조하기 위한 필법(筆法)이라고 생각한다. 하나님은 겸손 그 자체이며 사랑이 그 본질이기에 지금까지도 죄인 된 우리를 향해 오래 참으시며, 온유하시고, 겸손하시고, 무례히 행하지 않으신다. 조물주 하나님도 행하지 않는 악행들을 인간이 행하고 있다는 것은 하나님을 모르고 아니 하나님 없이 자신이 하나님인 듯하는 사람들이니 이것이 교만과 오만무도의 극치인 것이다.

'사랑'이 곧 하나님이기에 하나님은 높고 높은 보좌를 위엄으로 지키는 것이 아니라 세상 사람들 가운데에 편만이 공존해 있다. 그리고 하나님은 신분이 고고한 사람들을 만나는 것이 아니라 가난하고 병든 사람들과 소외당하는 사람들 그리고 죄인 취급받는 사람들과 함께한다. 예수는 본래의 조물주 자리에 머물지 아니하였기에 그의 생애에서 높고 고귀한 자태를 뽐내거나 우쭐대며 교만을 부린 일이 전혀 없다. 도리어 조롱과 경멸과 핍박 그리고 십자가 형틀에서의 비참하고 고통스러운 죽음을 선택하였다. 그는 항상 마음이 가난하여 욕심을 모르고, 시기와 자랑도 모르며, 항상 겸손하고 온유한 마음을 베풀 뿐이었다. 따라서 믿음만으로의 구원과 영생을 주장하는 것은 한쪽으로 치우친 편협한 교리이기에 바른 이해가 요구된다. '믿음'이란 단지 예수 그리스도가 하나님의 아들이요 인간의 죄에 대해 속죄한 구세주이며 다시 재림하여 심판의 왕으로 오실 메시아임을 교리적으로 신뢰하는 것을 의미하는 것이 아니다. 예수를 믿음으로 구원을 얻고 영생을 누린다는 진리에서 '믿음'을 '사랑'으로 바꾸어 보면 믿음의 본질과 그 의미를 바르게 이해할 수 있을 것(고린도전서 13:1-3)이다.

하나님은 당신의 뜻과 정신을 따르지 아니하는 자들을 교만하다고 하며 겸손한 자를 구원한다 하였고, 또한 교만과 거만과 악한 행실과 패악한 입을 미워한다 하였다. 교만한 자는 무죄한 자들의 피를 흘리게 하고, 그들의 손과 발은 선량한 사람들을 짓밟는다. 교만은 선한 마음에 깊은 상처를 줄 뿐 선한 권면에는 귀를 기울이지 않는다. 눈이 높은 것과 마음이 높은 것은 자신을 파멸로 이끄는 자해(自害)와도 같은 어리석음이다. 그래서 무례하고 교만한 것은 멸망의 선봉이지만 겸손은 존귀의 길잡이라 하였다. 그러므로 우리는 언제나 겸손과 함께하며 마음을 늘 낮출 줄 아는 지혜로 살 것이다. 사람이 교만하면 바닥으로 떨어지지만 겸손하면 영예를 얻게 된다. 교만과 오만함은 사람을 무시하고 업신여기지만, 겸손은 사람을 존중하고 사랑할 줄 안다. 교만의 눈에는 나만 보이지만 겸손의 눈에는 나는 보이지 않고 이웃과 세상만 보인다.

교만은 사람을 이용하여 자신의 이득만을 챙기지만, 겸손은 자신을 희생해서 널리 이롭게 한다. 그래서 교만은 사랑에는 눈이 먼 자의 것이요 겸손은 사랑에 눈을 크게 뜬 자의 것이다. 교만은 사랑을 무시하지만, 겸손은 사랑을 떠나지 않는다. 그러므로 교만하지 않은 것은 교만한 일로 인해 파생하게 될 모든 해(害)를 미리 예방하고 모두와 함께 평화를 나눌 수 있으니 교만을 모르는 겸손은 사랑의 속성이라 한 것이다. 겸손은 무엇보다도 가난한 마음, 빈 마음을 이루는 것이 전제되어야 한다. 빈 마음이 곧 사랑 자리이며 또한 겸손의 뿌리는 사랑이다. 하나님은 언제나 자신의 존재를 잊고 있기에 권위와 교만을 모르니 이것이 하나님의 순수한 존재적 사랑이다.

6. 사랑은 무례를 범하지 않는다

　사랑은 결코 무례히 범하지 않는다(Love is never rude;無禮)고 하였으니 무례하지 않은 것도 사랑이라는 말이다. 사랑이란 곧 '존중'으로서 무례하지 않은 것은 존중함이요 그래서 사랑이라는 것이다. 무례함이란 버릇이 없는, 교양이 없는, 보기에 흉한, 강요하다, 불쾌하게 행동하다 등 부당한 행동이나 말도 안 되는 행동으로서 사람들에게 잘못된 방식으로 대하는 태도를 말한다. 앞 장에서 살펴본 바와 같이 시기나 자랑하는 마음 그리고 교만한 마음이 있다면 그 언행은 당연히 무례하게 될 것이다. 이러한 사람들은 타고난 하늘의 본성을 상실한 자들로서 사람에 대한 예(禮)와 도리(道理)와 상식을 벗어난 사람들이니 못된 짐승의 성질이 나오는 것이다. 그래서 사람에 대한 존중심을 버린 무례함은 천하고 수치스러운 행동이기에 크게 부끄러워해야 할 행위이다. 사랑은 결코 다른 사람에게 상식을 벗어난 난폭한 언행이나 버릇없는 행동을 취하여 몸과 마음에 상처를 주지 않는다. 어느 사람이든지 차별하지 아니하고 윗사람에게는 존경심으로 대하고 아랫사람에게는 친절과 겸손함으로 대한다. 품위가 낮아 천한 막말이나 이치에 맞지 않는 허황한 망언을 하지 않는다. 비난하거나 억지를 부리지 않으며 질서나 지위를 무시하지 않는다. 사랑은 도(度)가 지나치거나 격에 맞지 않는 모든 언행은 본래 행할 줄 모른다. 도(道)를 떠나 기본적인 상식도 없는 사람들이 무례를 범하는 것이니 이런 사람들은 사람을 존중할 줄 몰라 안하무인이나 교양이 없는 사람이다.

최근 사회 지도층 가운데 많은 사람이 무례함을 거침없이 행하고 있어 실망감을 넘어 절망감을 주고 있다. 특히 정치인들 가운데 막말과 망언과 비난 등으로 오만을 부리며 무례를 범하면서도 양심이 죽었는지 더 큰소리를 낸다. 도무지 당치도 않는 소리로 억지를 부리면서 자신을 스스로 영웅시하고 돋보이고 싶은 모양이나 상식 있는 사람들에게는 절망감을 줄 뿐이다. 무례함은 본(本)이 되지 않는 지극히 천한 행동인 것을 깊이 인식하여 품위를 잃지 말고 신분의 격 아니 사람의 격에 맞는 행동을 해야 할 것이다. 어디 정치계뿐인가? 각계의 지도층으로부터 소시민계층에 이르기까지도 다른 바 없는 무례한 언행들이 여기저기에서 쏟아져 나오고 있다. 심지어는 교육계나 종교계에도 다르지 않으니 우리나라의 정신문화 수준이 이렇게까지 저급한가를 의심할 정도이다. 사람들의 성품이 온순 쪽으로 가야 하는데 점점 더 사납고 거칠어만 간다. 이런 현상은 신분이나 경제적으로 낮은 계층보다는 신분이 높고 경제적 사회적으로 안정된 사람들 가운데서 더 많이 발생하고 있다. 사람을 사람 되게 하는 것은 신분과 경제력과 권력이 아니다. 강자들의 무례한 언행은 당하는 사람들에게는 평생 잊을 수 없는 깊은 상처와 절망감을 주고 있으니 이는 정신적 살해 행위라 하지 않을 수 없다.

　왜 이렇게까지 전반적으로 버릇없고 예의가 없으며 사납고 거칠어지고 있는가? 근본적으로 물질 만능 사상에 젖어 있어 그럴 것이다. 양심과 상식과 법도를 넘어서라도 출세하고 성공하면 타인의 부러움을 받으며 사는 힘(力)이 생기는데 재력과 신분과 권력 등이 곧 자신이라고 착각을 하고 무리한 무례를 범하는 것이다. 사람이 사람 노릇을 하는 것이 아니라 신분과 재력이 곧 권력이 되어 그 '힘'이 사람 노릇을 하고 있으며, 사람을 사람으로 보는 것이 아니라 '힘'으로 보고 강한 힘으로 약한 힘을 얕잡아 보는 것이다. 그래서 버릇이 없고, 함부로 대하고, 무시하고, 비난하고, 폭행하고, 막말을 던지는 것이다. 사람이 나라와 세상을 다스리는 것이 아니라 '힘'이 나라와 세상을 통치하려고 한다. 그 힘의 작용으로 사람들은 갈수록 사나워지고 대인관계의 진정성도 사라지고 있다.

가족 간의 우애와 친구 간의 우정과 이웃 간의 정(情) 그리고 동료 간의 신뢰를 찾아보기 힘든 세상이 되고 말았다. 마음속에 '정'이 담기지 않고 '힘'이 담겨 있으니 심지어는 청소년들도 친구나 어른들까지 얕잡아 보고 함부로 대한다. 돈과 인기와 명예와 권력을 얻으면 더욱 몸을 낮추어 겸손하고 친절하고 공손할 줄 아는 덕(德)이 성숙해야 하는데 엉뚱하게도 잘난 체와 우쭐함과 교만 그리고 무례함만이 성숙하고 있다. 말과 행동을 보면 그 사람이 어떤 사람인지 안다. 말과 행동이 곧 그 사람이다. 그 언행은 마음에서 비롯되는 것이니 마음은 곧 그 사람의 정체성으로서 정신이요 얼굴이다. 마음이 선하면 선한 것이 나오고, 마음이 악하면 악한 생각과 언행이 나오는 것은 자연의 이치이다. 우주의 천체는 천체 노릇을 하고, 자연의 만물은 만물 노릇을 하듯이 사람은 사람 노릇을 해야 한다. 사람이 사람의 탈만 쓰면 사람이 아니고 사람 노릇을 해야 사람이다.

그런데 언제부터인지 사람의 탈만 사람일 뿐 속은 사람 같지 않은 사람들이 사람대접을 받고 있다. 아니 사람대접을 해주는 척하는 것이다. 억지라도 관계를 유지해야 자리 보존이 가능하기에 거짓으로 대우하고 대접하는 것이다. 이것을 모르고 대우받는 것만을 즐기고 이 사람 저 사람에게 무례한 언행을 서슴지 않는다면 거짓과 위선을 먹고 사는 사람이니 참으로 어리석은 사람이다. 그러므로 진정 타의에 모범이 되어 존중도 받고 존경도 받는 것을 명예로 아는 사람이 훌륭한 사람이다. 무례한 사람은 무례한 사람을 동조하고 옹호하며 추켜세우기에 더욱 무례함으로 기승을 부리는 것이다. 부질없이 군중심리에 휩쓸리면서 함께 무례한 집단행동으로 교계와 사회를 혼란스럽게 하는 부끄럽고 수치스러운 행동은 이제 멈추어야 할 것이다.

사랑은 결코 어느 사람이든지 아래(下)로 보지 않고 동등하고 평등하게 본다. 우리는 조직(組織)을 수직적 관계로 인식하고 있어 계급 사회로 보지만 본래 조직은 수평적 관계로서 모두가 평등한 것이다. 다만 업무의 효율성을 위해 분담하는 직무에 따라 부르는 호칭이 있을 뿐이지 그 자체가 계급은 아니다. 그러나 사회와 교회는 언제나 계급의식을 가지고 권위와 권력으로 조직을 다스리려고 한다. 그래서 때로는 교만이나 무례한 언행이 튀어나와 자신의 품격을 스스로 떨어뜨리고 상대에게는 깊은 상처를 준다. 사람이 사람을 판단하고 심판하거나 정죄를 하는 것 자체가 무례요 교만이다. 실수나 잘못이 눈에 띄어도 무례한 호통으로 할 것이 아니라 겸손한 권면으로 할 것이다. 그러면 미안함과 고마움으로 따를 것이다.

사람이라면 기본적으로 남녀노소, 신분의 고하, 경제적 능력 등을 초월하여 사람을 사람으로 대접할 줄 알아야 한다. 존경은 아니더라도 존중은 할 줄 아는 사람이 사람이라는 것이다. 사람 존중은 천성적으로 자신을 낮출 줄 아는 사람의 몫이다. 본체가 하나님이신 예수는 자신의 신분이나 능력과 상관없이 모든 사람을 차별 없이 인애와 자비와 사랑으로 만났다. 특히 가난하고 병들어 힘겹게 사는 사람들을 자주 찾았으며, 정신적으로 방황하거나 갈등을 겪는 사람들도 찾았고, 심지어 죄인으로 낙인찍힌 사람들도 자비와 사랑으로 위로하고 격려해 주었다. 더 나아가서는 자신을 조롱하고 비난하고 배반하고 핍박을 하는 사람들에게까지도 관용할 뿐 업신여기거나 무시하는 무례한 언행을 할 줄 몰랐다.

그러나 당시에도 종교 지도자들과 권력을 가진 정치인들은 예수에게 무례함을 남발하였다. 교만과 오만의 극치가 곧 무례함이 아닌가? 그래서 무례한 일로 인해 파생하게 될 모든 해(害)를 미리 예방하고 모두와 함께 평화를 나눌 수 있으니 무례히 행하지 않는 것을 사랑의 속성이라 한 것이다. 바른 예의(禮義)는 무엇보다도 가난한 마음, 빈 마음을 이루는 것이 전제되어야 한다. 빈 마음이 곧 사랑 자리이며 또한 예의의 뿌리는 사랑이다. 사랑은 언제나 예(禮)를 벗어나지 않는다. 그러므로 사랑의 사람으로 거듭나 사랑이 곧 '나'임을 고백할 수 있도록 쉼 없는 자기 수행을 하는 것이 곧 신앙과 믿음이요 기도가 되어야 할 것이다.

7. 사랑은 사욕을 구하지 않는다

사랑은 결코 사욕을 구하지 않는다(Love is never selfish;私慾)고 하였으니 존재적 '사랑'은 언제나 사사로운 욕심을 부리지 않는다는 말이다. 사욕이란 자기 유익, 자기 이익, 자기주장 등 자기의 것 즉 이기적인 욕심을 말한다. 대부분 사람은 자기애(自愛)가 강한 본성을 가지고 있기에 '나'에 대한 관심이 집중되어 다른 사람이 가려져 있으니 이기적일 수밖에 없다. 다른 사람들보다 내가 더 소중하여 항상 '나의 것'이 먼저이다. 나는 더 사랑받아야 하고, 내가 더 소유해야 하고, 내가 더 많고 넓고 높아져야 하며, 나는 용서받아야 하며, 내 생각과 내 주장이 먼저 앞서야 한다는 의식이 잠재되어 있다는 것이다.

이렇게 역사의 중심에는 내가 있고, 삶의 중심에도 내가 있기에 그 '나의 것'을 충족하기 위해서 욕심으로 인한 경쟁과 불의와 다툼 등이 생기는 것이다. 그런데 문제는 욕심에는 한계가 없다는 것이다. 사랑받을수록 더 사랑받고 싶고, 소유할수록 더 소유하고 싶고, 더 잘 살고 싶고, 더 인기와 명예를 누리고 싶은 것이 타락한 인간의 본성이다. 여기서 '~더'가 '사욕'이 되는 것이다. 적당하고 알맞음에 자족(自足)을 알아 멈출 줄 아는 것이 성현들의 가르침의 핵심이다. 비움이라고 해서 아무것도 없어야 한다는 의미가 아니다. 비움은 곧 무욕(無慾)이다. 무욕이란 최소한의 필요에서 '~더'를 요구하지 않는 가난한 마음이다.

무욕과 비움과 나눔은 한 나라의 통치자와 각계의 지도층들 그리고 성직자들이 앞서서 본(本)을 보여야 할 책임과 의무를 신으로부터 부여받은 사람들이다. 그들은 알든 모르든 신의 종(從)으로 선택받고 부름을 받은 사람들이다. 그런데 누구보다도 지도층에 있는 사람들이 앞서서 과욕(過慾)을 부리고 있다. 그 과욕이 분명 불법이요 불의임에도 불구하고 억지를 써서 합법적인 정의로 둔갑시켜 부와 명예와 각종 특혜를 누리며 영예스럽게 우쭐대고 있다. 심지어는 다른 사람들이 그럴지라도 세속의 흐름을 따르지 말아야 할 성직자들까지 함께 휩쓸려 불법과 불의와 독선을 부리면서 부와 명예를 누리고 신의 축복으로 포장을 하고 있다.

세속에는 눈이 밝고 진리에는 어두워 신의 뜻을 왜곡한 채 기복(祈福)이 신앙과 믿음의 전부인 양 힘주어 강조하고 있는 것이 곧 불법이요 불의이다. 건강과 출세와 성공은 신앙과 믿음이 만들어 주는 것이 아니다. 그것은 정당한 노력의 결과로 얻어지는 것이다. 진정한 신앙과 믿음은 무욕과 자족과 비움과 나눔에 있는 것이며, 이것이 모든 진리의 가르침이요 신의 뜻이다. 그래서 예수가 새로운 계명을 일깨우고 그 본(本)을 보이지 않았는가? 예수와 반대 길을 가면서 하나님과 예수의 이름을 평생 부르며 예배한다고 해서 신앙이 아니고, 성직자나 신자도 아니며, 설교도 아니다. 교회는 기복을 바라는 거짓된 사설(邪說) 집단이 아니다. 그러므로 교회는 무욕과 자족과 비움과 나눔으로 진정 거듭나야 할 것이다. 나를 부정하고 내가 죽어야 한다는 말은 다름 아닌 이기와 욕심을 두고 하는 말이다. 그러면 무욕과 자족이 가능해진다. 세속적으로 죽고자 하는 자는 영적으로 부유해지고, 세속적으로 살고자 하는 자는 영적으로는 메말라진다고 하지 않았는가? 양심(良心)이 죽으면 욕심(慾心)이 산다.

세상 사람들이 욕심과 과욕을 부린다 하여도 신 또는 하나님을 신앙하는 사람들만은 그것에서 출애굽하여 자유로워야 한다. 나눔의 사랑은 자족의 지혜에서 나오고 자족의 지혜는 만인이 평등해야 함을 안다. 인류는 신의 형상을 따라 지음을 받은 우리와 동등한 형제요 자매이며 어버이다. 이것을 알아야 진정 이웃을 내 몸처럼 사랑할 수 있다. 몸으로는 혈통이 달라도 영으로는 모두가 '한 근원'에서 나온 동등한 공동체요 가족이다. 우리는 진리에 대한 육적인 해석을 버리고 영적인 깨달음으로 신앙과 삶의 역사를 이어가야 한다. 초대 교회와 그 성도들이 유무상통할 수 있었던 것은 자족과 무욕과 비움이 나눔으로 이어진 것이다. 그들은 하나님의 사랑을 깨닫고 영성이 회복되니 돈과 명예와 문명에 대한 욕심과 과욕이 무의미함을 안 것이다. 그래서 그들은 자기의 유익이나 이익을 챙기지 아니하고 사사로운 욕심을 포기할 수 있었던 것이다. 이제라도 교회는 참회하고 교회 내외의 약자들에게 그동안의 무관심과 외면에 대한 배상을 부의 나눔으로 시작해야 할 것이다.

　사람이 때로는 '자유'와 '권리'를 오해하고 무엇이든 할 수 있는 자유와 권리를 앞세우며 내가 원하는 대로 소유하는 것이라고 주장한다. 그러나 이런 심리가 이기적이라는 것은 잊고 있다. 이기(利己)란 자기 자신만의 이익을 꾀하는 일로써 이타(利他)적 정신이 결여된 것이니 '이기'는 불의(不義)가 되는 것이다. 자유와 권리를 자기의 것으로만 제한하여 생각한다면 이것은 자유와 권리의 오남용이다. 누구든지 자기의 유익과 이익만을 생각하지 말고 타인의 유익과 이익도 함께 공유할 수 있도록 양보하고 배려하고 베풀 수 있어야 한다. 이것이 율법의 강령인 이웃을 내 몸처럼 사랑하는 방법이다. '이기'는 자기 욕심을 채워가는 것을 목표로 하지만 '사랑'은 타인의 유익을 먼저 생각한다. 사랑에는 결코 이기적인 사욕이 없기 때문이다. 사랑은 타인의 유익과 이익이 곧 나의 유익과 이익으로 생각한다. 이것이 진정한 섬김이고 사랑이다.

사람이 사람 구실을 한다는 것은 바로 '사랑으로의 섬김'에 있는 것이다. 사랑은 곧 섬김이요 섬김이 바로 사랑이다. 예수가 세상에 온 것은 섬김을 받으려 함이 아니라 도리어 섬기러(마태복음 20:28) 왔다고 하였다. 하나님의 본체와 형상을 지닌 예수는 조롱과 박해 속에서도 그들에게 관용을 베풀며 무저항 정신으로 꾸준히 하나님의 사랑을 보였으니 그 하나님의 사랑이 곧 하나님 나라(天國)이다. 성경 전체는 하나님 나라를 이 땅에 세우기 위한 거룩한 뜻임을 밝히는 경전이다. 우리가 예배와 찬양과 기도와 헌신 등 종교적 의식(儀式)만을 중시할 것이 아니다. 하나님은 이러한 형식적인 의식과 전통은 선지자들로부터 사도에 이르기까지 수없이 거부한다고 호소하지 않았는가? 순종이 제사보다 낫다고 하였고, 제사와 번제는 기뻐하지 않는다고 하였으며, 악인의 예배와 기도는 가증스러우니 오직 선을 행함과 서로 나눠 주기를 잊지 말라며 이와 같은 예배는 하나님이 기뻐한다(히브리서 13:16)고 하였다.

그리고 "누구든지 나를 따르려거든 자기를 버리고 자기 십자가를 지고 따르라"(마태복음 16:24)고 예수는 일침을 주었다. '자기를 버리라'는 것은 불필요한 문명과 문화 및 사사로운 욕심과 야망을 버리라는 것이다. 왜 버리라고 하였을까? 영적 생활에 전혀 도움이나 유익이 되지 않기 때문이다. 그것은 아담이 선택한 유혹의 나무, 어둠과 무지의 나무, 죽음의 나무이기 때문이다. 세 그루의 나무가 있다. 같은 시기에 같은 종자를 심었는데 한 나무는 건강하게 잘 자라 열매가 풍성하다. 다른 한 나무에서는 열매를 절반 정도 수확을 하였고 나머지 한 나무는 거의 열매를 맺지 못하였다. 왜 이런 결과가 나타났을까? 그것은 토양이 결정한 것이다. 비옥한 땅에서는 결실이 좋았고, 메마른 땅에서는 열매를 맺지 못한 것이다. 이처럼 사람의 마음 밭도 이기와 욕심으로 가득하다면 자신을 드러내기 위한 자랑과 과시와 비난과 오만과 거짓과 변명 그리고 부귀영화와 권력 등 썩은 열매들로 가득할 것이다. 반면에 항상 마음의 욕심을 버리고 겸손과 온유함으로 이해하고 관용하고 무례하지 않으며 물심양면으로 베풀어 생명의 열매들을 맺는다면 많은 사람의 귀감이 될 것인즉 신뢰를 넘어 존경을 받게 될 것이다. 무욕과 자비와 사랑은 비옥한 마음의 토양이요 그대로 진리이며 또한 천국이다.

　그런데 지금 각계의 지도층과 종교계의 성직자들 그리고 신도들을 보라. 아담이 선택한 그 길을 그대로 따르고 있으니 영성이 죽지 않았는가? 부와 명성만이 돋보이고 있을 뿐 하나님과 예수는 어디에 있는가? 자족과 무욕과 비움과 그리고 나눔을 따르는 것을 세상이 바보천치라고 조롱하고 비웃을지라도 영성을 잃지 아니하는 것이 곧 자기 십자가를 지는 것이다. 사욕을 부리지 않는 것이 영성을 회복하는 첫걸음이요 내가 죽는 길이며 이것이 바로 사랑으로 거듭나고 부활하는 영광과 축복이 될 것이다. 그래서 사사로운 욕심으로 인해 파생하게 될 모든 해(害)를 미리 예방하고 모두와 함께 평화를 나눌 수 있으니 사욕을 품지 않는 것이 사랑의 속성이라 한 것이다. 무욕(無慾)은 인위적인 노력으로는 불가능할 것이다. 무엇보다도 가난한 마음, 빈 마음을 이루는 것이 전제되어야 한다. 하나님은 자기애(自己愛)가 전혀 없기에 사사로운 이기심이 없어 오직 베풀 뿐이니 이것이 곧 하나님의 자비와 사랑이다. 그 자비와 사랑이 이제 우리 모두의 삶이 되어야 할 것이다.

8. 사랑은 분노하지 않는다

   사랑은 분노하지 않는다(Love is not provoke to anger;憤怒)고 하였으니 분노를 일으키지 않는 평정심이 곧 사랑이라는 말이다. 분노한다는 것은 화를 내다, 격앙하다, 흥분하다 등의 뜻으로서 분개하여 크게 화를 밖으로 표출하는 강한 노여움이나 울분의 감정을 말한다. 분노를 자극하는 요인은 내외부적으로 수없이 많을 만큼 우리는 일상에서 흔하게 경험하고 있다. 사회 곳곳에서 소위 갑질을 하는 사람 가운데 막말과 폭행 등을 흥분과 분노로 쏟아내는 사람이 있는가 하면, 이웃 간에 크고 작은 일 등으로 격분하는 때도 잦으며, 자기의 뜻대로 따르지 않아 체면이나 자존심이 상할 때도 역시 분노하게 된다.

   그러나 분노하는 것은 마치 상대에게 독약을 뿜겠다고 자기 입안에 독약을 넣는 어리석음과 같다 할 것이다. 자신이 먼저 큰 화를 당하는 것이 곧 분노요 격앙이며 분개이다. 평소 우리는 매사에 쉽게 성을 내고 있으니 이는 성급하거나 예민하여 흥분을 잘하는 기질이 있기 때문인데 이는 마치 브레이크가 없는 자동차와도 같아 나도 다치고 상대방도 다치게 하며 심지어는 상대를 죽일 수도 있는 위험한 감정이다. 이렇게 흥분과 분노는 자신을 해칠 뿐만 아니라 상대도 전인적(全人的)으로 상처를 입히고 고통을 겪게 하니 흥분과 분노는 반복되는 훈련으로 자제할 수 있어야 한다. 노하기를 더디 하는 자는 용사보다 낫고 자기의 마음을 다스리는 자는 성을 빼앗는 자보다 낫다고 하였다.

결국, 흥분과 분노는 이성을 잃고 자아를 상실하는 어리석음이다. 쉽게 성을 내는 것은 작은 일에도 참지 못하는 것이니 이는 이해와 관용이 부족한 것이요 이기적인 습성 때문이다. 평소에 인품이 순하다가도 자기 뜻과 다르거나 자존심이 상하면 자신도 모르게 흥분을 하고 화를 내게 되는데 이는 자신의 인품에 커다란 손상이 따르고 신뢰도 현저히 떨어진다. '화'(火)는 불이 활활 타오르는 것을 본뜬 상형문자로써 자신을 불태우는 것이 곧 화, 성냄, 분노 즉 노기(怒氣)이니 이는 정신적인 자해 행위이며 또한 상대에 대한 무례함이다. 더 나아가서 극한 분노는 상대에게 상해를 입히기도 하고 가인과 같이 살인까지도 저지를 수도 있으니 결국 자신을 불태우는 격이다. 상해와 살인의 시작은 화(火)에서 출발하기에 화를 다스리지 못하는 것은 스스로 자신을 심판하는 것이다. 어떠한 상황에서든지 성을 내거나 분노하는 일을 자제할 수 있어 항상 선한 마음을 보일 수 있다면 그것으로 상대의 마음을 감동하게 하는 파장이 전달될 것이다. 무엇보다도 나와 상대의 생각이 일치하지 않을 수 있음을 항상 염두에 두고 상대의 생각과 의견을 먼저 존중할 수 있다면 성냄과 분노가 일어나지 않을 것이니 이것이 곧 중용(中庸)의 마음이요 사랑의 본성이다.

대부분의 '화'는 내가 부당한 대우나 대접을 받았을 때, 또는 내 생각과 다를 때 충동적으로 일어나는 경우 등 여러 상황이 있다. 충동적인 화는 순간적인 감정의 폭발로서 자신의 의지와는 다를 수 있다. 습관화되지 않은 충동적인 화는 자주 있는 것은 아니라도 그 성냄이나 분노를 스스로 용납해서는 안 된다. 이성과 덕목으로 걸러지지 못한 순간적인 성냄이나 분노일지라도 자신과 상대에게 큰 실망감과 상처를 주기 때문이다. 때로는 상식적으로 이해하기 어려운 악행을 당할 때도 있으나 이럴 때 화를 내거나 분노하는 것이 당연하게 여겨질 수 있다.

제삼자들이 그 분노를 보았을 때도 그들은 충분히 이해하고 욕을 던지지 않을 것이다. 그렇다고 정말 그 성냄이나 분노는 괜찮은 건가? 겉으로는 정당하다고 여겨지나 달리 보면 악행을 악행으로 대한 것이다. 성냄이나 분노는 근본적으로 악행이기 때문이다. 그래서 악을 악으로 대항하지 말고 선으로 대하라고 하는 것이다. 선한 마음은 앞에서는 지고 뒤에서는 이기는 지혜이다. 선한 마음은 언제나 자신의 감정을 감추지만 성냄과 분노는 자신을 크게 드러내는 행위로서 악덕(惡德)은 미덕(美德)과 서로 친구나 동료가 될 수 없어 공존하지 않는다. 근본적으로 사랑은 성냄, 화, 분노, 노여움 등을 알지 못한다. 그래서 사랑은 천성적으로 분노를 할 줄 모르니 만일 내가 사랑의 존재라면 나 역시 분노를 낼 줄 모를 것이다.

성냄이나 분노는 언제나 대인관계에서 불행의 씨가 되고 그 분노가 집단을 형성하면 사회는 극도로 혼란에 빠지기도 한다. 평소 주변에서 좋은 인상을 받았는데 어느 순간에 크게 화를 낸다면 주변 사람들도 매우 놀랄 것이다. 이런 일이 몇 번 반복된다면 그동안의 신뢰가 무너지고 원만한 관계도 불편하게 될 것이다. 때로는 고약한 사람이 못살게 하거나 부당한 행위로 인해 화를 자극받는 때도 있는데 이런 경우를 늘 염두에 두고 자신의 감정을 잘 다스리는 다짐을 평소 훈련하는 것도 도움이 될 것이다. 자신도 모르게 튀어나오는 분노는 후회와 다짐을 거듭하면서 마음의 감정을 잘 관리해 나갈 수 있다. '화'를 품고 사는 것은 마치 독(毒)을 품고 사는 것과 같기에 자신과 타인을 아프게 하는 일이며 사람 앞에 부끄러운 수치가 된다. 그래서 솔로몬은 화를 잘 내는 것은 미련한 행동이라 하였으며, 화를 잘 내는 사람은 다툼을 일으키고 화를 다스리는 자는 다툼을 잠재운다고 하였고, 분노하기를 더디 하는 자는 용사보다 낫고, 자기를 다스릴 줄 아는 자는 적군을 정복하는 것보다 낫다고 하였다. 그리고 화를 잘 내는 사람과는 사귀지 말고 성급한 사람과도 함께 다니지 말라 하였으니 이는 미워하거나 무시하라는 말이 아니라 성냄은 누구나 싫어하는 일이니 스스로 화를 잘 다스려 신뢰를 잃지 않도록 하라는 말이다. 자기 성질을 다스리지 못하는 사람은 마치 성벽이 무너진 성과 같은 것이니 불신의 화살촉이 내 가슴을 찌를 것이라고도 하였다.

성냄은 인간의 본성이 아니다. 인간의 본성은 신의 형상인 '사랑'이다. 그런데 인간은 자기 욕심을 따르는 이기적인 본성으로 변질되어 타인에 대한 이해와 관용의 사랑을 상실하였다. 성냄이나 분노는 자극받아 자신도 모르게 화를 내는 것이니 정당한 일이라고 합리화하는 것은 변명에 불과한 일이다. 본래의 본성인 사랑을 상실하지 않았다면 상대로부터의 자극을 받지 않을 것이다. 궤변이라 하겠지만 사랑은 결코 자극에 흔들리지 않는다. 그래서 신의 형상인 사랑이 곧 인간의 본성인 줄 알고 회복하자고 강조하는 것이다. 적어도 늘 그 회복을 위해 내면의 실속과 가치관의 전도를 위한 노력을 쉬지 말자는 것이다. 그것은 언제나 양심을 배반하지 말아야 할 것이다. 그 양심이 곧 신의 형상 자리요 인간 본성 자리이기 때문이다.

양심은 언제나 진실하고 선하고 아름다운 진선미를 선호하지만, 현실에서는 이기적이고 악의적인 성질이 툭툭 드러나는데 그중의 하나가 성냄 즉 화를 쉽게 내는 일이다. 사랑은 서로를 품어주지만, 화는 서로를 멀리하게 하고, 사랑은 오래 참을 줄 알지만, 화는 성급하고, 사랑은 항상 부드럽지만, 화는 날카로워 공격성이 강하고, 사랑은 잘못이 내게 있지만, 화는 잘못을 상대에게 전가한다. 그래서 사랑은 늘 화목과 평화를 이루지만 화는 늘 화목과 평화를 깨고 분열과 다툼을 일으킨다. 말은 한번 내뱉으면 다시 주워 담을 수 없듯이 화도 밖으로 드러난 것은 다시 불러들일 수 없다. 그 화는 자신과 상대의 기억에 저장되어 부끄러운 수치와 흔적으로 남게 될 것이니 상대가 원수가 아니라 마음에서 일어나는 성냄과 분노가 원수이다.

예수가 크게 분노를 표출한 것을 기억한다. 예루살렘 성전 안으로 들어가실 때 그 안에서는 예배에 필요한 각종 제물을 사고파는 사람들로 매우 시끄럽고 혼란스러웠다. 이와 같은 상업적인 매매가 거룩한 성전 안에서 가능한 것은 종교 지도자들이 뇌물을 받고 허용을 했기 때문이다. 당시에도 지도자들은 돈과 명예를 하나님보다 더 좋아하였다. 그래서 예수는 성전 뜰에서 사고파는 사람들을 다 쫓아내고 장사꾼들의 돈 상자를 둘러 엎고 비둘기들을 날려 보냈다. 이를 보고 있던 종교 지도자들은 체면과 자존심이 상하여 분노하며 적개심을 품었다. 예수는 하나님의 아들이요 본체가 하나님이신데 어찌 분노를 표출하였을까? 평소에는 악을 악으로 대하지 말 것과 원수도 사랑하라는 가르침을 강조하였는데 어찌 된 일인가? 그러나 예수는 사사로운 분노의 감정을 표출한 것이 아니라 극도의 부패와 부정을 일깨우기 위한 정의의 분노였다. 때로는 부득이 공공의 유익을 위하여 불의를 정의로 돌아서게 하는데 의로운 분노가 요구될 때가 있다. 이런 경우에는 저항에 부딪힐 수 있으며 그 저항으로 인하여 큰 상처와 아픔과 고통을 겪을 수 있으나 인욕(忍辱)으로 승리할 수 있다. 예수의 분노는 의로운 분노였지만 당시 종교 지도자들의 분노는 적개심에서 나온 분노였다. 체면과 자존심에서 나오는 분노는 고통과 죽음을 가져오지만 의로운 분노는 무저항과 변화와 성숙을 가져온다.

우리는 평소에 쉽게 성을 내고 분노를 감추지 못한다. 가족에게, 이웃에게, 동료에게, 선후배에게, 윗사람에게, 아랫사람에게 심지어는 신(神)에까지 욕을 하며 분노하는 사람들도 있다. 우리가 그만큼 마음이 굳어지고, 성미가 급해졌으며, 신경은 예민해지고, 예의를 멀리하고, 정의를 외면하며, 자기 생각과 의지를 앞세우려는 아집은 강하고, 이기적인 욕심에 휘둘리기 때문일 것이다. 그러나 성냄과 분노는 우리의 마음을 어둡게 하고, 대인관계를 단절시키며, 우리의 인생을 그르치게 하는 악행으로서 신의 가르침을 따르는 사람들에게는 절대 어울리지 않는다. 이러한 악행의 뿌리를 뽑을 수 있는 길은 인위적인 다짐과 노력으로 되는 것이 아니라 사랑의 사람으로 거듭나고 신의 형상과 그의 본성을 회복하는 것뿐이다. 그 회복의 첫 관문이 누차 강조하는 가난한 마음을 이루는 것이요 세속을 향한 욕심과 욕구를 최소화하는 것이다. 빈 마음이 곧 사랑 자리이니 빈 마음으로는 이루지 못할 것이 없다. 오래 참음과 온유의 뿌리는 사랑이다. 사랑은 성냄과 분노와 원한 갚음을 모르니 오직 화목과 평화로 존재하기에 사랑보다 더 좋은 신은 없고, 사랑보다 더 훌륭한 스승도 없으며, 사랑보다 더 가치 있는 것도 없으니 오직 사랑만이 신앙의 전부요 인생의 해답이다.

9. 사랑은 악의를 품지 않는다

　사랑은 악한 것을 생각하지 않는다(Love thinks no evil;惡意)고 하였으니 악한 생각을 하지 않는 것도 사랑이라는 말이다. 악한 생각(惡意)이란 자신의 사악한 범죄를 감추려는 생각, 자신의 실수와 잘못을 책임 전가하려는 의도, 자신에게 해를 입혔다고 생각되는 사람에게 보복하려는 마음 등 매우 부도덕한 음모와 계획을 말한다. 악의는 분명 악행이요 행악자이다. 이러한 악의는 사회에 적응을 잘못하는 열등하거나 무능력한 자들이 교묘한 수법으로 자신의 이익을 챙기려는 음모의 결과로 발생하는 경우가 있으며, 또한 사회적 신분 보장이나 경제적 이득을 얻기 위한 수단으로 악의를 대수롭지 않게 행하는 경우도 있고, 정치적인 권력을 악용하여 자기 뜻대로 계획을 성취하려는 경우 등 다양한 악행들이 있다. 그래서 악의적인 생각과 계획들은 사회 곳곳에서 늘 흔히 볼 수 있는 비도덕적이면서 매우 사악한 행위들이다. 악의를 잉태하고 있으면 주변 사람들을 불러 협조를 구하고 적당한 때에 이르러 그 악의는 실행에 옮겨지는데 이는 악의를 품는 것부터가 불법이고 불의이며 매우 사악한 비인간성이다.

　이렇게 비인간적인 악성(惡性)이 표출되는 것은 우리 안에 그 악성이 늘 잠재해 있기 때문이다. 마음에 있는 것이 밖으로 나오는 것이니 밖에 버려진 쓰레기가 더럽고 추한 것이 아니라 내 안에 있는 악성이 더럽고 추한 것이다. 본래 그 악성 자리에는 선성(善性)이 있는 것인데 인간이 자기의 근원인 영혼의 부모 형상 즉 신의 형상과 그의 가르침인 진리의 정신을 가벼이 여기거나 대수롭지 않게 생각하는 습관 때문일 것이다. 사람은 질(質)보다는 양(量)을 더 가치 있고 중요한 것으로 생각하기 때문에 외형에 집착할 뿐 내면의 가치는 소중히 여기지 않는다. 그러나 내면의 영혼이 없다면 육신도 없고, 생명이 없다면 인체의 순기능도 없으며, 정신과 마음이 없다면 우리의 삶 또한 없을 것이다. 죽은 자를 보라. 내면이 없다면 외면은 당연히 없는 것이니 어느 쪽이 더 소중한가는 분명 알 수 있다. 보이는 세계의 근원은 바로 보이지 않는 세계이다. 무형의 영체(靈體)가 있어 유형의 현상(現象)이 존재하는 것이다.

그러면 우리 삶의 중심은 외형이 아니라 당연히 내면에 맞춰져야 할 것이다. 날마다 과학 문명과 기계 문명이 발달하면서 살기 좋은 세상이라 하지만 무엇이 좋아졌는가? 인간의 마음은 더욱 완악해지어 마음의 생각과 계획들이 대부분 이기적인 욕심뿐 아닌가? 그 욕심들이 작용하여 문명의 발달이 가능해졌지만, 그 문명의 발달은 돈과 재물에 대한 탐심에서 비롯된 것이다. 그리고 그 돈과 재물 때문에 악의적인 생각과 계획들이 끊임없이 발생하는 것이고, 그 돈과 재물 때문에 나라의 지도층들로부터 소시민에 이르기까지 각종 불법과 불의가 생산되는 것이다. 문명은 곧 불의라고 한다면 돌을 던지겠는가?

이러한 모습들은 오래전부터 정치계와 고위공직자 사회에서 지겹도록 보여주고 있다. 타인의 허물에 대해서는 맹렬히 비난하면서 동시에 자신도 그와 유사한 수많은 죄과를 저지르고 있다. 그리고 후에 자신의 죄과가 드러나면 변명으로 일관하면서 억울함을 호소한다. 각종 의혹을 살만한 충분한 행위와 증거들이 있는데도 불구하고 끝까지 변명과 변호를 일삼고 있으며 또한 이런 사람들을 무조건 옹호하고 보호하려는 무리가 있으니 참으로 할 말을 잃는다. 옛말에 아니 땐 굴뚝에 연기가 나는가 하는 속담이 있다. 어찌 하늘을 작은 손바닥으로 가리려

하는지 모르겠다. 하늘이 알고 땅이 알고 자신의 양심이 알고, 그리고 관련자들과 가족들이 알고 있지 않은가? 특히 가족 간에 부끄러운 수치를 보이면서까지 세상 앞에서 자신들을 보호해야 하는가? 비열, 저속, 거짓보다는 정직한 참회를 하는 것이 가족 간에 본이 되는 일이며 또한 공중 앞에서도 후에 격려의 칭찬을 듣게 되어 다시 관계가 회복되지 않겠는가? 최고 통치자들의 아집과 측근들의 아첨 그리고 의원들의 당파 싸움 등으로 인한 나라의 불안과 혼란을 늘 겪으면서 정치에 대한 염증을 느끼는 것은 언제나 국민의 몫이다.

종교 지도자들도 크게 다른 바가 없다. 특히 대형 교회 목회자들과 교단의 지도층에서 흔히 볼 수 있는 아집과 권위 의식 속에서 도덕과 윤리는 물론 신앙적으로도 감출 수 없는 부끄러운 수치들이 얼마나 많이 자행되고 있는가? 하나님의 뜻보다는 목회자 자신의 뜻을 앞세우는 일을 당연하다고 여기고, 경전의 가르침보다는 목회자 자신의 생각과 의도로 훈계하는 경우들이 비일비재해지고 있다. 교회와 사회 약자들의 공익을 위해 베풀어야 할 헌금들은 교회 자체 운영과 관리비로 엄청난 지출을 지속하고 있으며, 자신의 사례비와 활동비 등은 필요 이상으로 낭비하고, 심지어는 사적인 일에도 공금으로 지출하는 것을 당연시하고, 가족과 자녀들을 위한 지출도 만만치가 않은 실정이다. 돈과 재물과 명예 누리는 것을 마치 하나님의 축복으로 주장하고 있으니 벌어진 입이 다물어지지 않는다.

그리고 교회 세습은 교회에서의 합법일지라도 개인적인 욕심과 야심임을 하늘 앞에서 부인할 수 없는 악의(惡意)이다. 성직자라면 누구보다도 근검절약이 생활화되어야 하고, 항상 가난한 마음이 되어 필요 이상을 소유하거나 소비하는 것을 경계해야 할 것이며, 손을 쥐기보다는 쥔 손을 펴야 하지 않겠는가? 신약 시대의 종교 지도자들보다 더 부패하고 타락한 모습들이 곳곳에서 보이나 종교라는 특정한 영역이기에 감추어져 있을 뿐이다. 하나부터 열까지 지성(知性)과 아집으로 목회를 하면서 성직자임을 자처하는 비양심적인 사람들을 하나님의 종이라고 옹호하거나 적당히 묻어가는 신도들 역시 영성(靈性)이 메마르기에는 서로 다른 바가 없다. 하나님을 섬기고 그의 가르침을 평생 전하는 사람들이 하나님도 없는 욕심을 부리는 것이 부끄러운 수치로 느껴지지 못하는 것이 가슴 아플 뿐이다.

이러한 세상의 악의(惡意)를 누가 깨우치고 바로 잡아야 하겠는가? 각계의 지도층들에게 무엇을 기대할 수 있겠는가? 법과 제도는 늘 허수아비 노릇에서 벗어나지 못하고 있다. 근본적으로 우리 모두의 정신적 의식 수준이 변화되고 향상되지 못하면 더욱 부패하고 혼란스러워질 뿐 맑고 청아한 세상은 보지 못할 것이다. 이 어두운 세상을 밝힐 수 있는 대상은 누구보다도 모든 종교계가 선두에 서야 할 것이다. 자기 교회를 알리는 십자가 네온사인을 밝히는 것이 아니라 진리의 등불을 밝히는 것이다. 진리의 등불은 종교계에 몸을 담고 있는 모든 사람이 진리로 전신 갑주를 입고 이기적인 기복신앙을 벗어나 생활 신앙으로 탈바꿈하여 범사에 본(本)이 되는 것이다. 우리는 세상의 소금이요 빛이라 하였으니 밝은 세상을 위해 수고하고 희생하며 사랑과 봉사를 믿음의 수행으로 여겨야 한다. 그러면 종교계의 모본(模本)이 세상의 물질적 의식 수준을 정신적 의식 수준으로 승화시킬 수 있을 것이다.

진리와 종교가 존재하는 이유와 목적이 여기에 있지 않은가? 그러므로 우리는 모두 덜어내고 나누고를 통해서 빈 마음, 가난한 마음을 이뤄야 한다. 가난한 자는 복이 있으니 하늘나라가 그들의 것이라 하지 않았는가? 사후(死後)의 천국은 지금 내 안의 천국이 인도할 것이다. 이제라도 진실로 종교계가 함께 정신을 차리고 진정한 종교 개혁을 하는 데 마음을 모아야 한다. 종교 개혁의 힘은 새로운 학문이나 교리가 아니라 오직 '사람 존중'과 '사람 사랑'이 내 안에서 온전히 자리를 잡는 것에서 시작된다. 존중과 배려와 관용 그리고 사랑은 최고의 선법(上善法)이요 선심(上善心)이다. 악의가 끼어들 틈이 전혀 없는 천국이다.

    모든 사랑의 근원은 하나님으로부터 비롯되고, 모든 악(惡)의 근원은 사람의 이기와 욕심에서 비롯되는 것이다. 하나님도 사람의 죄악이 세상에 가득함과 사람의 마음으로 생각하는 모든 계획이 항상 악할 뿐(창세기 6:5)이라 하였고, 예수도 사람의 마음을 악의 자리로 생각하여 사람의 마음속에서 나오는 것은 악한 생각 곧 음란과 도적질과 살인과 간음과 탐욕과 악독과 속임과 질투와 비방과 성냄과 교만과 우매함이니 이 모든 악한 것이 다 속에서 나와 사람들을 더럽힌다(마가복음 7:21-23)고 하였다. 그래서 세상에는 의인은 없나니 하나도 없다고 한 것이다. 그렇다. 세상 곳곳이 부패하고 썩어서 추한 냄새들로 가득하다. 기계 문명과 과학 문명이 발달하면서 인간의 영특한 지혜도 함께 발달하는 모양이다. 많은 사람이 돈과 재물에 미치고, 명예와 권력에 미치고, 최고의 문화생활에 미쳐가고 있다. 이것들을 얻고 누리기 위해서 많은 사람이 갖은 노력과 계략과 지혜를 모으기에 분주하고, 한 번 얻었으면 다시는 놓치고 싶지 않아 더욱 억지를 부리며 행복도 모르는 공허한 삶에 일생을 투자하고 있다. 상류 생활이 축복이나 행복의 정점이 결코 아니다. 몸뚱이가 넉넉하고 호화로운 대접을 받는다고 해서 너무 고마워서 그 몸뚱이가 우리의 생명을 보장해 주는가? 결국, 몸뚱이는 나를 지치게 하고, 병들게 하다가 죽음으로 초대하고 있지 않은가? 그리고 그동안 누렸던 돈과 재물과 명예와 권력이 질병과 죽음도 마음대로 휘두르지 못하고 있지 않은가? 과연 누구를 위한 삶이었고 무엇을 위한 투자였든가? 그래서 그 인생이 공허하다는 것이다. 축복과 행복으로 알았는데 속았다는 것이다. 인생의 보람인 줄 알았는데 어리석음의 극치라는 것이다. 악한 생각을 품고 살아온 이기와 욕심들이 죽음과 함께 모두를 소리 없이 놓고 갈 뿐이다.

그러므로 이제는 이기와 욕심 그 자체가 곧 악의인 줄 알자. 이기와 욕심을 따르려는 악한 생각들을 미련 없이 버리고 오늘도 내일도 죽어서 사는 법을 터득해 보자. 죽음 앞에서도 돈과 재물과 명예와 권력을 탐하는 자들이 있는가? 죽음 앞에서도 막말과 비방과 비난을 일삼는 자가 있는가? 죽음 앞에서도 신분과 지위로 허세를 떨 수 있겠는가? 죽음 앞에서도 부동산을 늘리고 재산을 축적하는 일에 분주할 수 있겠는가? 죽어가는 사람이 호의호식을 즐길 수 있겠는가? 아니 이미 죽은 사람이 이런 악행들을 도모할 수 있겠는가? '죽음'은 우리에게 큰 울림을 주는 대진리(大眞理)이다. 인생은 공수래공수거임을 여실히 보여주는 것이 바로 죽음이다. 죽음은 곧 삶을 어떻게 만들어 가야 하는지를 보여주고 깨닫게 하는 진리라는 말이다. 죽음은 우리에게 죽어서 사는 지혜를 깨우치는 슬기요 지혜이다. 그래서 정치는 죽어서 해야 하고, 기업도 죽어서 운영하고, 교육도, 법률도, 예술도, 스포츠도 그리고 특히 종교도 죽어서 그곳에 몸을 담아야 할 것이다. 여기서 죽어야 한다는 것은 자기를 부인(否認)하라는 것이다. 이기와 욕심과 집착과 아집 그리고 모든 악한 생각들을 죽이라는 것이다. 이것이 죽어서 사는 방법이다. 죽음의 의미를 알면 삶의 지혜가 밝아진다. 이제 사회 분위기가 '죽어서 사는 길'을 선택하는 것이 유행이 될 수 있다면 사랑이 무엇이고, 평화가 어떤 것인지를 그리고 행복은 어디에 있는지를 알게 될 것이다.

10. 사랑은 진리와 함께 기뻐한다

　사랑은 불의(不義)를 기뻐하지 아니하고 항상 진리와 함께 기뻐한다(Love always rejoices with the truth;眞理)고 하였다. 불의와 반대되는 진리(眞理)란 법률과 신화와 철학과는 달리 지극히 보편적이면서 상식적인 진실(眞實)을 의미한다. '진리'는 사람이 살아가는 참된 도리를 말하고, '진실'은 그 참된 도리의 생활을 말하니 진리가 진실이고 진실이 곧 진리이다. 그리고 진리와 진실은 '사랑'을 근간으로 삼으니 진리와 진실과 사랑은 서로 이름이 다를 뿐 동질동본(同質同本)이다. 그래서 사랑은 항상 진리와 함께 일하고, 사람 도리를 다할 때 사랑은 진리와 함께 기뻐한다. 실례를 들자면 우리가 하나님 앞에 예배를 드릴 때 오늘날과 같은 형식적이고 습관적이며 절대 의무적인 예배를 받는 것이 아니라 하나님은 영이시니 우리가 반드시 영과 진리로 예배를 드릴 때 하나님은 받으신다는 것이다. '영과 진리'는 바로 거짓과 꾸밈이 없는 '진실한 사랑'이라는 말이다. 또한, 우리가 이웃을 사랑한다는 개념도 단순히 연례행사로 돕는 것이 아니라 이웃의 슬픔과 아픔과 고통을 그대로 내가 겪는 것처럼 공감하고 나에게 최선을 다하듯 진실한 마음과 뜻과 성품과 힘을 다하여 그들과 함께 하나가 되어가는 과정이 영과 진리와 사랑으로 섬기는 것이다.

　참과 진실은 언제나 위선과 거짓이 없는 바름(正)을 뜻하고 그 '바름'의 근원은 '사랑'이다. '사랑'에는 상대적 개념이 없어 선과 악이 없으며, 좋음과 싫음도 없고, 나와 너의 구분도 없다. 바다와 같이 분별없이 하나 되게 할 뿐이니 이것이 곧 진리와 사랑의 본질이요 속성이다. 따라서 진리와 진실은 사람 노릇을 깨우치는 종소리요 사람 구실로 인도하는 등불이다. 진리는 '사람이 살아가는 길(道)'을 의미하는 것이지 계명이나 법조문이 아니기에 계명이나 법조문으로 기록된 경전을 문자 그대로 지키는 것은 율법적 행위로서 진리에 대한 무지의 소산이다. 진리(道)가 말하고자 하는 의미와 뜻을 캐내어 진실 되게 살자는 게 곧 진리의 호소이다. 그 진리의 호소가 바로 '서로 존중'이요 '서로 사랑'이다. 이것이 사람 노릇이며 사람 구실이다. 서로 존중하는 것은 보편타당한 상식이요 권리이며, 서로 사랑하는 것은 지극한 사람의 도리이다.

종교(宗敎)가 '으뜸 가르침' 또는 '본질적인 가르침'을 의미하듯이 진리 역시 최고의 가르침으로서 인간의 본질을 깨우치는 최고의 스승이다. 그래서 종교란 곧 진리를 말함이요 진리는 종교를 의미하는 것이다. 결코, 종교와 진리는 인간의 기복을 위한 신앙(信仰)과는 무관한 것이니 종교와 신앙, 진리와 믿음은 서로 어울리지 않는다. 사람 구실을 말하면서 사랑과 봉사를 하자는 종교와 진리의 가르침이 어찌 기복 신앙과 관련이 있겠는가? 진리를 기록한 경전이 어찌 세속적인 복(福)을 빌어주는 축문(祝文)이 될 수 있겠는가 말이다. 이런 행위들이 바로 불의이고 불법이다. 하나님의 이름을 날마다 높이 찬양하고 예수의 이름으로 항상 기도한다 할지라도 종교와 진리의 참뜻대로 살지 아니하면 그 누구에게도 하늘 문은 열리지 않는다. 영성(靈性)이 어두운 사람들이 어찌 하늘(道)을 알겠는가? 그러니까 예화를 덧붙여서 경전의 문자 그대로 앵무새처럼 전달하는 것이 평생의 설교이니 목회와 설교의 본질이 전혀 드러나지 않는 것이다. 목회와 설교의 본질은 종교와 진리의 본질과 일치해야 한다. 그 본질이 사람 구실을 위한 사람 존중이요 사랑과 섬김이라는 것이다. 그러기 위해서는 일생을 십자가의 정신으로 목회하고 설교하고 생활하는 것이다. 육신은 세속을 향해 죽고 영혼은 하늘을 향해 사는 것이 곧 십자가의 정신이다. 육신이 죽어야 영혼이 부활한다.

그런데 처음부터 모든 종교계가 세속적인 기복(祈福) 신앙을 강조하고 있으니 종교와 진리 그리고 성직(聖職)과 설교가 사람에 의해 변질되고 말았다. 참 종교와 진리는 비움과 가난한 마음을 말하고 있는데 변질된 종교와 진리는 채움과 부유함을 말하고 있지 않은가? 참(眞)을 버리고 거짓을 선택한 것은 이기적인 욕심에 미혹되어 그러한 것이니 이는 하나님의 뜻인 생명 나무를 버리고 인간이 생각하는 지식의 나무를 선택한 어리석음이다. 이것이 절대 실패한 선택인 것은 죽음의 길이기 때문이다. 종교계의 기복 신앙은 종교와 진리를 역행하는 우매한 짓임을 알아야 할 것이다. 지성이 죽으면 영성이 부활하고, 육(肉)이 죽으면 영(靈)이 부활한다. 참 신앙은 죽는 것이지 사는 것이 아니다. 언제까지 살고, 출세하고, 성공하는 등 소원 성취를 구할 것인가? 기복 신앙이 죽으면 참 종교와 참 진리가 살 것이고, 너와 나의 구분은 사라질 것이며, 네 것과 내 것의 경계도 무너질 것이다. 그러면 물질의 유무상통과 함께 인애와 긍휼과 자비 즉 사랑(love)과 섬김(service)이 곳곳에서 일어날 것이다. 모든 악의와 불법을 무너뜨리는 지름길은 제도의 개혁이나 산더미를 이루는 헛된 가르침이 아니다. 언제나 인위(人爲)는 혼란을 거듭해 왔을 뿐 사람이 사는 세상을 이루지 못했다. 이제 나는 죽고 진리와 사랑만이 살게 해야 할 것이다.

대부분 사람이 진실과 상식이 통하는 사회가 되기를 싫어하는 사람은 없을 것이다. 그런데도 우리는 대수롭지 않게 거짓된 불의를 행하고도 시치미를 띠며 억울한 봉변이라도 당한 듯 도리어 큰소리를 치고 변명과 변호를 일삼고 있다. 진정한 변호는 약자들의 억울함을 풀어주는 것에 있는 것이지 강자들의 거짓과 불의를 변호하는 것은 그 변호 자체도 거짓과 불의가 되는 줄 알아야 할 것이다. 우리는 출세하고 성공하며 사회적 신분이 상승하고 경제력과 명예와 권위가 있으면 그것들이 인간의 품위와 품격을 결정하는 줄로 착각을 하고 있다. 사람은 난 사람이나 든 사람보다는 된 사람이 먼저인 것을 언제나 염두에 두어야 한다. 사람이 사람답지 못하면서 불의와 악행을 일상화한다면 어찌 사람이라 할 수 있겠는가?

각계의 지도층에서 양심과 정신적 문화가 퇴폐해지면 결국엔 전반적으로 국력이 쇠퇴하여 후손들의 삶이 더욱 고통스러워질 것이다. 정의가 사라지는 것은 이기적인 거짓과 아집이 앞서기 때문이요, 빈부의 격차가 심화하는 것은 이기적인 욕심 때문이며, 경제 기반이 불안한 것은 이기적인 사치와 낭비에 있음이요, 사회적 불안과 혼란은 집단적 이기(利己) 때문이고, 국민의 마음이 모래알 같은 것은 각계 지도층들의 이기적인 야망 때문이다. 이러한 퇴폐적인 정신문화 때문에 성범죄와 다툼과 비난과 성냄과 편 가르기와 분열과 같은 것들이 곳곳에서 나타나는 것이다. 이런 일을 행하는 사람들은 불의를 기뻐하는 사람들이기에 사람 존중과 사람 사랑할 줄 몰라 진리 즉 진실과 상식을 거부하는 사람들이니 불의와 거짓의 노예로 일생을 보내는 어리석고 허망한 자들이 될 것이다.

그러므로 우리는 이기적인 욕심과 퇴폐적인 모든 불의를 버리고 정의로운 '사랑'을 선택할 줄 아는 지혜를 발휘해야 한다. 사랑을 선택하는 것은 공존과 상생을 얻음이요 불의를 선택하는 것은 파멸과 죽음을 얻을 것인즉 오직 '사랑'만이 진리요, 축복이며, 우리의 양식이요, 재산이고, 직업이요, 신앙과 믿음이며 인생의 도리인 줄로 명심해야 할 것이다. 그 사랑의 실체는 곧 오래 참음, 온유, 화평, 선함, 절제, 시기하지 않음, 자랑하지 않음, 우쭐대지 않음, 무례하지 않음, 이기적인 욕심을 부리지 않음, 성내지 않음, 악의를 생각지 않음, 불의를 멀리하고 진리와 함께 기뻐함이니 이런 것들은 선(善)의 기준이요 사랑의 먹이이며 신앙과 삶의 첫째 되는 가치관이다. 마지막 때에는 사람들이 자기를 사랑하며 돈을 사랑하며 자랑하며 교만하며 비방하며 부모를 거역하며 감사하지 아니하며 거룩하지 아니하다고 하였다. 내가 내일 죽는다고 해도 저속하고 퇴폐적인 욕심을 부리며 우쭐대고 살 것인가? 매일 죽음으로 자고 죽음으로 깨어나 죽음으로 살 것이다. 이것이 사랑으로 자고 사랑으로 깨어나 사랑으로 사는 길이다. 내가 죽어야 이웃이 살고 나라와 민족이 살기 때문이다. 이것이 예수의 죽음과 부활의 의미로서 이기적인 욕심은 죽고 사랑으로 부활하는 것이요 본래의 '참나'로 돌아가는 것이다. 본래의 '나'는 몸이 아니라 마음과 양심으로 불리는 '사랑의 영'이다.

그래서 우리는 항상 진리를 생각하고, 진리를 양식으로 삼고, 진리를 재산이요 명예로 여길 것이며 그 진리 탐지로 삶의 기쁨과 보람으로 여길 것이다. 사람이 살면서 쌓아놓은 것이 많다 할지라도 죽을 때 한 줌이라도 가지고 갈 수 없는 것은 주지의 사실이다. 그 죽음은 사는 동안에 굳이 욕심을 부리며 살아야 할 이유가 없음을 알리는 경종이 아니던가? 진정한 축복과 행복은 밖에 있는 것이 아니라 내 안에 이미 담겨 있음을 언제든지 사랑으로 확인할 수 있을 것이다. 사랑(love)은 차별 없는 '인격적인 존중'으로서 '좋아하는 것(like)'과는 그 속성과 성질이 다르다. 사람은 누구나 존중받을 권리가 있으며 그래서 서로 존중해야 하니 이것이 곧 상식이요 도덕이며 영성이다. 좋아하는 것 (like)에 대한 대상은 사물이든 사람이든 기호에 따라 선택적이지만 사랑(love)하는 대상에는 차별과 선택이 없다. 그러므로 가족과 사회 그리고 종교 간에 서로 존중하고 존경하는 풍토를 이루어 가야 할 것이다. '사랑한다' 라는 말은 당신을 존중한다는 말이고 더 나아가서는 존경한다는 말이다. 이것이 화합과 공존을 이루는 길이 될 것이며 또한 신(神)에게 이르는 첩경이 될 것이다.

제2장에서 살펴본 비움, 애통, 온유, 의, 자비, 청결, 화평, 인내 등 여덟의 마음이 하나로 혼합된 결정체가 바로 존재적 '사랑'이요 인간 본래의 마음으로서 실존적 고유명사이고, 본 3장에서 살펴본 열 가지의 마음 씀씀이는 그 '사랑'이 일상(日常)에서 맺는 열매로 보면 사랑은 열 자녀를 둔 셈이다. 존재적 사랑(道)과 실천적 사랑(德)의 일치는 영혼과 몸의 일치, 신앙과 삶의 일치 그리고 너와 나의 일치를 의미한다. 일치되어야 할 것이 분리되고 흩어져 있기에 종교계와 나라는 늘 다툼과 혼란이 끊이지 않는 것이다. 본래 신의 존재적 사랑으로 인간의 마음과 영혼과 양심을 이룬 것이니 이제 그 잃어버린 사랑을 내 안에서 회복하고 우리도 일상에서 열 가지의 마음 씀씀이를 베풀어야 할 것이니 '사랑'이 회복되면 사람 존중이 가능해지니 이것이 바로 이웃을 내 몸처럼 사랑하는 초석이다.

따라서 1. 나는 오래 참는다. 2. 나는 따뜻하고 부드럽다 3. 나는 시기하지 않는다. 4. 나는 과시하지 않는다. 5. 나는 교만을 모른다. 6. 나는 무례를 범하지 않는다. 7. 나는 사욕을 구하지 않는다. 8. 나는 쉽게 분노하지 않는다. 9. 나는 악의를 품지 않는다. 10. 나는 진리와 함께 기뻐한다.

이렇게 고백할 수 있도록 기도하며 마음 관리를 지속할 것이다. '사랑'에 '나'를 대입하여 사랑이 곧 '나'요 '나'는 곧 '사랑'임을 확인하고 고백할 수 있는 그 순간이 신앙과 인생이 무르익어 완숙한 것이요, 구원과 영생에 이르는 것이며, 그 삶으로 인생의 정도(正道)를 성취하는 것이다. 이제 인생을 이기와 욕심과 악의로 낭비할 것이 아니다. 가장 이상적이고 궁극적인 인간상은 바로 사랑으로 세상과 온전히 소통하는 데 있는 것이다.

제4부

사랑은
인생의 해답이다

믿음 소망 사랑 이 세 가지는
항상 있으나 그 중에 제일은 사랑이라

1. 나는 누구이며 어떻게 살 것인가?

만물의 영장이라고 불리는 인간은 어떤 존재인가? 인간(人間)이란 생명과 영혼과 의식(意識) 그리고 육체가 결합된 영적인 존재이다. 육체는 생명체이고 영혼은 생명이며 의식 또는 정신은 사물에 대한 감각과 인지(認知) 능력을 지닌다. 고대 사회에서의 철학자들은 인간을 지적인 존재, 정신적인 존재 또는 영적인 존재로 이해하면서 대체로 인간은 영혼과 육체로 결합한 존재로 보았다. 그러므로 인간을 이해하려면 영적 세계와 연결해야 할 것이다. 특히 기독교에서는 만물과 함께 인간은 하나님에 의해서 조성된 존재임을 밝히고 있으니 인간은 형이상(形而上)과 형이하(形而下)의 결합체로 이해할 수 있다. 형이상은 신령한 영적 세계를 말하고, 형이하는 감각으로 인지할 수 있는 현상계를 말한다. 따라서 '나는 누구인가?' 할 때 나는 '영적 세계에서 나온 무형상'(無形象)이며 이를 영(靈) 또는 무아(無我)라 한다. 이는 '성령이 육신을 입은 예수'와 같은 원리로 이해하면 좋을 듯싶다. 어찌 보면 인간은 신인합일체(神人合一体)이다. 신(神)은 생령 즉 영을 의미하고, '인(人)'은 몸을 의미한다. 인간의 몸은 겉모습이요 영(靈)은 속 모습이고, 겉모습은 인간의 실체가 아니요, 속 모습인 영이 인간의 실체요 실존이다. 세상의 근본 이치는 영(靈)이요 무(無)이므로 인간의 근본 이치 역시 무아(無我) 또는 영아(靈我)이다. 무형인 영과 무가 유형의 옷을 입은 것이 곧 현상계이며 또한 인간이다.

그러나 부패하고 타락한 인간은 자신의 실존을 영에 두지 아니하고 몸이 곧 자신이라고 생각한다. 자신을 보이는 몸 형상으로 주장하는 어리석음을 플라톤은 그의 「국가론」에서 '동굴의 비유'를 통해 일깨우고 있다. 동굴 안에는 어려서부터 손발이 묶인 채 뒤를 돌아볼 수 없고 오직 앞 벽만 바라보면서 살아야 하는 사람들이 있다. 그들 뒤에는 횃불이 비추고 있으며 각종 인형과 소리가 들리고 있다. 그들은 앞 벽에 비추이는 빛과 그림자로만 볼 수 있는 인형들을 사람으로 알고 있다. 그러다가 어느 한 사람이 우연히 손발이 풀리게 되었는데 뒤를 돌아보니 태양으로 알고 있던 것은 작은 횃불이었고 소리 나는 것들은 모두가 인형인 것을 처음 알았다.

그리고 동굴 밖으로 나가보니 진짜 태양이 있고 소리가 있으며 사람들이 있음을 안 것이다. 그는 그동안 자신들이 알고 있던 것은 모두가 그림자에 불과한 가짜였으며 진짜는 동굴 밖에 있음을 안 것이다. 동굴 안의 세계와 동굴 밖의 세계가 다름을 깨달은 그는 진짜 세계가 있음을 알리기 위해 다시 동굴 안으로 들어간다. 동굴 안의 모습들은 현상계의 모습이고 동굴 밖의 모습들은 영의 세계를 상징한 것이다. 몸과 육신을 나로 알고 있는 우리는 육신의 삶에 집착한 나머지 영의 세계가 있음을 삶으로 부정하고 있다. 그래서 인간의 영과 신은 죽었다고 하는 것이다. 육신만을 '나'로 알고 있으니 우리의 삶 자체가 어두운 동굴 안의 모습과 다르지 않다는 것이다. 우리 삶의 중심은 영이 아니라 육신으로 완전히 치우쳐 있다.

인간은 신의 형상을 따라 지음을 받았는데 그 형상은 바로 선의 형상이요 사랑의 형상이라 하였다. 그런데 최초의 인간 아담은 에덴에서 욕심이라는 미혹의 영에게 스스로 속아 그 선과 사랑의 형상을 잃었다. 이 일로 인해 아담 부부는 에덴동산을 떠나야 했다. 하나님은 사람을 미워한 것이 아니라 그들 안에 내재해 있는 추하고 더러운 욕심을 미

위한 것이다. 그리고 하나님은 인간에게 구원의 길 즉 다시 하나님의 품 에덴으로 돌아올 수 있는 길을 제시해 주었으니 그 길은 사랑의 길로서 바로 십자가의 다리였다. 그 십자가는 화평의 다리요, 화목의 다리이며, 소통의 다리이다. 하나님은 처음부터 지금까지 인간에게 기대하는 것은 하나님과 인간이 하나가 되어 평화를 나누는 것이요 사람과 사람 사이가 화목으로 하나 되어 행복을 공유하는 것이니 곧 서로 신뢰하고 서로 사랑함이 하나님의 바람이다. 예수의 죽음과 부활은 거짓 나가 죽어야 참나가 깨어남을 일깨우는 최고의 사랑이다. 이기(利己)의 나는 죽고 이타(利他)의 나는 깨어나고, 욕심의 나는 죽고 청빈의 나는 깨어나고, 위선의 나는 죽고 진실의 나는 깨어나는 것이다. 그런데 교회와 우리는 언제나 죽어야 할 욕심을 구하고, 부(富)와 명예를 누리며, 돈과 재물을 쌓아가는 것을 하늘의 축복으로 주장하고 있다. 이는 신의 형상과 사랑의 영성을 상실한 죄인의 전형적인 모습이다.

　동물은 태어나자마자 본능적으로 어미 품을 찾고 젖을 먹는다. 이처럼 사람도 자신의 근원을 찾고자 하는 본능을 드러내는데 그것이 바로 신앙심이다. 무속(巫俗)일지라도 신앙과 믿음은 신을 찾는 본능적인 행위인데 그것은 신의 형상이라는 영적 유전자가 인간 안에 내재해 있기 때문이다. 이러한 신앙의 본능적 현상은 신이 존재함을 증거 하는 방편이기도 하다. 그러면 우리는 참 신의 품을 찾고 그의 젖을 물어야 한다. 그런데 신의 품을 찾는다는 것이 그만 욕심으로 인하여 물신(物神)을 찾은 것이다. 신의 젖을 문 것이 아니라 세상 젖줄을 물고 물신에게 세상 젖을 달라고 한다. 인간은 그 물신이 곧 참 신인 줄로 착각을 하면서 자신들이 원하는 젖을 달라고 갈망하고 있다. 그러나 물신은 존재하지 않기에 그들이 원하는 젖을 줄 수가 없다. 우상은 허수아비요 허상이다. 설사 참 신을 찾았다고 하여도 그 신의 젖줄에는 세상 젖이 없으니 세상 젖을 줄 수가 없다. 그런데 무지한 인간은 신에게서 내가 원하는 세상 젖이 나온다고 믿고 있다. 이것은 기복을 바라는 무속적인 믿음으로서 미혹의 영, 욕심에 불과한 것이다. 이 믿음을 가지고 자기가 믿는 신에게 예배를 드리고 그의 이름을 높이며 찬양을 하고 있다. 그러나 참 신이 바라는 선한 믿음이 아니다. 이러한 무속적인 신앙과 믿음의 행위는 아무 의미가 없으며 그 어떠한 축복도 없고 구원과 영생도 없다. 자기 욕심을 구하는 것은 신에 대한 인간의 도리가 아니다. 신 앞에서도 이기적인 욕심을 구하고 있으니 이웃과 세상에 대한 도리는 말할 것도 없다.

그래서 너희는 세상의 소금이요 또한 세상의 빛이라고 일깨운 것이니 소금과 빛의 속성이 인간의 정체성이요 나의 존재적 가치관이다. 소금은 죽음을 상징한 것이요 빛은 부활을 상징한다. 소금은 형체와 짠맛으로 결합하였으나 형체가 소금이 아니라 짠맛이 소금이다. 짠맛이 소금을 소금 되게 하기 때문이다. 그리고 빛이란 어둠을 밝히는 역할을 하는 것이니 욕심이라는 어두운 동굴에 갇혀 있는 사람들을 욕심 밖의 행복한 세상이 있음을 일깨우는 것이 곧 빛의 역할이다. 이와 마찬가지로 인간을 인간 되게 하는 것은 그 사람의 이름이나 외모나 신분과 명예가 아니라 인간 안에 내재해 있는 선의 형상 곧 사랑의 형상인 것이다. 옛말에 '사람이 사람의 탈만 쓰면 사람인가 사람 구실을 해야 사람이지'라는 말이 있다. 보이지 않는 사랑의 영이 육신을 입은 것이 예수이듯이 인간도 육신이라는 옷을 입은 '사랑의 형상'이 인간의 정체성이요 사람을 사람 되게 하는 근원이 되는 것이다. 그래서 '나는 누구인가?' 할 때 나는 소금이요 빛이라고 할 수 있어야 한다. 소금의 짠맛과 빛의 속성은 다름 아닌 바로 '사랑'을 의미한다. 나의 정체성을 알면 인간은 어떻게 살아야 하는지를 안다. 본디 인간은 사랑으로 죽고 사랑으로 부활하며 사랑으로 사는 것이 인간의 바른 도리이다. 이웃의 소외계층들을 위해 좀 더 수고하고 희생하면 그 수고와 희생으로 인해 이웃이 나와 동등한 행복의 권리를 누리게 된다. 이것이 사랑으로 죽고 사랑으로 부활하는 소금과 빛의 삶이다.

　사람이 선과 사랑을 잃으면 쓸모가 없어 하늘나라에서는 버림을 받는다. 그래서 아담이 에덴에서 추방된 것이다. 이웃과 세상을 위해 좀 더 수고하고 희생하고 이해하고 양보하고 관용하고 포용하며 사랑하는 것이 소금의 속성이요 그 사랑의 삶 자체가 동시에 빛이 되는 것이다. 죽음과 부활이 동시에 일어나는 하나이듯이 소금과 빛의 역할도 동시에 일어나는 하나의 선과 사랑이다. 그리고 선과 사랑을 차별과 차등 없이 누구에게나 그리고 언제든지 지속해서 베푸는 것이 사람 구실을 하는 것이다. 우리가 학문과 기술과 재능을 배우고 활용하는 목적은 자신의 이익이 아니라 이웃을 향한 공용의 유익을 위함이요, 진리와 설교와 예배와 기도 등 신앙의 목적 또한 이웃을 내 몸처럼 사랑하는 데 그 목적이 있는 것이다. 톨스토이는 '사람은 무엇으로 사는가?' 하는 의문에 사람은 사랑으로 살며, 사랑에 의해서 산다고 고백하였다. 서로 사랑하는 것만이 서로가 공정하고 평등하고 행복하게 공존할 수 있는 유일한 길이다. 나는 누구인가? 나는 소금이요 빛이다. 그러면 나는 어떻게 살아야 하는가? 소금의 역할로는 나를 비우고, 빛의 역할로는 이웃을 내 몸처럼 사랑하는 것이다. 따라서 교회는 비움으로 날마다 죽고 사랑으로 날마다 부활하는 것이다. 이것만이 교회와 나의 존재 이유가 되는 것이다.

2. 사람은 무엇으로 사는가?

아프리카의 오지 수단에서 자신의 생애를 다 쏟아부은 이태석 신부는 가난과 질병으로 고통을 겪어야 하는 사람들과 동화되어 자신의 타고난 재능인 의료와 음악 등으로 그들을 전인적으로 치유하며 삶의 질을 바꾸어 주었다. 그리고 그를 보고 그의 길을 따르겠다고 사랑과 봉사의 길을 선택한 현지인 제자들이 양성되어 그 길을 이어가고 있다. 또한, 몽골에 아가페기독병원을 세우고 경제적인 맞춤 진료와 수술을 하면서 의료 사각지대를 찾아다니며 무상으로 치료를 아끼지 않는 박관태 의사 부부의 삶을 존경하지 않을 수 없다. 그들은 의사로서 선교사로서 교수로서의 역할에 최선을 다하고 있다.

그리고 종암동의 영원한 밥집 아줌마로 불리는 최필금님은 하숙생들과 대학교 내 식당에서 정성을 다한 음식들을 넉넉히 제공해 주며 가난한 학생들에게 격려를 잊지 않는다. 그녀는 하루의 시작을 기도로 시작한다는데 '오늘도 빛과 소금이 되게 하소서, 배고픈 사람에게 밥을 주고, 목마른 사람에게 물을 주는 마중물 같은 사람이 되게 하소서' 이렇게 하루를 연다고 한다. 또한, 대학교에 매월 꾸준한 장학금을 지원하여 10여 명의 가난한 학생들이 혜택을 받는다. 그의 이름으로 마련된 강의실이 있을 만큼 대학교에서도 그의 봉사 정신을 모두와 함께 기억하고 있다. 이들 모두는 자신이 스스로 사랑이 되어 사랑으로 사는 사람들이다. 그렇다. 인생과 직업관의 기본 정신은 봉사 즉 섬김(service)이다. 자신의 재능과 지식과 기술 등은 자신의 이익이나 부귀영화를 위하기보다는 이웃을 위한 봉사 달란트로 주어진 것이니 항상 이

타심(利他心)을 잃지 말아야 할 것이다. 인간은 하늘로부터 소풍을 온 것이니 세상에 사는 동안에 즐겁게 잘 놀다 가면 족한 것이다. 즐거운 소풍 놀이는 혼자가 아닌 공동체가 함께 만들어 가는 것이다. 그러므로 각자에게 주어진 천부적인 재능을 값없이 서로 나누는 것이 곧 즐거운 놀이요 인생살이이다. 사랑과 봉사가 가장 의미 있고 행복한 놀이가 될 때 비로소 잘 사는 것이다.

사람으로서의 근본 가치는 인품에 있는 것이지 물질이나 신분이나 재산의 크기 또는 교회의 규모에 있는 것이 아니다. 본래 인간은 누구나 신의 형상을 힘입어 조성되었기에 평등한 것이다. 그런데 부패한 인간들이 사람들을 수직으로 세워서 차별 대우를 하며 각종 갑질을 행사하고 있다. 인류는 하나의 꽃(世界一花)이라는 말이 있다. 동양과 유럽과 아프리카 그리고 아메리카가 하나이고, 황색 인종과 흑색 인종과 백색 인종이 하나이며, 많이 가진 자와 적게 가진 자가 하나이고, 높은 자와 낮은 자가 하나이며, 너와 내가 둘이 아닌 하나의 꽃(不二一花)라는 것이다. 하나님의 형상이라는 본질로 보면 평등할 것이고, 현상계만 보면 차별과 차등이 있기 마련이니 이는 사사로운 욕심과 이기에 집착하기 때문이다. 모든 사람을 겉모습으로 판단하면 차별이 생기지만 속사람으로 볼 수 있다면 차별이 없을 것이다. 속으로는 너나 할 것 없이 모든 사람이 신의 형상을 지닌 신의 자녀요 작은 신(시편 82:6, 요한복음 10:34)이다. 민족과 언어와 종교와 신분 등을 초월하여 세상 사람 모두가 속사람으로는 서로 무시할 수 없는 동등하고 평등한 존재라는 것이다. '사람'이란 몸을 지칭하는 것이 아니라 생령 즉 생명을 가진 영혼이라고 하였으니 영혼이 곧 속사람이다. 그 영혼을 힘입어 정신이 있고 마음이 있으며 인품이 있는 것이다. 그래서 어떤 신분에 있든지 사람이 먼저 되어야 한다는 말은 바로 속사람의 정신과 마음과 인품을 두고 하는 말이다.

  그 속사람의 본래 형질은 '사랑'이라고 하였다. 모든 사람이 사랑을 받고 싶거나 사랑을 하고 싶은 본능은 신으로부터 사랑의 유전자를 받았기 때문이다. 그런데 불행히도 본래 선한 사랑의 기질이 인간의 이기와 욕심으로 인하여 그 사랑이 크게 변질되었으니 그것이 시기 질투 미움 원망 원한 폭행 거짓 등이다. 이는 마치 정상 세포가 암세포로 변질된 경우와 같다. 사랑의 인품인 오래 참음, 온유함, 겸손함, 관용, 자비 등이 작용한다면 사랑은 결코 이기적으로 변질되지 않을 것이다. 상대방을 대할 때는 곧 신의 자녀요 나와 동등한 형제이며 더 나아가서는 나의 작은 신이기 때문에 늘 섬기는 마음으로 대해야 한다. 우리가 진리를 가르치고 배우는 궁극적인 목적은 사랑의 영성을 회복하자는 것이다. 나의 신분이 높든지 낮든지, 나의 경제력이 크든 작든 언제나 내가 없는 듯 낮고 낮은 마음으로 모든 사람을 평등하게 대하는 것이 곧 존중이요 사랑을 베푸는 것이다. 이렇게 서로가 사랑을 주고받아 너와 내가 존재하고, 사회가 사랑의 공동체가 되도록 하자는 것이 진리의 뜻이요 우리 모두의 소원이 되어야 할 것이다.

  그러기 위해서는 무엇보다도 종교계가 사회 전반에 걸쳐 사랑의 인품을 널리 확산할 수 있도록 범사에 모본이 되어야 한다. 항상 마음을 비우고 그 어떤 욕심이나 명예와 권위 또는 권력을 탐하지 말 것이며, 재산이나 재물에 대한 욕심도 멀리할 것이다. 사리사욕에 취한 사람들이 종교계의 지도자 노릇을 하고 신도 노릇을 하고 있다면 종교와 진리와 사랑 등 신의 형상을 모두 먹칠하는 악행이 되는 것이다. 사랑을 베풀고 나누는 사람이 참사람이고 참지도자이며 참신도이다. 참사랑의 인품으로 정치 경제 사회 문화 법조 교육 체육 등 각계에 지대한 영향을 끼쳐야 한다. 정치 경제 사회적 규범과 제도 등은 결코 사람 존중과 사람 사랑보다 위에 있을 수 없는 일이다. 이 일을 위해 종교인들이 소명된 것이고 이 사명으로 자기 존재를 분명히 해야 한다. 그런데 도리어 세속적인 부정과 불의를 행하여 돈과 재물과 재산에 집착하고 문명과 호의호식 즐기는 것을 자랑으로 여긴다면 종교와 신앙과 성직의 가치를 어디서 찾을 것인가?

우리가 교회당에 몸을 담고 안 담고는 중요한 일이 아니다. 형식적이고 습관화된 신앙이 그 사람의 현재의 삶과 사후를 보장하는 것도 아니다. 중요한 것은 우리의 정신과 마음과 인품이다. 마음이 선하지 못한 채 재산을 늘리고, 신분이 상승되고, 신전을 확장하고, 호의호식 하며 문명인이 되는 것이 진정 신의 축복인가? 신의 뜻으로 보나 진리의 가르침으로 보나 부끄러운 수치일 뿐이다. 우리가 진정 신앙인이라면 신을 찾을 것이 아니라 사람을 찾아야 한다. 사람 안에 신이 있기 때문이다. 우주의 천체와 땅의 만물에도 신의 형상이 있듯이 사람에게 신의 형상과 생명과 진리가 있기에 사람을 찾는 것이 신을 찾는 것이며, 사람을 섬기는 것이 곧 신을 섬기는 것이다. 그러기에 우리는 모든 사람을 차별이 없고 한결같이 존중하고 섬기며 사랑해야 한다. 다른 사람을 통해서 자신의 욕심을 채우려는 심보는 사람의 도리가 아니다. 특히 종교계 지도자들이나 위정자들과 사회 각계의 지도층 그리고 경제계의 부자들 등은 기득권과 특혜 등을 악용하여 부와 명예를 누리면서 아래 사람들을 홀대한다면 진실로 사람 구실을 하는 것이 아니다. 사람이 이기적인 욕심으로만 산다면 그는 신의 형상과 그의 선한 뜻을 저버린 것이니 어찌 사람이라 할 수 있겠는가? 욕심이 세상을 지배하면 불안과 혼란이 그치지 않을 것이나 사랑이 세상을 다스린다면 평화와 행복만이 늘 가득할 것이다.

이제 우리는 자신의 정체성과 실체를 바로 볼 줄 알아야 한다. 나는 성직자이기 전에 또는 정치인이기 전에 한 인간이다. 따라서 인간으로서 마땅히 살아야 할 도리가 있다. 풍요로운 의식주나 출세와 성공을 위해 다투고 경쟁하는 짐승이 아니라 서로 존중하고 상생하며 공존해야 하는 사람임을 깊이 인식해야 한다. 사람은 신의 자녀이니 신의 자녀다워야 할 것이고 또한 내가 곧 신이기에 언제나 선한 뜻과 의지를 망각해서는 아니 될 것이다. 내가 바로 살면 이웃도 바로 살지만 내가 그릇 치면 옆 사람도 그릇 친다. 특히 지도층일수록 청빈(淸貧)의 사람이 되어야 사회가 맑고 밝아지는 것이지 지도층이 부정과 불의에 앞서면 측근들도 부정과 불의를 행할 수밖에 없을 것이다. 내가 어느 위치에 있든지 부정과 불의와 타협을 하거나 동조를 하는 일은 결코 없어야 한다. 지도자가 자신의 야심을 채우기 위해 압력을 행사한다면 그것도 불복종할 수 있는 용기와 신념이 필요하다. 자리와 신분과 목숨까지라도 걸고 사랑의 정의를 지킬 수 있는 사람이 나라와 국민을 살리고 종교와 교회를 살리기 때문이다. 대의(大義)를 위해서 자신을 희생하는 것은 공의로운 사랑이 아닐 수 없다. 불의를 거부할 수 있는 것은 사랑의 정의를 세우는 일이니 언제 어디서든지 행동의 기준은 '오직 사랑'이어야 한다. 사람은 사랑으로 살아야 사람이다.

3. 열매를 보면 나무를 안다

　어떤 부자가 농사를 지으면서 많은 곡물을 수확하게 되자 쌓을 곳이 없어서 고민한다. 그러다가 기존 창고를 헐고 새로 크게 지어서 곡물과 재물을 쌓아 두었다. 그리고 스스로 말하기를 내 영혼아, 많은 재물을 쌓았으니 평생 먹고 마시며 인생을 즐기자 하였는데 이때 하늘에서 음성이 들려온다. 어리석은 사람아! 오늘 밤에 네 영혼을 도로 찾을 것이니 그러면 평생 쌓은 재물이 누구의 것이 되겠느냐? 하고 묻는다. 이렇게 이기적인 욕심으로 자신만을 위하는 사람은 결국 공허한 죽음을 맞게 될 것을 경고하는 것이다. 공허한 죽음, 허무한 죽음은 한평생 공허하고 허무한 삶으로 살았음을 대변해 주는 것이다.

　죽은 사람이 입는 수의(壽衣)에는 주머니가 없다. 무엇을 의미하는가? 인생은 공수래공수거이니 사는 동안에 욕심을 부리지 말라는 영혼의 소리를 우리는 듣지 못하고 있다. 사람의 도리를 전혀 하지 못하고 죽는 것을 우리는 주변으로부터 수없이 보면서도 죽음이 말하는 진리를 보지 못한 채 변함없이 나의 욕심을 따라 경쟁을 하듯 살고 있다. 아래로 흘러가야 할 물줄기를 내가 인위적으로 막아 나의 밭과 논에만 물을 대는 꼴이다. 물이 너무 많이 잠기면 논밭의 곡물들이 썩어 못쓰게 되듯이 너무 많은 재산을 쌓아 두기만 하고 이웃과 세상을 향해 인색하면 내 마음 밭도 썩는다는 것을 알자는 것이다. 그러므로 우리는 재물을 내 창고에 쌓을 것이 아니라 하늘 창고에 쌓아야 한다. 하늘 창고란 가난하고 불쌍한 소외계층들을 의미한다. 그러나 대부분 사람은 자신의 물질적 이익(利益)만을 위해 일생을 투자하고 있다.

중국 전국시대 양나라의 군주 혜왕(惠王)이 나라가 점차 약화하는 것이 염려되어 현인들을 초청하였을 때 맹자(孟子)도 갔다. 왕은 맹자에게 말하기를 '맹자께서 먼 길을 오셨으니 장차 내 나라를 이롭게 할 수 있겠습니까?' 이때 맹자가 대답하기를 '왕께서는 하필 이(利)만을 말씀하십니까? 나라를 위하는 것은 오직 인(仁)과 의(義)가 있을 뿐입니다.' 하였다. 그가 말하는 '인'은 마음의 덕이요 사랑의 이치를 의미하고, '의'는 마음의 절제요 베풂을 뜻한다. 맹자는 왕이 어떻게 하면 내 나라를 이롭게 할까 하시면 대신들도 어떻게 하면 내 집을 이롭게 할까를 생각할 것이고, 선비나 백성들도 어떻게 하면 나 자신을 이롭게 할까 할 것이니, 이렇게 위아래가 모두 자기 이득만을 챙기려 한다면 나라는 위태롭게 될 것을 충언한 것이다.

신하가 자리 보존을 위해 왕을 섬기고, 자식이 재산을 바라고 어버이를 섬기고, 아랫사람이 승진을 위해 윗사람을 섬긴다면 그 섬김은 인의가 아니라 이익 때문이니 이것이 나라를 부패하게 하는 일임을 지적한 것이다. 그러니 '이(利)'를 추구하지 말고 인의(仁義)를 추구하라는 것이다. 어느 날 다시 맹자가 혜왕을 찾았을 때 왕이 연못가를 거닐다가 날아가는 새와 뛰어노는 사슴을 보면서 '어진 사람도 이런 자연을 즐기십니까? 하고 물었다. 맹자는 어진 사람이라야 이런 것을 즐길 수 있지 어질지 못하면 비록 이런 것이 곁에 있어도 즐기지 못한다고 대답하였다. 자연을 느끼고 즐길 수 있다는 것은 자신을 찾아가며 주변을 돌아보고 있다는 것을 방증해 주는 것이다. 지금, 세상은 돈과 자기 이익에 정신이 없다.

사람들의 마음 환경이 그 사람의 일생을 결정하고 사회와 나라의 안정과 번영을 좌우하는 것이다. 나라와 민족을 위한다는 위정자들이 외침과는 달리 명예와 권력을 탐하고 부귀영화를 꿈꾸는 숨은 의도가 있다면 그들은 나라와 백성들을 위태로움에 빠뜨릴 것이다. 경제인들이 자신의 재산을 늘리는 데 집착하며 불법을 멈추지 않는다면 노사 간의 갈등이 끊이지 않을 것이며 나라의 경제력도 상승하지 못할 것이다. 공직자들이 권력을 악용하여 부귀영화를 꿈꾸고 있다면 백성들의 삶은 피폐해지고 나라는 혼란만을 거듭할 것이다. 교육자들이 홍익인간(弘益人間)의 정신을 외면하고 사람됨을 교육하지 못한다면 제자들의 장래와 나라의 비전이 어두워질 것이다. 법조인들이 법률의 적용을 사람에 따라 다르게 판결한다면 부정과 부패는 막을 길이 없을 것이고 억울함은 계속 생산될 것이다. 종교 지도층들이 나라와 백성들의 정신적 지주 역할을 하지 못한다면 각종 불법과 불의가 나라 곳곳에서 끊이지 않을 것이다.

　개인으로부터 사회와 나라 안팎에서 안정과 평화의 열매를 서로 나누려면 정치 경제와 법률이나 제도를 개정해서 될 일이 아니라 우리 모두 마음의 환경부터 개선되어야 할 것이다. 작금의 사회와 나라의 실정을 보라. 불안과 혼란의 연속일 뿐이다. 여기저기서 불평과 불만이 산적해 있는 것은 위정자들과 공직자들과 경제인들 그리고 각계의 지도층들이 온전한 구실을 못하고 불법과 불의의 자리에 머물러 있기 때문이다. 가장 선두에서 모범을 보여야 할 종교계 역시 조금도 다를 바 없이 이기적인 욕심으로 점철되어 있을 뿐이다. 이렇게 우리들의 마음속에는 이기적인 욕심과 욕망만이 가득할 뿐 서로 공존하며 상생할 수 있는 긍휼과 인애와 자비한 마음은 찾아볼 수가 없다. 지도층들이 신뢰를 잃고 불신을 받는 원인이 있으며, 사회와 나라가 늘 불안하고 혼란스러운 이유가 있으니 그것은 우리 모두의 마음 밭이 인애와 자비를 벗어나 이기와 욕심으로 가득 차 있기 때문이다. 비움으로도 풍성해질 수 있는 지혜를 현인들에게 겸허히 배울 수 있다면 상생과 공존이 곧 나라의 국력으로 나타나게 될 것이다.

삭개오라는 사람이 있다. 그는 세무서 서장이며 큰 부자 사람이다. 평생 뇌물을 받은 돈도 많고, 거짓으로 부풀려 세금 청구를 하면서 착취한 돈도 적지 않다. 한평생 불의와 불법을 지혜로 생각하면서 큰소리치고 살아온 사람이다. 그러나 평소 마음 한편에는 양심의 가책으로 늘 번민을 하였다. 그러다가 그는 예수를 만나고 자신의 집으로 예수와 제자들을 초대하였다. 그리고 그는 스스로 고백하기를 내 소유의 절반을 가난한 자들에게 주겠으며 만일 누구의 것을 속여 빼앗은 일이 있으면 네 배로 갚겠다고 하였다. 그는 인생의 가치를 재발견한 것이다. 돈과 명예와 문명을 누리는 것에 일생을 투자해 보았지만, 만족과 평안과 행복을 몰랐는데 이제 마음을 비우고 보니 진정한 행복이 보였던 것이다.

어느 날 예수는 바다 위를 걷는다. 그 광경을 보는 모든 사람이 놀랐지만, 사람은 누구든지 바다 위를 걸을 수는 없다. 그러나 세상 바다 위를 걸을 수는 있다. 대부분 사람은 이기적인 욕심과 욕망의 바닷속에 빠져서 산다. 물질문명에 빠지고, 기계 문명에 빠지고, 재물과 명예와 권력 그리고 꿈과 희망 속에 빠져서 산다. 우리는 이런 물상(物像)들을 밟고 그 위를 걸을 수 있을 때 비로소 성공과 행복을 말할 수 있을 것이다. 그렇다. 욕심은 욕심을 낳기 때문에 채움에는 수고와 무거운 짐과 고통과 죽음만이 있을 뿐이다. 그러나 비움에는 맑고 밝은 마음을 이루어 항상 기쁘고 즐거우며 평안하고 행복하여 선함과 사랑이 저절로 묻어 나온다. 우리는 하나님과 재물을 겸하여 섬길 수 없음을 모르고 하나님 앞에서 재물을 구하고 있으니 얼마나 어리석은가?

예수는 우리에게 하나님을 모르는 무지한 자들처럼 기복을 위해 기도하지 말고 하나님을 기억하고 하나님의 뜻이 세상에서 이루어질 수 있도록 기도할 것이며, 의식주는 하루살이로 만족할 것이고, 이웃을 사랑하고 또한 세상으로부터 유혹을 받지 않도록 기도하라(마태복음 6:9-13)고 하였다. 그런데 우리는 무엇을 위해, 누구를 위한 기도를 하고 있는가? 목회자들부터 그릇된 목회관을 가지고 마치 하나님의 뜻인 양 축복을 강조하고 있으니 그들이야말로 거짓 사도가 아닌가? 자신도 진리의 문에 들어가지 못하고 신도들도 하나님을 곡해하게 한다. 신앙과 믿음 그리고 인생의 궁극적인 목적이 세상 복을 얻는데 있는가? 하나님의 말씀은 우리의 건강을 위해 무엇을 먹고 마실까 분주하지 말고, 몸을 위해 무엇을 입고 어떻게 장식을 할까 고민하지 말 것이며, 어디서 잠을 자며 편히 쉴까 하지 말라. 들판의 야생초들처럼 마음을 비우고 언제나 하나님 나라와 그의 의를 구하라 하였는데 나는 날마다 무엇을 구하고 있는가? 그 구하는 것이 곧 당신의 신앙이요 당신의 품성이며 당신의 인생을 말해 주는 것이다.

선한 사람은 그 마음에 선이 쌓여서 선행이 나오며, 악한 사람은 그 마음에 악함이 쌓여서 악행이 나오는 것이다. 마음 바탕이 선하면 열매가 선하지만, 마음 바탕이 나쁘면 열매도 악하기 마련이다. 사랑은 사랑을 낳고, 선은 선을 낳고, 악은 악을 낳는 것은 근본 원리이다. 그러므로 종교인들은 거짓 성직자들을 경계하고 조심해야 한다. 성공과 기복을 강조하는 그들은 영적 지도자의 자질을 상실하였기에 그들을 따른다면 내 영성과 인생과 신앙에 큰 변고가 생기기 때문이다. 또한, 사회와 나라의 지도층들 가운데서도 사리사욕을 채우는데 무리수를 띠는 사람들은 정의로운 심판으로 그들의 잘못에서 돌아설 수 있도록 냉정할 수 있어야 한다. 가시나무에서 포도를 구할 수 없고, 엉겅퀴에서 무화과를 얻을 수 없다. 좋은 나무마다 선하고 아름다운 열매를 맺고, 못된 나무가 악하고 나쁜 열매를 맺는 것이다. 사람의 속은 그들의 언행을 통해서 안다. 함께 어울리다가 함께 패망할 수 있음을 명심해야 한다. 평소 교회 출석을 잘하고, 성실히 기도하며 예배도 잘 드리고, 교회 성장도 크게 하고, 심지어는 기적과 능력을 행하였다 할지라도 천국 문이 그들에게 열리는 것은 아니라고 하였다. 이런 생활은 하나님이 원하시는 바가 아니기 때문이다. 우리는 그런 것이 하나님의 뜻인 줄 알았는데 하나님은 도리어 우리에게 '불법을 행한 자들아, 나는 너희를 도무지 알지 못하니 나를 떠나라' 하고 슬퍼하며 돌아선다.

생명의 문, 진리의 문, 구원과 영생의 문으로 들어가는 길은 좁은 길이요 넓은 길이 아니다.(마태 7:13-23) 그러나 사람들은 좁은 길보다는 넓은 길을 선호한다. 넓은 길은 편하고 빠르기 때문이요 좁은 길은 불편하고 느리기 때문일 것이다. 이와 같은 심리로 대부분 사람은 문명을 쫓아간다. 문명은 편하고 신속 정확하며 흥미가 많기 때문이다. 그래서 문명을 누리는 것을 자랑과 영광으로 생각하며 우쭐댄다. 반면에 문명을 뒤로하고 소리소문없이 진리와 함께 홀로 지내는 성인들이 있다. 그들의 생활에는 빠르고 편하고 신속 정확해야 할 일들이 전혀 없다. 여유가 있어 한가롭고, 고요하고 잔잔하여 마음의 풍랑이 일어나지 않는다. 항상 진리가 있어 굶주림을 모르고 외로움도 모른다. 자비를 행하다가도 마치 아무 일도 하지 않은 듯 고요와 침묵의 자리로 돌아온다. 문명인은 넓은 길을 뛰고 달리는 사람들이요, 비문명인은 좁은 길을 좁다고 여기지 않으며 서두름 없이 찬찬히 빈 마음으로 바람 따라 걷는 사람이다. 좁은 길은 본질과 본성을 찾아가는 길이다. 자유와 평화 그리고 사랑을 찾아가는 길이다. 좁은 길은 좁아서 좁은 길이 아니라 사람들이 찾지 않아 좁은 길이라 할 뿐 가장 광활한 길이다. 삶의 모습을 보면 그 사람이 어떤 사람인지 알 수 있다. 삶의 열매들이 그들을 말해 주기 때문이다. 이제 좋은 열매, 선한 열매, 존중과 사랑의 열매가 내 삶의 결실이 되게 해야 할 것인즉 이 삶이 곧 성공한 인생이요 행복의 광장이기 때문이다.

4. 진리의 길은 사랑의 길

평소 양심적이며 모범적인 인품을 지닌 젊은 부자 관원이 예수를 찾아와 '내가 무슨 선한 일을 해야 영생을 얻겠느냐'고 당당하게 물었다. 예수는 영생을 얻고 싶다면 계명을 지키라고 하니 그는 어려서부터 교회를 성실히 다니면서 살인, 간음, 도둑질, 거짓, 부모 공경 등 계명들을 잘 준수하였기에 아직도 무엇이 부족한가를 재차 물었다. 예수도 젊은 관원이 세상과 어울릴만한 유혹에도 빠지지 아니하고 교회 생활과 도덕적인 삶에 성실한 것을 아시고 그를 사랑하는 마음으로 "네가 한 가지 부족한 것이 있으니 가서 네 소유를 팔아 가난한 자들에게 나누어 주라. 그리고 와서 나를 따르라"라고 하였다.

예수는 구원과 영생을 묻는 말에 계명 지킬 것을 요구하였는데 그 계명의 근본정신이 바로 이웃을 내 몸처럼 사랑하는 것임을 일깨워 주었다. 특히 가난하고 병약한 모든 약자를 내 몸처럼 사랑하라 하였으니 구원과 영생은 긍휼과 자비와 사랑으로 얻어짐을 깨우친 것이다. 구원과 영생은 사후에 내세에서의 성취가 아니라 지금 여기서 사랑함으로 성취되는 것이다. 사랑은 구원의 열매요 영생의 실체이다. 구원과 영생이란 욕심의 불꽃이 꺼진 사랑 자리이다. 그런데 젊은 관원은 자신이 율법의 의로는 흠이 없다는 자기 의(義)를 자신했을 뿐 정작 율법과 계명의 정신을 이해하지 못한 것이다. 인간은 언제나 진리를 들을만한 영혼이 없다. 진리를 말하면 건성으로 듣고 이기적인 생각을 바꾸려 하지 않는다. 가정에서 자녀들이 부모의 말을 잘 듣지 않듯이 인간은 진리의 가르침을 잔소리로만 듣는다. 예수는 의미 없는 관습적인 신앙을 쫓지 말고 계명의 정신을 실천하라 하였는데 관원은 그 진리를 듣고는 당당함은 사라지고 위축되어 집으로 돌아갔으니 오늘 우리의 모습이 아닐 수 없다.

율법과 계명은 문자적인 지킴을 요구하는 것이 아니라 의미와 뜻 즉 정신을 깨닫고 실천할 것을 기대한다. 율법과 계명이 진리가 아니라 율법의 뜻과 계명의 정신이 진리이다. 문자를 그림자로 보면 뜻과 정신은 빛이다. 우리는 문자를 통해 빛의 실체를 보아야 하는데 그 빛의 실체가 바로 사랑이다. 모든 계명과 율법의 정신은 이웃을 내 몸처럼 사랑하라는 사랑의 계명이기에 모든 계명은 이웃 사랑을 위해서 여러 계명으로 열거한 것뿐이다. 젊은 관원은 결국 많은 재물을 가난한 이웃 사랑과 연결할 수 없어 그가 바라는 영생과는 멀어졌으니 오늘 우리의 모습과 크게 다르지 않은 안타까운 모습이다. 하나님 앞에서 해야 할 사랑은 행하지 못하고 하지 않아도 되는 신앙적 관습에만 우리는 열심을 내고 있다.

진리는 이해하기 어려울 만큼 난해한 것도 아니고, 고리타분한 잔소리도 아니며, 신비한 능력의 축문(祝文)도 아니다. 그리고 진리는 지식이나 학문으로 접근을 하면 실패하는 것이며, 신학이나 교리가 진리를 해석하는 기준이 되어서도 안 된다. 진리가 말하고자 하는 숨은 뜻을 밝히는 일은 진리를 가까이하는 사람들의 몫이다. 특히 진리는 영성(靈性)을 드러내야 하기에 영적인 감각으로 접근을 해야 한다. 영성이란 다름 아닌 진리의 본질, 본뜻, 의미, 정신 등으로서 진리를 주신 옛 성현들의 마음과 삶을 읽어 내는 것을 말한다. 성현들의 가르침의 근본 정신은 모두가 자비와 사랑을 말하고 있음은 주지의 사실이다. 따라서 진리의 이해와 해석은 진리의 근본정신인 자비와 사랑으로 풀어야 할 것이다. 진리의 본질과 계명의 정신에 대한 바른 이해는 바른 학문, 바른 신앙, 바른 생활을 가져오기에 기복 신앙에서 벗어날 수 있으며 사설(私說)이나 사이비 종파의 그릇된 가르침에 자신과 가족을 보호할 수 있을 것이다. 특히 종교에 대한 이해와 해석 및 교리적인 논쟁은 정통과 이단에 대한 끝없는 논쟁일 뿐이니 진리의 정신인 바른 생활 즉 사리사욕이 없는 청빈, 소유가 아닌 존재, 소비가 아닌 섬김, 거짓을 모르는 진실의 항상성(恒常性) 등으로 판단할 것이다.

우리는 신앙적 공로로 하나님을 기쁘게 할 수 있는 것이 아니다. 그것은 스스로 자랑하고 우쭐대는 자기 의일 뿐이다. 대부분의 간증을 들어보면 온갖 칭찬을 주고받으면서 자기 의와 자기 자랑뿐이며 자기 부정은 찾아볼 수가 없다. 자기를 부정한 사람이라면 간증 마당에 출연하지도 않았을 것이다. 하나님 또는 예수를 따른다는 것은 자기를 버리는 일이 우선 전제되어야 한다. 하나님과 예수를 믿는다는 것은 단지 숭배의 대상으로 믿는 것을 넘어 그의 말씀을 겸허하고 묵묵히 따른다는 순종의 의미가 있음을 지나쳐서는 안 된다. 순종은 주어진 환경이나 여건 등과 상관없이 항상 따르는 것이니 순종에는 행불행을 넘어서기 때문이다. 그래서 하나님과 예수를 믿음의 대상에서 멈출 것이 아니라 그의 말씀대로 살 것이다. 그것이 믿음의 목표요 또한 진정한 믿음이다.

그런데 우리는 신앙적으로는 자기 의를 앞세우고 세속적으로는 출세와 성공과 재물과 명예와 문명과 문화 등을 쫓으면서 하나님과 예수를 믿는다고 하니 이는 모두가 거짓이고 위선이다. 쟁기를 잡고 세상을 돌아보는 자는 하나님 나라에 들어갈 수 없다고 하였다. 주여, 주여

하면서 열심을 내지만 하나님의 뜻을 살려내지 못한다면 결국 나는 아무것도 아니요. 짠맛을 잃은 소금에 불과한 것이다. 예수가 군중들 앞에서 가르침을 주고 있을 때 어머니 마리아와 그의 형제들이 찾아 왔다. 사람들이 예수께 어머니와 형제들이 찾아 왔다고 전갈을 하니 "누가 내 어머니이며 내 형제들인가?" 예수는 제자들과 군중들을 가리키며 여기 있는 이 사람들이 내 어머니이고 내 형제들이라고 하면서 "누구든지 하나님의 뜻대로 사는 자들이 내 형제요 내 어머니"라고 하였다. 이는 혈육이나 전통과 제도 등을 떠나 진정으로 하나님의 뜻을 찾는 사람이라면 누구든지 예수의 가족 곧 하늘 백성이 될 수 있음을 일깨운 것이다.

우리가 진리의 근본정신을 깨닫는다면 그 진리는 우리를 자유롭게 한다고 하였다. 그 자유란 율법적 전통과 제도 및 세속적인 굴레와 탐심에서 벗어난 구원의 결과를 말한다. 그런데 진리를 안다면서 전통과 권위와 기복 및 탐심에 빠져서 위선과 재물과 부귀 등에 매여 있다면 이는 분명 진리를 아는 것이 아니다. 성경을 문자대로 지키며 스스로 매인 바 된 종교적 행위와 세속적인 각종 탐심에 끌려다니는 인생에서 참자유와 평화를 얻게 하려는 것이 진리의 가르침이다. 그리고 진리를 알면 자유를 얻는데 그 자유로 육체의 욕망을 채우는 기회로 삼지 말고 사랑으로 서로 섬기라고 하였다. 모든 율법은 "네 이웃을 네 몸처럼 사랑하라"한 계명 속에 다 들어있기 때문이다.

그러면 소유가 아니라 존재를 소중히 여기고, 소비가 아니라 섬김이 삶의 철학이 될 것이니 여기에 진정한 자유와 평화가 있는 것이다. 아무것에도 매이지 않아 더는 필요하지 않으니 자족을 알아 자유로우며, 자유로우니 기쁘고 평화롭고 고요하다. 평화는 그 어떠한 유혹에도 흔들림이 없어 부러움이 없고, 갈등도 없으며, 다툼이 없으니 언제나 행복하다. 이렇게 자유와 평화를 누릴 때 모든 사람을 차별 없이 존중하고 먼저 대접하는 일이 일상이 될 것이다. 이것이 곧 인애와 긍휼과 자비 즉 사랑이다. 사랑은 에로스나 로맨스가 아니라 겸손과 온유함 속에서 사람 존중과 먼저 대접이다. 결국, 자유와 평화 그리고 사랑은 진리를 온전히 깨달은 사람이 누리게 되는 진정한 축복이요 행복이다. 그래서 사랑은 진리의 본질이요 진리란 곧 사랑을 의미한다.

구약 시대에 이스라엘 백성을 포도나무에 비유하곤 하였다. 하나님이 가장 좋은 포도나무를 심어 멀리까지 넝쿨이 뻗어 풍성한 열매를 맺을 수 있도록 하였다. 그런데 어느 날 하나님은 이제는 더는 포도나무를 돌볼 수가 없다고 선언을 한다. 그동안 최선을 다하여 돌보았지만 좋은 열매가 맺지 아니하고 썩은 열매만 가득했기 때문이다. 그래서 하나님은 울타리와 담을 헐어 짐승들에게 내어주겠고, 그 밭을 황무지로 만들겠다고 한 것이다. (시편 80:8-16, 이사야 5:2-7) 여기서 포도밭은 이스라엘 민족이요 하나님이 아끼고 사랑하는 포도나무는 유대 백성을 가리킨다. 그런데 그들이 하나님이 기대하던 정의와 사랑을 저버리고 이기적인 탐심만을 부린 것이다. 그들을 끝까지 붙들고 돌보려 했지만, 그들이 하나님을 놓아 버렸기에 하나님은 더는 붙들 수가 없게 된 것이다.

우리도 부모와 함께 있을 때는 부모의 사랑이 간섭 같아서 독립하고 싶은 마음이 간절한 것처럼 하나님의 사랑 안에 있을 때는 그 사랑이 불편하게만 느껴진다. 그래서 하나님이 잡은 손을 자신이 빼고 돌아선다면 하나님도 강제로 붙들지는 못한다. 서로 다투지 말고 사랑하며 살라는 말씀이 잔소리로 들리고 우리를 불편하게 한다고 여기는 것이다. 그러니 사랑의 좋은 열매는 맺지 못하고 탐심으로 인한 썩은 열매만 우리 생활 속에 가득한 것이다.

　그러면 우리가 어떻게 더 소중한 것을 발견하고 깨달을 수 있을까? 그것은 진리에 관한 끊임없는 탐구 정신을 버리지 않는 것이다. 먹어도 진리를 위해서 먹고, 일해도 진리를 위해서 일하고, 잠을 자도 진리를 위해서 잠을 자는 것이다. 언제 어디서든지 진리를 생각하다 보면 영감이 떠오르기도 하고, 진리에 대한 새로운 깨달음을 얻기도 한다. 이런 일들이 반복하여 쌓이다 보면 진리로 인한 기쁨과 풍성함과 행복을 알게 되며 세속에 대한 미련과 탐심이 사라진다. 예수는 부패한 우리를 대신하여 참포도 나무가 되었다. 그리고 우리를 참포도 나무의 가지로 붙여 주었다. 이제 참포도 나무에서 분리된 가지가 아니면 좋은 열매는 저절로 맺을 수가 있게 된 것이다. 예수가 내 안에 그리고 내가 예수 안에 있으면 성령의 열매, 사랑의 열매는 저절로 풍성해진다는 것이다. 예수란, 사람이 가야 할 길(道)이요 진리이며 생명을 의미하는 것이니 예수 안에 내가 있다는 말은 진리 안에 내가 있음이요 진리와 하나 된 상태를 의미하는 것이다.

　그래서 진리 또는 말씀은 가르치고 배우는 공부의 수단이 아니고, 세속적인 축복을 위한 축문도 아니며, 예배와 설교를 위한 경전도 아니다. 모든 종교는 진리를 근간으로 하여 존재한다. 종교는 곧 진리이고 진리는 종교라는 것이다. 따라서 모든 종교계는 진리가 말하는 본질을 일깨워 모든 사람의 인생과 직업 등의 길잡이로 제시할 수 있어야 한다. 종교와 진리의 본질인 '사랑'만이 가르침과 배움과 믿음의 수행 그리고 삶의 수단이요 과정으로 수용해야 한다. 사랑 외에 돈과 재물과 명예와 권력 등을 탐하는데 신앙이라는 빌미로 기복을 강조하는 주장은 모두가 허망한 거짓임을 깊이 깨달아야 할 것이다. '사랑' 그 자체가 신이요 하나님이며 종교이고 진리이기 때문이다. 따라서 종교와 진리는 신앙이나 기복과는 상관관계가 전혀 없다. 진리는 서로 사랑하라는 신의 명령일 뿐이다. 그래서 구원이나 해탈을 말하고자 한다면 누구든지 사랑의 삶으로 가늠해야 할 것이다. 사랑의 길을 간다는 것은 세속적인 소유욕과 소비의 자랑을 배제하고 오직 청빈(淸貧)한 마음과 삶으로 나눔이 일상화되어야 한다. 나눔의 일상화는 너와 나의 구분을 잊은 채 필요에 따라 돈과 재물과 권력 등 무엇이든지 항상 공정하게 나누는 것이다. 성경에도 "너희가 서로 사랑하면, 사람들이 이것을 보고 너희가 내 제자인 줄 알 것이라" 하였다.

하나님이 당신의 아들 예수를 세상에 보낸 배경과 예수의 오심과 수난과 죽음 안에는 오직 사랑이 있었던 것을 우리는 외면하면 안 된다. 예수의 오심은 사랑이 온 것이요 예수의 수난은 사랑이 수난을 겪은 것이며 그의 죽음은 곧 사랑의 죽음이요 그의 부활은 사랑의 부활인 것이다. 예수의 죽음은 모든 인간의 탐심이 죽은 것을 상징하는 것이고, 그의 부활과 함께 모든 인간에게 죽었던 사랑이 부활한 것이다. 그래서 오직 내 안에서 살아야 하는 것은 탐심이 아니라 사랑이어야 하는 것이니 이것이 곧 신 또는 하나님이 내 안에서 살아있음이다. 그러므로 우리도 예수와 같이 이웃과 세상을 사랑하여 소금과 빛 된 삶을 보이며 남다른 좁은 길을 나의 신앙의 길, 믿음의 길 그리고 인생길로 삼아야 한다. 이 길이 곧 축복의 길이요 구원과 영생의 길이며 인생 성공의 길이다. 세상에서 얻은 육신과 재물과 명예와 권위와 권력 그리고 문명은 반드시 사라질 것이나 진리와 사랑만은 영원할 것이다. 따라서 종교인 비종교인을 떠나 누구든지 세상과 이웃을 향한 빛과 소금 즉 사랑이 신앙과 인생의 신조가 되어야 할 것이다.

다시 강조하거니와 진리의 본질은 하나님 사랑과 이웃 사랑이니 신앙의 본질 역시 '사랑'일 수밖에 없다. 진리의 근본정신은 이웃을 내 몸처럼 사랑하는 것이요 또한 무엇이든지 남에게 대접을 받고자 하는 대로 먼저 대접하는 것이니 먼저 대접이 사랑이다. 너희는 소금이요 빛이라 한 것은 인류의 공통된 이름이 곧 '사랑'이라는 말이다. 선지자들의 분노는 하나님의 사랑이고, 예언자들의 책망 역시 하나님의 사랑이다. 그 '사랑'은 나의 존재이며 동시에 나의 삶이다. 따라서 신을 사랑한다는 것은 사람을 존중하고 사람을 신으로 대접하는 것이니 이것이 진정 신을 경배하고 사랑하는 길이다. 그래서 '사랑'을 존재적 측면에서 신(神) 또는 하나님으로 이해하자는 것이다. '사랑'이 '신'인 것을 알면 신앙은 의식(儀式)이 아니라 생활임을 부인하지 못할 것이다. 종교의 핵심은 '무엇을 할 것인가?'가 아니라 '어떻게 살 것인가?'를 일깨워 주고 있다.

그러므로 돈과 재물과 권력 등 세속적인 힘(力)을 자랑하며 사는 것은 가장 어리석고 허망한 인생이 될 것이다. 또한, 진리를 왜곡하고 기복 신앙을 부추기는 것은 거짓을 말함이요 신을 모욕하는 행위이며, 진리를 앞세워 비난과 다툼과 분열과 대립을 조장하는 짓은 해악 중의 해악이다. 진리란 현실과 동떨어진 이상론이나 형이상이 아니라 지극한 인간의 근본 도리를 깨우치는 신의 형상이요 신의 음성이다. 그 진리를 찾아가는 길은 사랑을 행하는 것이요 사랑을 행하는 것이 곧 신을 경배함이며 신을 만나는 길이다. 그 사랑이란 바로 '서로 존중함'과 '서로 배려함' 그리고 '먼저 대접함'이다. 이렇게 사는 삶 그 자체가 그대로 진리이니 진리는 상식적인 삶 또는 양심적인 삶과 분리되지 않는다. 진리는 자연의 소리요 신의 음성이기에 잠자는 영혼을 일깨우는 청량제와 같다. 진실로 진리의 정신을 깬 자는 지금 예수의 삶을 살 것인즉 이것이 믿고 따르는 참신앙이다. 진리는 오직 "사랑"뿐이다. 그 외의 모든 율법과 계명은 사랑의 진리를 펼쳐놓은 것이다. 진리를 찾는 것은 곧 사랑을 찾는 것이요, 진리를 전한다는 것은 사랑을 전하는 것이며, 진리를 힘입어 산다는 것은 사랑을 힘입어 산다는 뜻이다. 그러므로 내가 곧 길이요 진리요 생명이라고 한 것은 사랑의 길과 사랑의 진리와 사랑의 생명을 의미한 것이니 예수 자신의 정체성은 곧 '사랑'임을 밝힌 것이기에 진리는 곧 사랑이다.

5. 사랑이 없는 신앙은 죽은 것이다

　바울(paul)은 이렇게 고백하고 있다. "내가 언어를 구사하는 능력이 뛰어나고 하늘의 소리를 말하더라도 사랑이 없으면(do not have love) 울리는 징이나 시끄러운 꽹과리가 되고, 내가 예언하는 능력이 있어 모든 비밀과 모든 지식을 알고, 또 산을 옮길만한 믿음이 있을지라도 사랑이 없으면 내가 아무것도 아니요(I am nothing) 내가 내 모든 재산을 나누어 주고 내 몸을 불사르게 내어 줄지라도 사랑이 없으면 내게 아무 유익이 없느니라(I gain nothing)"고 힘주어 강조하였다. 그는 본래 혈통적 가문과 사회적 학벌 및 신분 등 부족한 것이 없는 좋은 조건을 갖춘 자였고, 또한 예수를 신흥 종교의 교주로 오해하고 핍박의 전선에 나설 만큼 신앙적 열심 또한 매우 뛰어나 범사에 늘 자신만만해 한 사람이었다. 그러나 그는 예수의 부활을 목격한 뒤 평소 자랑할만한 모든 조건이 아무 쓸모 없음을 깊이 깨달은 후 교만이 무너지면서 결국 '사랑'이 신앙의 전부요 인생의 해답임을 절실하게 깨달았다.

　우리는 예수를 믿으면 구원을 얻고 사후에 천국에서 영생을 누린다는 단순한 교리적 믿음을 신앙의 전부로 알고 전통적인 예배와 기도회에 정기적으로 참여하면서 소원성취 구하는 것을 가장 좋은 신앙으로 여기고 있다. 그러나 이런 신앙심은 기복(祈福)으로 치우친 원시적 신앙심이다. 정기적인 예배에 참여하면서 이기적인 소원성취를 위해 기도하며 살다가 죽으면 언제라도 천국에서 영원히 산다는 막연한 신앙을 보일 뿐 지금의 삶에서 요구되는 본(本)이나 덕(德)은 도무지 찾아볼 수 없는 실정이다. 하나님의 존재와 예수의 등장 그리고 진리가 있는 것은 사후의 천국 입성과 이기심으로 뭉친 소원성취가 신앙의 전부인가 묻고 싶다. 하나님과 예수 그리고 진리는 예배와 기도와 소원성취를 위해 존재하는 것이 아니라 삶의 근본 주제와 원리로 주어진 것이니 우리는 제2의 예수가 되어 범사에 덕을 세우며 본이 되는 삶의 주체자가 되어야 한다. 그 삶이란 다름 아닌 나를 부정하고 이웃을 내 몸처럼 사랑하며 사는 신앙과 인생으로 거듭나야 한다는 것이다. '사랑'은 하나님 존재의 본질이요 예수의 삶으로 보여준 인생과 신앙의 목적이며, 진리의 정신이요 생명의 본체이다. '사랑'을 도외시한 신앙과 인생은 모두가 거짓이요 위선이며 헛되고도 헛될 뿐이다.

바울의 고백이 담긴 사랑의 메시지(고린도전서 13장)는 산상수훈과 함께 신구약의 수많은 가르침을 대표할 수 있는 최고의 가르침이다. 사랑이 없는 사람이라면 그가 무엇을 하는 사람이든, 어떠한 공적을 세웠든, 신령한 능력을 겸비했을지라도, 최고의 학벌을 소지하고, 언어 구사의 능력이 뛰어나고, 교사의 재능이 남달라도, 수많은 사람의 추종을 받으며 최고의 대접을 받을지라도, 대형 교회로 놀라운 성장을 보이고 심지어는 자기 재산을 가난한 사람들에게 나누어 주고, 그들을 위해 목숨을 바쳤다 할지라도 '사랑이 없으면 나는 아무것도 아니요, 내게 유익할 것조차 없다'라고 하였다. 그가 말하는 '사랑'이 무엇이기에 사랑이 없다면 자기의 존재 자체를 무익하다고 한 것인가? 그는 과거 바리새파 사람으로 있었을 때 누구보다도 하나님을 잘 믿는다고 자부하던 사람이었다. 온전한 하나님 사람으로 자처하였다. 그런데 후에 진리의 정신을 깨달은 후 그는 자기 안에 진정 하나님이 없었음을 안 것이다. 다만 전통적으로 답습한 신앙과 율법에 남다른 열정이 있었을 뿐 정작 하나님의 존재와 하나님의 본질 그리고 율법의 근본정신 등에 대한 앎은 없었던 것이다. 이제 영감을 얻어 깨달으니 '사랑'은 다름 아닌 하나님과 예수 또는 진리 그 자체였던 것이다. 그래서 '사랑이 없으면' 한 것은 하나님 또는 예수가 없으면 우리의 가르침과 신앙과 믿음 그리고 모든 앎과 공적은 무익한 행위이니 나의 존재가 지극히 공허하다는 것을 말하는 것이다.

우리의 신앙도 전통적인 제도권을 그대로 좇아가고 따라가는 것은 아닌지 깊이 돌아볼 필요가 있다. 보수와 진보로 나누어 서로 비난하는 것은 백해무익한 짓이다. 무엇이 보수이고 무엇이 진보인가? 말장난에 불과할 뿐이니 적어도 본질과 근본정신이 판단의 기준이 되어야 할 것이다. 수십 년 내지는 수백 년의 전통이 옳은 것은 아니며 내 입에 맞는 것만이 전통이요 보수인 것도 아니다. 아무리 똑똑하고 현명한 신학자들이 체계화한 신학과 교리와 제도일지라도 근본정신을 상실하면 실패작일 뿐이다. 바른 신학도 바른 생활을 위한 것이고, 바른 교회도 바른 생활을 위한 것이며, 잘 정리된 교단의 헌법이나 규칙들도 바른 생활의 열매를 위한 가지일 뿐이다. 그렇지 않으면 신학과 교리와 헌법과 규칙들이 올무가 되어 사람을 살리는 것이 아니라 죽이는 결과를 낳을 수도 있다. '원칙'은 언제나 냉정하고 차갑고 매몰차 사람을 괴롭힐 뿐 사람을 살리는 자비와 관용과 사랑이 없다. 중세기의 십자군과 화형식 등은 당시 종교 지도층들의 아집에서 비롯된 불행한 역사임을 다시 돌아볼 것이다.

반복해서 강조하거니와 종교와 신앙 및 믿음의 본질은 인애와 자비와 긍휼 즉 사랑이다. 모든 경전 속에 수많은 가르침과 계명들이 있을지라도 그 모두는 오직 '서로 존중'과 '서로 사랑'을 강조하고 있는 것이니 이것만이 바른 신학이요 바른 교회이며 바른 성직이요 바른 신도가 되는 것이다. 우리가 늘 하던 대로 수많은 예배와 찬양과 기도와 헌신과 성장과 이웃 봉사와 다양한 프로그램과 기념행사 등을 행할지라도 사람과의 관계가 진실 된 존중과 사랑이 겉치레에 불과하다면 거짓이요 위선이니 내가 아무것도 아니요, 내게 아무 유익도 없다는 것이다. 그런데 우리는 대표적인 종교적 의식인 예배와 기도와 찬양과 설교 등에 신앙과 믿음의 행위가 집중되어 있다. 특히 예배가 신앙의 전부가 아니다. 오히려 예배보다는 이웃을 내 몸처럼 사랑하라는 인애와 긍휼과 자비에 더 큰 비중을 두고 있는 것이 하나님과 예수의 정신이다.

사랑으로 모든 율법을 완성하라고 하지 않았는가? 진정 무의식중에라도 존중과 사랑이 자연스레 묻어 나온다면 굳이 교회당과 예배가 요구될까? 오늘의 교회당과 예배가 예루살렘이나 그리심산이 되어서는 아니 된다. 언제나 영과 진리로 예배하면 되는 것이니 성도들의 교제와 활동을 위한 최소한의 구역형 가정교회(small church) 정도면 충분할 것이다. 한 곳에 집중되어 모임을 가지면 건축비와 비품과 관리비와 운영비와 인건비 등이 차지하는 비중이 얼마나 큰가? 특히 교회 규모가 대형화될수록 불필요한 낭비일 뿐이다. 불필요한 것에 마음을 쏟을 것이 아니라 꼭 필요한 것에 마음과 성품과 뜻과 지혜를 모아야 하는데 그것이 바로 사람 존중이요 사람 사랑이다. 사람 존중과 사랑이 빠진 교회 성장이나 종교적 의식(儀式)은 무가치할 뿐이다. 그것은 종교와 신앙과 믿음 그리고 생명과 진리가 아니기 때문이다.

진정한 신앙과 믿음은 하나님을 향하는 것이 아니라 사람과 세상을 향하는 것이다. 진리를 자신의 등불로 삼고 그 등불을 이웃과 세상에 비추는 것이 곧 신앙이요 믿음이며 우리의 인생살이가 되어야 한다.

모든 경전은 신을 위해 기록된 것이 아니라 사람과 세상을 위해 기록된 것이다. 신을 향한 경외와 숭배를 위해 종교가 있는 것이 아니라 사람의 도리를 위해서 우리에게 주어진 것이 종교이다. 그런데 많은 예배와 찬양과 공부 그리고 헌신이 있지만, 형식적인 인사를 나눌 뿐 정작 존중이나 사랑은 거의 보이지 않는다. 이웃 종교도 별반 다르지 않다. 어디든지 축복을 바라는 이기와 욕심들만 보일 뿐이다. 성직자들과 신도들이 머물 곳은 신전인가? 신전은 과연 신들의 거처인가? 신앙과 믿음의 근본은 '사랑'이며 그 사랑의 대상은 세상 사람이다. 그런데 목회자들은 하나님의 은혜와 능력만 강조하며 축복을 빌어주어 막연히 하나님만 바라보게 하니 신도들은 신의 은혜와 능력만 기대하며 자기들의 욕구를 구하면서 이것을 신앙과 믿음으로 착각을 하고 있다. 이것은 참으로 허망한 꿈과 희망을 심어줄 뿐이다. 우리는 신의 존재를 형이상(形而上)에서 찾을 것이 아니라 형이하(形而下)에서 찾아야 한다. 보이지 않는 존재는 보이는 존재로 세상의 만물과 인간으로 항상 존재하기 때문이다.

우리가 목회자로서 또는 신도로서 하나님을 세상에서 높이려면 진리의 정신인 인애와 자비와 사랑을 드러내야 할 것이다. 겉모습만 그리스도인이 아니라 양심과 정신과 영혼까지 그리스도인이 되어야 한다. 하나님을 예배와 찬양으로 경배할 것이 아니라 마리아처럼 낮고 빈천한 마음으로 경배할 것이며, 예수를 믿기만 할 것이 아니라 예수처럼 사는 것이어야 한다. 교회가 가장 큰 영광으로 여기는 것은 예수의 죽음과 부활일 것이다. 그 죽음의 근거는 인간의 죄성(罪性)이고 그 죄의 근원은 바로 욕심이다. 그 욕심은 도덕 윤리적인 죄를 말함이 아니라 하나님을 배반하고 하나님의 사랑을 상실한 원죄를 의미하는 것이다. 그 원죄가 하나님을 허수아비와 같은 우상으로 변질시켰으며, 여전히 하나님을 배반한 상태에서 하나님의 사랑 안으로 들어올 생각조차 못 하게 하는 인간의 욕심이다. 십자가의 죽음은 내가 제물이 되어 욕심이 죽은 것을 의미하고, 부활은 그 욕심의 자리에 존재적 사랑이 깨어나는 것을 의미하는 것이다. '나'의 죽음과 부활을 대신한 예수를 '나'로 대입하는 것이 곧 '믿음'이며 그 믿음으로 구원에 이르는 것이다. 그래서 변화를 입은 바울은 이렇게 고백한다. "내가 그리스도와 함께 십자가에 못 박혔나니 이제는 내가 사는 것이 아니요 오직 내 안에 그리스도께서 사시는 것이라 이제 내가 육체 가운데 사는 것은 나를 사랑하사 나를 위하여 자기 자신을 버리신 하나님의 아들을 믿는 믿음 안에서 사는 것"이라고 고백하였다.

그런데 성령의 열매, 사랑의 열매도 없이 교회 생활에만 충실한 '자기 의(義)'를 자랑하며 우쭐대고 축복만을 기대하고, 부귀영화 누리는 것을 하나님의 은혜로 주장한다면 예수 십자가의 사랑을 헛되이 만드는 죄인 중 괴수가 되는 것이다. 지금까지 우리는 교회 생활에 충실하면 구원받은 것으로 착각을 하고 사후에 천국에 들어간다고 말하고 있다. 이런 그릇된 평면적 믿음이 사울처럼 진리다운 진리를 비난하고 변화와 거듭남을 방해하는 것이다. 만일 사람이 믿음이 있노라 하고 행함이 없으면 무슨 유익이 있겠는가? 그 믿음이 능히 자기를 구원하겠는가? 하고 야고보는 묻는다. 만일 형제나 자매가 헐벗고 일용할 양식이 없는데 우리 중에 누구든지 그에게 말하되 평안히 가라, 덥게 하라, 배부르게 하라 하며 그 몸에 쓸 것을 주지 아니하면 무슨 유익이 있는가? 그러므로 행함이 없는 믿음은 그 자체가 죽은 것이라고 하였다. 믿음이 죽었다는 것은 내 안에서 하나님이 죽었다는 말과 다르지 않다. 아니 죽은 것이 아니라 처음부터 하나님이 없었던 것은 아닐까? 그러니 처음부터 늘 자기 욕심을 가지고 하나님 앞에 나오는 것이다.

신앙의 목적은 소원 성취 등 기복이 아니라 온전한 사람 구실을 하는 것이다.

　우리가 하나님 또는 예수를 안다고 하면서 사랑의 계명을 따르지 않는다면 우리는 거짓말을 하는 자요, 진리에 속한 자도 아니다. 누구든지 사랑의 열매를 맺는 사람은 하나님의 '사랑'이 그 안에서 온전히 거하는 것이니 어려울 때 찾아주는 친구가 진짜 친구이듯이 고통을 겪는 이웃을 찾는 사람이 참 그리스도인이다. 이웃을 내 몸처럼 사랑하는 것은 내가 빛 가운데 있음을 의미한다. 이런 사람은 다른 사람을 잘못되게 하는 일이 없다. 그러나 이웃을 미워하고 험담하며 업신여기고 갑질을 행사한다면 그는 어둠에 빠진 자이다. 어둠 속에 빠진 사람은 지금 가는 길이 어디로 가는지 모른다. 그러면서 육신을 즐겁게 하는 일과 눈을 즐겁게 하는 일 그리고 자기의 삶을 뽐내며 헛된 인생을 살고 있다. 그러므로 이웃 사랑을 말과 혀로만 할 것이 아니라 진실한 행함으로 할 것이다. 이로써 하나님께 속한 것을 내가 알고 타인이 알며 언제나 근심 걱정과 두려움이 없는 평안을 누릴 수 있는 것이다. 어느 때나 하나님을 본 사람은 없다. 그러나 우리가 서로 사랑하면 하나님이 우리 안에 거하시고 그의 사랑이 우리 안에서 온전해진다고 하였다. 사랑이 없는 신앙과 믿음과 목회는 이미 죽은 것이다. 서로 사랑하면 사랑이 곧 생명이기에 산 자이며 또한 사랑이 곧 하나님이기에 사랑을 하면 하나님을 본 것이다.

6. 사랑이 없으면 교회는 부패한다

교회(ἐκκλησία)라 함은 거룩한 사람들이 모인 공동체를 의미한다. 그 공동체의 주체는 성령이요 거룩함으로 변화된 성도(聖徒)들이다. 성령과 사람이 서로 둘이 아닌 하나가 되어 성령은 사람으로 살고 사람은 성령의 인도를 따라 사는 거룩한 사람들의 모임이 곧 교회인 것이다. 따라서 성도 한 사람 한 사람은 교회의 씨알이다. 교회의 구성원인 성도 즉 거룩한 사람은 세속의 문명이나 문화, 출세와 성공, 건강과 장수, 사업의 번창 및 소원성취에 대한 바람이나 기대감이 없는 사람들이다. 심지어 그들은 율법이나 신앙적 계명에 매이지 않은 사람들이고, 신학이나 교리에도 구속을 당하지 아니하며 더 나아가 그 어떠한 법률이나 제도에도 제한을 받지 아니한다. 평소 그들은 세속적인 인생살이와 그 외 모든 제도에 대한 의식이 없다. 단지 그들은 언제나 자유로운 사람들이고 평화를 누리며 서로 사랑할 뿐이다. 사랑으로 그 모든 원칙과 제도를 완성한 사람들이기에 굳이 제재(制裁)를 받을 일이 없다. 이러한 사람들이 모인 공동체가 바로 교회이다. 그런데 우리가 몸담은 교회 공동체는 어떠한가? 우선 성직자들이나 신도들 대부분이 너무 세속적인 의식을 지니고 있다. 성경의 본질과 율법의 정신인 자비심과 사랑은 구석으로 밀려나 있고 주로 하나님의 은혜와 능력만이 강조되면서 예수의 이름으로 구하고 찾고 두드리라는 믿음의 기도가 춤을 추고 있다. 한마디로 기복 신앙으로 점철된 공동체이다. 그리고 문자적 율법과 계명, 신학과 교리 등 구속하는 제도가 많아 말도 많고 탈도 많아 도무지 덕(德)을 볼 수 없는 부끄러운 추태들도 많이 발생하고 있다.

때로는 내 것만이 옳다고 주장하며 비난과 정죄하며 의로운체한다.

어느 날 부자 청년이 예수 앞에 나와서 '내가 무엇을 해야 영원한 생명을 얻겠느냐'고 진지하게 물었다. 그는 어려서부터 모든 계명을 잘 지켜왔다고 하였다. 이때 예수는 청년에게 "너에게 한 가지 부족한 것이 있으니 네 소유물을 다 팔아 가난한 사람들에게 나누어 주라 그리하면 하늘에서 영생을 얻게 될 것이니 그 뒤에 나를 따르라"라고 하였다. 그러나 청년은 재산이 많아서 아까운 마음에 근심하며 예수를 떠났다. 그가 떠난 후 예수는 제자들과 무리 앞에서 "부자가 하나님 나라에 들어가는 것보다는 낙타가 바늘귀로 들어가는 것이 더 쉬울 것"이라고 하였다. 부자 청년의 모습은 우리의 모습이다. 교회 생활에 충실하여 늘 예배에 잘 참여하고 성경 공부도 열심히 배우고 기도 생활도 잘하고 헌금과 헌신에도 성실히 하고 있다. 그래서 서로 믿음이 좋다고 칭찬하고 격려하며 따뜻한 인사도 나누며 교제한다. 그리고 사후에는 하늘의 천국에서 영생 누릴 것을 믿음의 정점으로 생각한다. 과연 이것이 신앙의 정도(正道)인가? 영원한 생명 즉 영생이란 사후에 가는 천국이라는 공간에서 수명의 제한이 없는 길고 긴 삶을 의미하는 것인가?

영생이란 영원한 하나님을 의미한다. 예수는 자신을 길이요 진리이며 생명이라고 하였다. 이렇게 하나님은 영으로 존재하시니 천국은 공간이 아니다. 영으로의 존재는 공간과 시간 개념이 없는 허공(虛空)이니 천국은 곧 허공이다. 여기서 말하는 허공은 하늘과 땅 사이의 빈 곳을 말함이 아니라 하나님의 존재적 양식을 의미하니 이를 영(靈)이라 한다. '영'은 허와 공 즉 빔이다. 그러므로 영생, 영원한 생명이란 시간적 개념이 아니라 존재적 개념을 의미한다. 그래서 천국이란 공간적 개념이 아닌 존재적 개념으로 재인식을 해야 한다. 다시 말하면 영생을 누린다는 것은 천국에 간다는 말이 아니라 하나님의 존재인 영 또는 허공으로 돌아간다는 말이다. 그러니 사후의 천국을 의식하지 말고 지금 가난하고 병들고 무시당하여 사람 대접받지 못하는 사회의 약자들을 찾아 돌보고 필요를 채워주는 나눔의 삶을 살면서 지금 여기서 하나님의 존재로 살라는 말이다. 자비심과 사랑으로 사는 것이 바로 영생에 이르는 길임을 깨우쳐 준 것이다.

우리는 가진 것이 너무 많아 부유하다. 그런데도 우리는 계속해서 더 많은 것들을 예수의 이름으로 하나님 앞에 날마다 때마다 구하고 있다. 거룩하고 성별된 하나님을 물신(物神)으로 만들고 우상으로 섬기고 있는 것이니 이는 출애굽한 이스라엘 백성들이 금은보화들을 모아 우상을 만들어 경배하는 모습과 다른 바가 없는 것이다. 우리의 일상은 이미 부유해졌으며, 교회당은 크고 웅장하고 화려하며, 첨단 시설과 비품들로 가득하고, 예배와 찬양과 기도가 끊이지 않으며, 많은 종류의 헌금이 있고, 이웃을 위한 봉사와 헌신도 때때로 행하며, 훌륭한 설교와 가르침이 늘 풍성하다. 마치 부자 청년과도 같지 않은가? 우리가 지금 '주님! 우리가 무엇을 더 해야 영생을 얻겠습니까?' 하고 묻는다면 무엇이라고 답을 주겠는가? 분명 "너희가 지금까지 나를 위해 많은 것들을 행하였는데 (외식이나 위선적인 것은 차치하고라도) 너희에게 한 가지 부족한 것이 있으니 모든 소유물과 재물을 팔아 가난한 이웃에게 나누어 주고, 그리고 나를 따르라"라고 하시지 않겠는가?

우리가 부유하다는 것은 평소 가난한 이웃들에게 돌아가야 할 몫을 나누지 아니한 채 나의 것으로 가로채 부를 축적했다는 뜻이다. 특히 대형 교회당과 첨단 시설은 자랑이나 영광이 아니라 매우 부끄러운 수치로서 이는 강도질이나 다름없는 악행이다. 필요 이상을 소유하는 것은 타인의 몫을 가로채는 짓이다. 진리를 말하고 배우는 사람들은 사랑의 법을 버리지 못한다. 진정한 교회는 결코 부동산 확장할 일이 전혀 없고, 첨단 시설을 설치할 이유도 없다. 쌓아 놓은 것이 많으니 이것을 지키기 위해서 집착하고 그 집착은 세습으로 이어지고 있는 것이니 욕심의 정점이 아닐 수 없다. 오늘의 교회는 거룩과 영성을 상실한 위선이요 거짓 모임이다. 모두가 자기 욕심을 채우기 위해 교회를 운영하고 교회에 출석하고 있는 꼴이다. 그래서 사도 요한은 '이 세상이나 세상에 있는 것들을 사랑하지 말라 누구든지 세상을 사랑하면 아버지의 사랑이 그 안에 있지 아니하다'라고 한 것이다.

특히 목회자들은 진리와 목회의 본질이 무엇인지를 한순간도 잊어서는 아니 된다. 부활하신 예수님이 제자들과 아침 식사를 마친 후 베드로에게 묻는다. "요한의 아들 시몬아, 네가 이 사람들보다 나를 더 사랑하느냐?"고 물으니 베드로는 '예, 아시는 바와 같이 주님을 사랑합니다.' 하고 대답하니 예수는 "내 어린 양을 잘 돌보아라."하고 당부한다. 그리고 한 번 더 묻는다. "시몬아, 네가 나를 정말 사랑하느냐?"고 물으니 베드로는 동일한 대답으로 '예, 주님을 사랑합니다.' 하니 예수는 "내 양들을 잘 돌보아라."하였다. 그리고 또 물으신다. "시몬아, 네가 나를 사랑하느냐?"하시니 베드로는 세 번이나 반복하여 묻는 바람에 그만 마음이 울컥하면서 '주님이 아시는 것처럼 주님을 사랑합니다.' 하고 대답하니 예수는 "내 양들을 잘 돌보아라."하고 더욱 힘주어 당부하면서 "끝까지 나를 따르라"하였다. 목회의 근본은 양(羊)들을 오직 사랑으로 돌보는 일이다. 양은 사회의 모든 약자를 상징한다. 약자들도 존중받고 동등한 사람대접을 받을 때 비로소 이 땅 위에 하늘나라가 이루어져 가는 것이다. 이것이 목회의 방향이다. 그런데 지금 성직자들이 부와 명예 그리고 세습 등 사사로운 욕심만 보이고 있으니 신도들도 부와 명예와 욕심 구하는 것을 당연한 믿음으로 곡해 하고 있지 않은가? 교회가 물욕(物慾)에 빠지는 것은 예수의 죽음과 부활을 무색하게 만드는 불법이요 악행이다. 예수는 마음을 다하고 지혜를 다하고 힘을 다하여 하나님을 사랑하는 것처럼 또한 이웃을 그와 같은 마음으로 사랑하는 것을 모든 종교적 행위들보다 더 기뻐하신다고 하지 않았는가? 종교와 신앙은 의식(儀式)과 출세와 성공을 위한 것이 아니고 자비와 사랑의 사람으로 거듭나기 위해 주어지는 것이다. 목회는 예배와 설교 및 교회 성장이 아니라 사랑의 본(本)을 보이는 것이며, 신앙은 예배와 축복이 아니라 진실로 이웃을 사랑하는 것이요, 교회는 건물이 아니라 가난한 심령(心靈)이 곧 신령한 교회이다.

그러나 우리는 여전히 바리새파와 사두개파 사람들처럼 교리를 신봉하며 권위를 앞세우고 목회자의 뜻이 곧 하나님의 뜻 인양 힘주어 강조하며 목회와 신앙의 본질을 망각하고 있다. 도심(道心)과 인심(人心) 즉 하나님 마음과 사람의 마음이 같아야 하고, 도의(道意)와 인의(人意) 즉 하나님의 뜻과 사람의 뜻이 같아야 한다. 그런데 그 마음과 뜻이 언제나 다르다. 사람은 언제나 이기와 욕심과 야심을 따를 뿐이다. 하나님 사랑과 진리의 정신이 사람 안에 없다. 진정 하나님을 사랑하는 것이 우리 속에 없음을 하나님은 아시는데 우리는 예수의 이름으로 하나님께 예배하고 찬양하고 헌신하고 있으니 참으로 우리가 믿고 예배하는 하나님은 어떤 하나님인가? 세상의 것을 사랑하면서 교회 마당만 밟고 다니면 성직자이고 신앙인이고 좋은 믿음인가? 우리의 예배와 찬양과 헌물은 외식(外飾)이요 우리의 헌신과 봉사는 위선(僞善)인 것을 정작 모르는가? 예수는 외식을 취하는 자들을 향해 거침없이 책망하신다. "화(禍)가 있으리라 외식하는 서기관들과 바리새인들이여 너희는 천국 문을 사람들 앞에서 닫고 너희도 들어가지 아니하고 들어가려 하는 자도 들어가지 못하게 하는구나." 하였다. 예수는 계명을 지키는 자가 진정 하나님을 사랑하는 것이며 하나님을 사랑하지 아니하는 자는 자신을 사랑하기에 계명을 따르지 아니한다고 하면서 "내 계명은 곧 내가 너희를 사랑한 것 같이 너희도 서로 사랑하라 하는 것"이라 하였다. 인애와 자비와 긍휼 곧 사랑은 분명 율법의 전부요 완성이다.

이제는 우리의 외식과 위선을 과감히 벗어 버려야 한다. 알맹이가 없는 껍질이 무슨 소용이 있겠는가? 짠맛을 잃은 소금은 밖에 버려져 오가는 사람들 발밑에 밟히기 마련이다. 이미 교회는 짠맛을 잃어 세상 사람들의 비웃음을 사고 조롱을 받고 있으니 이것이 밟히는 꼴이 아닌가? 교회당은 화려한 네온사인으로 밝은데 성직자들과 신도들은 이기와 욕심으로 이미 빛을 잃어 어둡다. 특히 교회 지도자들이 교회 안팎에서 사람들에게 실망감을 안겨 주는 일은 어제오늘의 일이 아니다. 유일신 하나님만을 신봉한다는 유대교 지도자들은 그들 앞에 나타난 참 하나님을 알아보지 못하고 십자가의 죽음으로 몰아세웠다. 오늘도 기독교 신학자들과 교회 지도자들도 참 하나님을 알아보지 못한 채 하나님의 뜻과 진리의 정신을 외면하고 있다. 그리고 이기와 욕심과 야망에 사로잡힌 채 은밀히 불법과 불의를 행하며 변호와 변명 속에서 자신들의 부귀영화를 누리고 있다. 이런 자들은 거짓 선지자들로서 진리의 사랑을 받지 아니하여 구원을 받지 못한다. (데살로니가후서 2:10) 외식과 위선은 참 선지자의 것이 아니다. 그들은 욕심과 물질의 노예이기 때문에 몸살이를 생각할 뿐 사랑의 삶, 얼살이에는 눈이 어둡다. 그러므로 하나님의 뜻과 진리의 정신인 존재적 사랑이 없다면 하나님이 없다는 것이니 육신의 생각으로 행하는 목회와 신앙을 멈추고 오직 '성령의 사랑'으로만 살 것이다.

다시 한번 강조하거니와 사랑은 하나님께 속한 것이니 사랑하는 자마다 하나님으로부터 나서 하나님을 알고, 사랑하지 아니하는 자는 하나님을 알지 못하니 이는 하나님은 사랑이기 때문이다. (요한일서 4:7-8) 우리는 형제를 사랑함으로 사망에서 옮겨 생명으로 들어간 줄을 알거니와 사랑하지 아니하는 자는 사망에 머물러 있다(요한일서 3:14)고 하였다. 어느 때나 하나님을 본 사람은 없으나 서로 사랑하면 하나님이 우리 안에 거하시고 그의 사랑이 우리를 통해 당신의 뜻을 이루어 간다(요한일서 4:12)고 하였다. 그러므로 우리는 예수를 믿을 뿐만 아니라 그의 계명대로 서로 사랑할 것이다. (요한일서 3:23) 이웃을 사랑하지 아니하고 하나님을 사랑한다는 것은 거짓이라고 하였다. (요한일서 4:20) 따라서 우리는 말과 혀로만 사랑을 말할 것이 아니라 행함과 진실함으로 사랑할 것이다. (요한일서 3:18) 사랑이 없는 예배는 하나님이 없는 예배이니 우상에게 하는 죽은 예배이고, 사랑이 없는 찬양은 하나님이 없는 찬양이니 우상에게 하는 거짓된 찬양이다. 사랑이 없는 목회도 하나님이 없는 목회이니 물량적인 성장과 세속적인 축복만이 강조되는 것이다. 교회와 목회와 신앙과 찬양과 기도와 성경 공부의 본질을 모르니 세속적인 부(富)만 추구하며 그것을 자랑삼고 있다. 존재적 사랑과 실천적 사랑이 없으면 교회는 부패할 뿐이다.

그러나 우리는 서로 사랑하는 일에는 무관심한 채 내가 잘 사는 문제에만 집착을 하고 내가 원하는 바를 얻기 위한 기복 신앙에만 몰두하고 있다. 복을 기원하는 것이 마치 정상적인 신앙이요 믿음이라고 착각을 하고 있다. '신앙'이란 신 또는 하나님의 뜻을 경외하고 따르는 순종의 삶을 의미하는 것이지 결코 기복이 아니다. 우리가 해야 할 기도는 하나님의 뜻을 구하고 찾고 두드리는 것이요 그것은 하나님의 진리와 사랑이 나를 통해 이루어지는 것이다. 여기에 구원과 영생이 있고 하나님 나라의 완성이 있는 것이다. 사랑은 우리의 몫이고, 기도는 하나님의 몫이다. 그래서 하나님은 우리가 바르게 살기를 위해 한순간도 기도를 쉬지 않는다. 하나님은 우리가 하나님의 뜻을 이루기 위한 빈 마음이기를 기도한다. 그리고 서로 사랑하기를 기도한다. 이것이 진정 잘 사는 길이다.

그러므로 우리는 세속적으로 잘 살기를 기도할 것이 아니라 서로 사랑할 것을 위해 마음을 비우고 또 비워 나가야 한다. 비워 나가는 과정이 우리에게는 곧 기도요 신앙이다. 진정한 신앙과 성직자의 길은 진리가 주는 자유와 평화 그리고 사랑의 길을 찾아가는 것이니 이 과정이 우리의 예배와 기도가 되어야 할 것이다. 그러면 모든 사람의 마음에 울림을 줄 것이고 잠자는 영혼을 깨울 것이다. 그런데 성직자들이 신도들을 상대로 물질적인 축복론과 소원성취를 강조하며 하나님의 은혜와 능력을 믿고 의지하게 하는 기복 신앙을 설교하고 있으니 이는 하나님과 진리에 대한 곡해(曲解)이다. 무욕과 가난한 마음, 검소와 나눔, 자유와 평화 그리고 존중과 사랑 이것을 찾아가는 것이 곧 종교요 신앙이고 성직의 전부가 되어야 한다. 만일 신도들을 발판삼아 부귀영화나 명예를 누리는 데 그친다면 그는 삯꾼 목자일 것이다. 특히 성직자는 오직 도(道), 진리(眞理), 참나(眞我)를 찾고 널리 알리는데 일생을 던져야 할 것이다. 오직 진리가 우리의 양식이 되어야 하고 사랑만이 내가 거하는 처소가 되어야 할 것이다. 먹을 것이 있고 쉴 곳이 있다면 더 바랄 것이 없어야 한다. 육의 생각이 죽으면 욕심이 소멸하고, 영이 부활하면 자비심과 사랑이 춤을 출 것이다.

7. 사랑을 모르면 세상도 부패한다

　지구촌의 주인은 누구인가? 그리고 내 인생의 주체는 누구인가? 지구촌의 주인은 '사람'이고, 내 인생의 주체는 나 '자신'이 아닌가? 과연 그런가? 지구촌을 지배하고 있는 것은 정치력과 경제력과 국방력 그리고 권력이 아닌가 싶으며, 내 인생의 주체도 그와 크게 다르지 않아 돈과 명예와 권력이 아닌가 싶다. 세상과 자신을 지배하고 있는 것을 단적으로 말하면 힘(力)이다. '힘'으로 사는 세상은 어디인가? 힘이 지배하는 세계는 동물의 세계, 짐승의 세계이다. 그런데 만물의 영장인 인간, 신의 형상을 닮은 인간이 공존의 원리인 사랑의 본성을 잊은 채 힘으로 살고 있다. 때로는 그 힘이 무기가 되어 많은 사람을 다치게 하고 상처를 주며 심지어는 정신적 신체적으로 죽이기도 한다. 다른 사람의 힘의 지배를 받는 사람도 자기 힘으로 또 다른 사람을 지배하려고 한다. 이러한 악순환은 정치 경제 사회 법조 교육 예술 스포츠 그리고 종교계 등 대부분에서 상식과 공의로 움직이는 것이 아니라 힘의 지배로 움직이고 있다. 힘이란 자연적인 현상을 벗어나 작위와 억지로 가해지는 작용을 말하는 데 그 힘에는 돈과 재물과 정치와 권력과 지식과 정보와 재능 등이 포함되어 있다. 세상은 이런 것들로 지배하고 지배를 받고 있는데 그 힘의 작용을 사람이 하고 있으니 사람들은 서로 '힘'을 주고받으며 산다. 사람과 사람 사이에 정의로운 사랑과 신뢰를 주고받아야 하지만 힘을 뽐내며 과시하고 있다. 힘이 셀수록 일방적인 게임이 되는 것이 힘의 세계이다. 결국, 세상은 보편적인 상식의 도(道)가 통하지 않는 비정상적인 세상이 되고 말았다.

그러나 힘을 과시하며 무기 삼아 사는 사람들은 이미 도덕과 윤리와 상식 그리고 양심이 죽은 사람인 줄 알아야 할 것이다. 생각과 판단이 상대와 신분에 따라 다르고, 자신의 실수와 허물에 대해서는 항상 변명과 변호를 일삼으며, 의혹이나 죄과에 대해서도 뻔뻔스럽게 억울함을 호소하고, 증거 인멸을 하는 중에도 죄를 부정하고 있는 모습들은 너무도 익숙해졌다. 또한, 자기 진영을 옹호하기 위한 일방적인 우격다짐과 상식과 금도를 넘어 이기적인 주장만을 앞세우며 상대를 비난하는 대립 등은 국민에 대한 비도덕적인 이율 배반이 아닐 수 없다. 사람이면 도덕과 상식과 양심의 지배를 받아야 하는데 힘의 지배를 받기에 그 힘으로 도덕과 상식과 양심의 정도(正道)를 걷어치우려 한다. 사람으로서 할 짓은 아니니 분명 짐승 성질일 것이다. 짐승의 성질로 살면서 사람 흉내를 내면 사람인가? 사람이 사람으로서 대접을 받는 것은 '사람 구실'을 할 때이다. '사람 구실'은 언제나 보는 이들에게 좋은 인상을 주어 감동과 교훈이 되며 타의에 모본이 되어 신뢰와 존중을 넘어 존경을 받는다. 각계의 지도층들은 이렇게 존경을 받는 사람들이어야 한다. 그런데 존경이 아니라 비난과 모욕적인 말을 하는데도 그 비난과 모욕 소리에 시치미를 띠고, 못 본 척 눈을 감고, 못 들은 척 귀를 막고 있다. 자신의 죄과를 변명하고 책임 전가하는 것은 자신의 인생과 명예조차 존중할 줄 모르는 어리석은 짓일 것이다.

그리고 사회적 규범이나 제도 등은 처음부터 강자들을 보호하고 변호하기 위해 만들어졌으며, 사회의 모든 약자는 그 보호와 변호 밖으로 밀려나 있는 게 현실이다. 약자들을 보호하지 못하는 규범과 제도야말로 적폐 중의 적폐가 아닌가? 자고이래로 세상은 강자들이 점령하고 지배하면서 약자들을 괴롭혀 왔는데 여전히 이러한 현상은 널리 곳곳에서 자행되고 있는 현실이다. 일례를 든다면 날마다 때마다 약자들을 괴롭히며 목을 조이고 있는 정규직과 비정규직 제도는 누구를 위한 것이며 무엇을 위한 제도인가를 묻고 싶다. 규범과 제도는 사람을 구속하거나 기득권자의 이익을 보호하기 위함이 아니라 모두에게 권리와 공정을 보장하기 위해 제정되어야 한다. 특히 규범과 제도는 힘을 함부로 오용하거나 남용하지 못하도록 약자들을 먼저 보호하기 위한 수단이 되어야 한다. 그런데 일방적으로 강자나 기득권자들의 입맛에 맞도록 제정된다면 그것은 규범이나 제도의 역할을 하는 것이 아니니 반드시 철회되어야 한다.

또한, 눈 가리고 아웅 식의 편법으로 우롱하는 제도의 변칙은 약자들을 두 번 울리는 몹쓸 짓이다. 모순투성이인 수많은 규범과 제도들을 바꿀 수 있는 책임과 의무를 지닌 최고위 정부 수반과 고위공직자들 그리고 위정자들이 누구보다도 사회의 약자들을 위해 부름을 받은 하늘의 대사(大使)들인데도 불구하고 본연의 직무를 망각한 채 먹이 사슬 식으로 권력자에게 아첨하며 서민들은 외면하고 업신여기며 푸대접을 하고 있다. 그리고 선거철에만 서민들을 생각하는 거짓된 쇼맨십을 연출하고 있다. 언제나 자신들의 이익과 특혜, 부와 명예 등을 챙기는데 권한과 권력을 악용하는 사람들이다. 그들은 철저한 이기주의자들이요, 욕심과 야심만 가득한 자들이며, 양심과 덕망이 죽은 자들이다. 또한, 사회 곳곳에서 약자들을 돌본다고 하면서 오히려 그들을 발판삼아 사리사욕을 채우는 몰지각한 악행들이 얼마나 많은가? 인간의 진선미는 인애와 자비와 긍휼 즉 사랑에 있는 것이다. 진정한 지도자는 언제나 사리사욕을 철저히 배제하고 국민과 약자들을 위해 수고와 희생을 아끼지 않는 사람들일 것이다.

몇 년 전에 정의란 무엇인가? 하는 화두가 관심사로 떠오른 적이 있다. 하버드 대학교 교수 마이클 샌델은 정의를 행복과 자유와 덕 등 세 가지 차원에서 논하였다. 정의는 과연 모든 사람의 행복을 상승시킬 수 있는가? 정의는 과연 모든 사람의 자유를 보장해 줄 수 있을 것인가? 그리고 정의는 모든 사람에게 덕을 끼칠 수 있을까? 하는 것이었다. 그리고 그는 결국 정의를 개인주의와 반대되는 공동체주의(Communitarianism 共同體主義)를 지지하였다. 개인의 행복과 개인의 자유와 개인의 덕목은 자신만을 위한 것일 뿐 타인과의 연결성이 없는 단절된 상태이며 또한 타인에게는 도리어 해(害)가 될 수도 있으니 개인을 존중할 것이 아니라 공동체를 중시해야 함을 강조한 것이다. 정의(正義 justice)란 사전적 의미로는 '사회나 공동체를 위한 옳고 바른 도리'라 하였다. 정의란 공정함, 당연한 보답, 합법함, 정직함, 타당함 등을 의미하여 이는 더불어 사는 세상의 평화를 만들어가는 원리를 말한다. 개인은 공동체를 위해 존재하는 것이며 또한 공동체는 개인을 존중해야 한다. 서로 상호 작용하여 어느 한쪽으로 치우침이 없는 저울과 같은 공정함이 전제되어야 정의가 실현될 수 있을 것이다. 그런데 사람들의 관심과 노력으로 과연 정의가 실현될 수 있을까? 정의를 결과에 놓고 볼 때 정의를 드러내 줄 수 있는 근원이 있어야 할 것이다. 개인의 이기심을 버리고 공동체의 이익과 유익을 먼저 생각하고 실천할 수 있는 원동력이 전제되어야 한다는 것이다. 그것은 다름 아닌 사람 안에 내재해 있는 천성(天性) 즉 선한 본성(本性)이다.

인간의 본성이란 태어날 때 신의 유전자를 받은 성질을 말한다. 신(神)은 인간 존재의 근원으로서 신의 본성인 진선미(眞善美)가 만물과 함께 인간에게도 유전되어 있다. 이에 맹자(孟子)는 성선설(性善說)에 바탕을 두고 타고난 인간의 본성을 네 가지의 기본 품성으로 주창하였는데 그것은 측은지심(惻隱之心)으로서 불쌍히 여기는 마음이며, 수오지심(羞惡之心)으로서 불의를 미워하는 마음이고, 사양지심(辭讓之心)으로서 타인을 존중하고 양보할 줄 아는 마음이요, 시비지심(是非之心)으로서 옳고 그름을 분별하는 마음을 말한다. 여기서 측은지심과 사양지심은 '사랑'을 의미하고, 수오지심과 시비지심은 '정의'를 의미한다. 인간의 본성 안에 사랑과 정의는 같은 본질인 두 개의 이름을 가진다. 다시 말하면 사랑이 곧 정의이고 정의는 곧 사랑이라는 말이다. 사랑은 정의를 포함하고 정의는 사랑을 포함한다. 정의는 사랑이 낳고 사랑은 정의를 세워준다. 정의와 사랑은 항상 더불어 존재한다. 그래서 정의가 없는 사랑은 존립할 수 없고 사랑이 없는 정의 또한 존립할 수 없다. 사랑은 정의의 근원이고 정의는 사랑의 열매이기 때문이다. 뿌리가 없는 나무는 죽음이 기다리고 열매가 없는 나무 역시 죽음이 기다릴 뿐이다. 그러므로 사람들이 논쟁하는 '정의'의 정체는 곧 '사랑'인 것이다. 사랑을 알면 정의는 저절로 세워지는 것이지 논쟁이나 노력으로 세우려는 것은 어리석은 바보짓에 불과하다.

세상 사람들은 너나 할 것 없이 모두가 신(神)으로부터 조성된 신의 자녀들이요 하늘 공동체의 일원이다. 혈육으로는 사람마다 조상이 다르지만, 영과 생명으로는 모두가 한 근원으로부터 비롯된 것이다. 그래서 사람은 누구나 인종과 피부와 민족과 종교와 신분과 재산 등에 따라 차별을 받지 아니하고 나와 같이 동등하고 평등한 대우와 대접을 받을 권리가 있다. 이 권리를 무시하는 우월주의자들은 사람 성질이 아닌 짐승 성질을 지닌 자들이다. 겉모습으로 사는 모양과 모습이 다르다 하여서 사람을 무시할 수 있는 권리는 아무에게도 허락되지 않는다. 인권을 진실로 존중하는 것이 곧 사랑이다. 그러므로 누구든지 사랑하고 사랑받을 권리만 있을 뿐이다. 인간은 누구나 신의 삶을 대신 살아야 하는 신의 대행자들이다. 신의 현현(顯現)이 곧 사람이기 때문이다. 신의 형상이 육신의 옷을 입은 것이 사람인 것이다. 신의 속성에는 이기와 욕심과 악한 생각들과 계획이 없다. 오직 사랑으로 존재할 뿐이다.

예수의 '서로 사랑'의 유훈은 유대인이나 기독인들에게만 국한되는 가르침이 아니다. 세상의 모든 경전과 성인들의 가르침과 일치하는 진리이다. 진리란 보편적인 상식이요 삶의 덕목이며 사람의 도리를 말한다. 그래서 진리라는 울타리를 벗어난 대부분의 행위는 진실해 보여도 진실하지 못하고, 선해 보여도 선한 것이 아니며, 아름다워 보여도 아름다운 것이 아니다. 인위적으로 꾸미고 만들어진 거짓과 악함과 추함이 가득할 뿐이다. 진선미가 우리 모두의 생활 신념과 철학으로 정착되어야 비로소 사회가 맑아지고 밝아지는 것이다. 이런 소리가 현실과 동떨어진 궤변이라고 조롱만 할 것이 아니다. 진실로 어리석은 삶이 무엇인지 모르고 작금의 현실을 정당화한다면 국론은 계속 분열할 것이고 우리는 분명 허망한 죽음을 맞이하게 될 것이며, 후손들에게는 존경을 잃는 조상이 될 것이다.

우리는 사는 동안에 무엇을 얼마나 소유하고 누리며 사느냐 보다는 어떻게 사느냐가 더욱 중요하다. 우리 모두에게 주어진 각각의 직업과 재능과 능력들은 곧 이웃과 세상을 위한 봉사직(service)이다. 자기가 가진 것들은 필요한 사람들에게 나눠주고 나 역시 필요한 것은 다른 사람들에게 도움을 받는 것이다. 이와 같은 물물교환식의 생활이 더불어 사는 세상이다. 물론 고마운 마음에서 서로 부담이 없는 적당한 가치를 제공하면 금상첨화일 것이나 꼭 돈의 가치로 계산할 것만은 아니다. 이것이 서로 상생하고 공존하는 삶의 지혜이다. 하늘의 뜻이 곧 우리의 뜻이 되고 사명이 되어야하는 이유가 상생과 공존에 있는 것이다.

그러므로 누구보다도 지도층들은 하늘의 뜻을 선구자적 사명으로 알고 본(本)이 되어야 한다. 위정자들과 경제인들과 고위공직자들 그리고 우리 모두에 이르기까지 자비와 사랑의 사람으로 거듭나지 못한다면 세상에는 법조문과 권력과 억지와 교만과 오만과 부정과 불법과 변명과 변호와 개인 및 집단 이기만이 날마다 설치게 될 것이다. 이것이 과연 사람이 사는 세상인가? 사랑이 없으면 세상 곳곳에는 불의와 불법이 성하기 마련이다. 한 번의 기회밖에 없는 생애를 이기와 욕심으로 살다가 마칠 것인가? 적어도 욕심만은 부릴 줄 모르는 어린 아기와 같은 순수함을 회복해야 할 것이다. 자비와 사랑과 순수함에 진정한 성장과 평화와 행복이 있기 때문이다.

정치와 사회가 분열하고 종교적으로 서로 비난하는 것은 이기와 욕심과 무지가 가득하기 때문이다. 이기와 욕심은 분열과 다툼, 비상식과 혼란을 가져오지만 사랑은 공감과 소통, 이해와 관용을 가져온다. 오직 사랑 안에서만 너와 내가 하나가 될 수 있는 지혜가 있다. 세상의 안정과 평화 그리고 행복은 사랑에서 얻을 수 있는 축복의 열매이다. 도스토옙스키는 평생 동안 인간의 내면과 근원에 대해 고민하면서 인간의 존엄성과 서로 사랑할 것을 결론 내린다. 그리고 '나는 존재한다. 고로 사랑한다.'라는 명제를 남긴다. 인간이 존재하는 이유는 사랑함에 있다는 것이다. 추상적인 사랑이 아니고 실천적인 사랑을 말하고 있다. 누구든지 사랑의 정체성을 알지 못하면 스스로 이기와 오만과 편견에 함몰될 수밖에 없다. 간디(Gandhi)는 사회와 나라를 병들게 하는 일곱 가지의 악덕을 아들에게 유언하였다고 한다. 노동 없는 부(富), 양심 없는 쾌락, 인격 없는 지식, 도덕 없는 경제, 인간성 없는 과학, 희생 없는 신앙, 철학 없는 정치가 바로 그것이다. 든 사람이나 난 사람이 사회에 필요한 것이 아니라 된 사람이 요구된다는 절박함을 피력한 것이다. 지도층이나 백성이 사람 사랑을 모르면 사회는 부정과 부패의 늪에 빠지고 이기심만 팽창해진다. 그러므로 각계의 사회 지도층은 부귀영화나 특권과 권력을 누릴 것이 아니라 국민의 안녕과 소외 계층의 안정을 위해 사랑의 인격체를 이루는 것이 앞서야 할 것이다. 사회 곳곳에서 서로 존중함과 존경함이 편만해질 때 비로소 사회는 맑고 밝아지는 것이다. 존중할 줄 모르면 사회는 어느 곳이든지 이기와 아집으로 다툼과 분열과 혼란만을 일으킬 것이다. 무욕과 겸손과 존중 곧 사랑을 모르는 사람들에게는 신앙과 인생의 소중한 의미를 다 잃은 것이다. 그래서 사랑은 신앙의 전부요 인생의 해답이라 한 것이다.

8. 참 자아와 거짓 자아를 깨달을지라

　에덴동산에 있는 생명 나무와 지식의 나무는 우리에게 여러 가지의 의미와 뜻을 전하고 있다. 생명 나무는 참 자아를 의미하고 지식의 나무는 거짓 자아를 의미한다. 참 자아는 하나님의 생명이요 지혜이고 영성이며, 거짓 자아는 욕심의 형상이요 지성(知性)이라 할 수 있겠다. 영성(靈性)이란 일반적인 용어로는 흔히 본성(本性)이라 하는데 본디 본성은 신의 본성과 품성을 말하는 것이니 영성은 곧 신의 본성을 의미한다. 그 신의 본성이 인간에게 그대로 유전이 되어 인간의 품성을 이루고 있으니 이를 인성(人性)이라 한다. 결국, 본성과 인성과 영성은 '성'(性)의 근원인 신의 품성으로 이뤄진 것이니 인간의 품성은 곧 신의 품성이요 신의 품성은 인간을 비롯하여 만물의 품성을 이루고 있다. 그런데 만물 중에 인간의 품성만이 부패하고 타락하여 신의 품성 즉 영성을 상실한 채 자기 욕심을 따라 흑백의 논리를 자랑삼는 지성으로 인하여 인성의 본질에 변고가 생기게 된 것이다. 간혹 인성교육의 필요성이 강조되지만, 그 인성이란 단순히 도덕 윤리적인 성질을 말하는 것이 아니라 신의 본성 즉 영성을 의미하는 것이어야 한다. 인성교육을 한다는 말과 영성 교육을 한다는 말은 인간 내면의 정신적 교육을 뜻하기에 서로 다른 것이 아니라 같은 교육이다.

　영성이라고 해서 종교 교육의 특성으로만 생각할 것이 아닌 것은 영성 교육의 내용도 인성교육의 내용과 다르지 않기 때문이다. 본래 학교 교육의 근본이념은 '홍익인간'으로서 세상을 널리 이롭게 하는 데 있다. 율곡(栗谷) 이이(李珥)는 「격몽요결(擊蒙要訣)」에서 교육의 목적은 성인(聖人)이 되는 데 있다고 강조하였다. 성인이라고 해서 종교성이 남다른 현인(賢人)을 의미하기보다는 사람다운 사람을 일컫는 것이다. 그래서 학교 교육이나 재능 교육 그리고 종교 교육 등 모든 교육은 '사람됨'이 바탕이 되어야 한다. 사람이 되고 직업인이 되는 것이지 사람의 품성이 바르지 못한 채 뛰어난 실력과 기술과 재능 등을 발휘하고 있다면 사람으로서의 품격은 떨어질 수밖에 없다. 사람의 품격과 품위가 떨어진 추한 모습은 매일 흔하게 보고 있지 않은가? 진실로 무엇이 훌륭하고 위대하며 존경을 받을만한 가치가 있는 것인지 그 기준이 모호하여 우왕좌왕하고 있다. 사람이 있고 돈이 있는 것이며 인기와 명예도 있고 권력도 있는 것이다. 그 어떠한 것도 사람 위에 있어도 괜찮은 것은 없다. 돈이든 지식이든 정보든 기술이든 명예와 권력이든 모두가 사람을 이롭게 하는 것이어야 그것들의 가치도 존중받을 수 있을 것이다.

그러나 인간 사회는 초창기부터 오늘에 이르기까지 늘 사람 위에 사람 있고, 사람 아래에 사람이 있는 계급적이고 서열이 있는 구조를 형성해 왔다. 이것은 사람이 사는 세상이 아니라 짐승이 사는 세상일 것이다. 인간이 사람으로서의 품격과 품위를 잃은 것은 어제오늘의 일이 아니라 인간 역사와 함께 동거해 왔다. 무엇이든지 다른 사람들보다 더 우월하다는 자신감이 생기면 교만하고 오만해지면서 어떠한 상황이나 형태로든지 다른 사람들을 지배하고 관리하며 자기의 뜻을 성취하려는데 이용하고 있다. 그래서 불평등한 대우와 제도와 규칙 등을 만들어 그 조건과 조직 안에서 마음대로 힘을 과시하고 있는 것이다. 소유의 많고 적음, 신분의 높고 낮음, 기술이나 재능의 우월감, 권력의 유무 등 기회가 만들어지면 그 힘을 드러내고 싶은 것이 욕심과 욕망의 하수인임을 스스로 자처하는 것이다. 바로 이러한 사람들이 인성과 본성과 영성을 상실하고 짐승 성질로 사는 사람들이다. 이렇게 '사람다움'을 상실한 사람들에게 요구되는 것이 그 무엇보다도 영성 교육이다. 영성 교육에서 선제 되어야 하는 첫 번째 공부는 나의 근원을 아는 것이다. 나는 어디서 와서 어디로 가는가 하는 인생의 근본 문제를 아는 것보다 앞서는 공부는 무엇이든 의미가 없는 일이다.

그래서 예수는 공생애를 시작하면서 가장 먼저 세상에 던진 메시지가 "회개하라, 천국이 가까이 왔느니라!"(Repent, for the kingdom of heaven is at hand)이다. 이 선포 역시 종교성을 떠나 온 세상 인류를 향한 대선언이다. '회개'($μετανοέω$)란 단순한 반성이나 후회의 의미가 아니라 인지하다, 알아채다, 자각하다, 마음을 바꾸다 등 '눈을 뜨라' 또는 '깨달으라'라는 뜻을 의미한다. 무엇에 대한 깨달음이며 무엇에 대해 눈을 뜨라는 것인가? 천국 즉 하늘나라는 너의 본향임을 깨달아라, 그 하늘나라는 곧 네 안에 있음을 깨달아라, 그 하늘나라가 바로 네 마음임을 알고 눈을 뜨라는 말이다. '가까이 왔다'는 말은 '이미 네 안에 있다'라는 말이다. 그러므로 하나님의 나라 즉 천국은 특별한 공간으로 존재하는 것이 아니다. 당시 종교 지도자들이 '하나님의 나라가 어느 때에 임하느냐고 예수께 물으니 예수는 하나님의 나라는 볼 수 있게 임하는 것이 아니요 또 여기 있다 저기 있다고도 못하리니 하나님의 나라는 너희 안에 있느니라' 하고 대답해 주었다. 그러므로 천국, 하늘왕국, 하나님의 나라는 높고 높은 하늘 어느 공간에 있는 것이 아니라 바로 인간의 마음자리가 천국이요 하나님의 나라인 것이다. 에덴동산 역시 인간의 마음을 상징하는 것이며 생명 나무와 지식의 나무는 인간의 두 개의 마음이 있음을 뜻하는 것이다. '마음'은 곧 하나님의 형상과 형질이 있는 자리이며, 하나님의 본성 자리이다. 예수가 세상에 온 가장 큰 목적은 인간 안에 내재해 있는 하나님의 나라를 일깨워 회복하기 위함이다. 회개를 촉구하는 궁극적인 목적은 구원의 완성에 이르게 하려 함이다. 따라서 '회개하라, 하나님의 나라가 가까이 왔다'라는 선포는 '눈을 뜨고 깨달으라, 하나님의 말씀인 진리가 너희의 마음과 양심을 이루고 있느니라'라는 말이다.

하나님의 나라는 높고 높은 하늘 어느 공간에 있는 것이 아니라 하나님과 그의 말씀, 영혼의 생명과 진리 그리고 인간의 마음과 양심 그 자체를 의미한다. 하나님의 나라는 하나님의 본질과 본성이 살아 숨쉬고 있는 터를 의미하니 곧 우리 삶의 공간이다. 다시 말하면 생명과도 같은 절대적 진리로 인간의 도리, 사람 구실을 다하는 삶 그 자체가 곧 하늘 왕국이요 하나님의 나라이다. 모든 생명체나 무생명체는 시간과 공간 안에서 존재한다. 인생살이란 진리, 마음, 양심이라는 공간이 흐르는 시간을 타고 육신의 죽음과 내세의 영생을 향해 일정한 속도로 달리는 것을 의미한다. 공간이 시간을 타고 여행하는 것이 곧 인생이라는 말이다.

그 여행의 출발선은 하늘(天)이요 여행지는 이 세상이며 다시 돌아갈 곳은 처음 자리인 하늘이다. 인류의 본향은 하늘이기 때문이다. 본래 인간은 하늘의 백성이요 하늘의 자녀들이다. 그래서 사람이 죽은 것을 일컬어 '돌아갔다'라고 의미 있는 말을 하는 것이다. 인류의 본향 하늘이라는 말은 물리적인 천체의 하늘을 말함이 아니라 도(道), 진리(眞理), 영(靈), 생명(生命) 즉 존재적 '스스로'의 자리인 근원(根源) 자리를 말하는 것이다. 그런데 인간은 자기 뿌리의 근원인 영성을 잊은 채 자기 욕심에 이끌려 물성을 의지하니 생존 경쟁으로 인한 다툼과 분열과 대립 등이 고통으로 돌아오는 것이다. 이렇게 무겁고 고통스러워하는 여행자들을 찾아와 너희의 나라는 돈과 재물과 명예와 권력 등을 쥐고 있는 문명의 세계가 아니라 너희 안에 있는 하늘나라이니 부디 깨달을 것을 촉구하는 것이다. 진정한 축복과 행복은 세속적인 욕심을 채우는 데 있는 것이 아니라 진리의 눈을 뜨고 깨달아가는 과정에 기쁨과 행복과 축복이 있음을 알리는 것이니 우리는 신앙과 인생 여행의 목적을 물성(物性)과 지성(知性)에서 영성(靈性)으로 바꾸어야 할 것이다.

우리는 지금까지 거짓의 영인 욕심의 유혹을 따라 살면서 그것이 참 인생인 줄로 알았다. 욕심은 물성과 지성만이 인간이 누려야 할 축복이여 행복이라고 속인 것이다. 인간은 그 속삭임을 믿고 일생을 보내지만, 그 속았음을 인간은 죽음 앞에서야 비로소 깨닫는다. 그러나 너무 늦었다. 그래서 인간은 죽음이 두렵고 무서운 공포로 느껴지는 것이다. 그러므로 우리는 진정 배워야 할 것을 배우고, 알아야 할 것을 알아야 하고, 가르쳐야 할 것을 가르쳐야 한다. 이것을 모르고 물성과 지성만을 배우고 추구하는 것은 산 인생이 아니라 죽은 인생이다. 진정 죽어야 할 것은 거짓 자아이다. 인간에게는 참 자아와 거짓 자아가 있는데 인류는 너나 할 것 없이 언제나 거짓 자아로 살고 있다. 그 증거는 생존 경쟁에서 남보다 앞서기 위해 육체의 욕심을 부리니 곧 영성을 거스르고, 세속 문명을 선호하며, 교만하고, 오만하며, 시기하고 미워하며, 성내고 분노하며, 다투고 분열하고, 술 취하고 방탕하며, 성욕을 부리고, 돈과 권력을 좋아하는 습성이다. 이런 일을 하는 자들은 하나님의 나라를 유업으로 받지 못할 것이니 그의 마음과 양심은 언제나 어두운 터널에 깊이 빠져 있는 것과 같은 것이다.

그러므로 우리는 거짓 자아의 욕심을 따를 것이 아니라 서로 신뢰하고 사랑하려는 참 자아의 본성을 따라야 할 것이다. 그래서 세상의 모든 경전은 이웃을 향해 긍휼과 인애와 자비를 베풀어 사랑하라 하는 것이다. 서로 물고 뜯으면 서로 멸망할 뿐이다. 거짓 자아는 스스로 자기를 속이며 욕심을 따르는 어리석음에 빠지지만 참 자아는 언제나 영성을 벗어나지 않는다. 참 자아는 늘 변함 없이 사랑과 기쁨과 화평과 오래 참음과 자비와 선한 양심과 온유와 검소와 절제 등을 삶의 가치로 추구하니 이는 거짓 자아와 그의 욕심이 죽었기 때문이다. 지금 인류는 참 자아가 죽고 거짓 자아로 살고 있으니 이것이 타락한 인간의 전형적인 모습이다. 그래서 인류를 향해 깨닫고 눈을 뜨라는 것이다.

거짓 자아는 죽고 참 자아가 사는 것이 바로 예수 십자가의 죽음과 부활이 의미하는 것이니 거듭난 사람만이 진정한 축복과 행복을 누릴 수 있을 것이다. 결코, 축복과 행복은 거짓 자아의 삶에는 없다. 거짓 자아의 삶 즉 욕심을 따르는 삶은 마치 허깨비를 잡으려는 허망한 짓이다. 허깨비는 실물이 아닌 것을 실물로 착각을 일으키는 현상을 말하는데 이처럼 무가치한 것들을 위해 일생을 던지는 무모한 사람들을 일컬어 허깨비라고도 하니 허깨비는 허깨비를 잡으려는 어리석은 자들이다. 이제 거짓 자아와 그의 욕심을 따르는 허깨비와 같은 어리석은 삶을 멈추고 참 자아가 살고 싶어 하는 그의 본성과 영성을 따라야 비로소 인생과 신앙의 가치가 있음을 깊이 깨닫게 될 것이다. 그 인생은 다름 아닌 자비와 사랑의 삶이다. 모든 욕심을 텅 비워 가난한 마음을 이루고 늘 겸손과 온유와 관용과 검소와 정의와 존중과 배려를 쫓아 자애(慈愛)가 깊은 하늘의 속성을 내 인생의 보물로 삼아야 할 것이다. 한 번의 기회밖에 없는 인생을 거짓 자아에게 속아 죽어서 아무것도 가져가지 못할 것들을 가장 소중히 여기며 평생을 살 것인가? 예수를 믿고 하나님을 사랑한다는 의미와 신의 뜻을 따른다는 것은 어떤 모습인가? 결단코 이기적인 욕심을 구하는 기복(祈福)이 아니요, 오직 자애를 구하는 정의로움이 신을 믿고 따르는 인생이요 신앙일 것이다. 거짓 자아가 죽어야 비로소 참 자아가 부활한다.

9. 행복 그 비밀의 문(門)

　행복(幸福)이란 기쁨과 자족이 결합한 자유와 평화한 상태로서 아무 것에도 매이지 아니하고 집착과 머무름, 미련과 후회함, 조급함과 성취감 그리고 근심과 걱정이 없는 상태를 말한다. 우리는 행복이라는 단어에는 익숙해져 있지만 정작 행복의 근원과 행복의 실체 등 행복의 본질에 대해서는 아는 바가 없다. 아니 이제는 '행복'에 대해서 알고자 하는 궁금증이나 논쟁조차 없어 무관심 속에서 잊혀가고 있다. 세상살이가 버겁고 분주하고 힘들다 보니 행복을 생각하거나 명상한다는 것은 불필요한 사치와 낭비처럼 느껴질 뿐이다. 그저 돈이나 잘 벌 수 있으면 좋겠고, 먹고 사는데 좀 더 편안했으면 하는 마음뿐이다. 경제적인 여유가 있다면 문명과 문화 혜택도 누리고 더 나아가서는 명예나 권력도 얻고자 할 뿐 행복에는 관심이 없다. 심지어는 인권 운동 단체나 사회 감시 기관 또는 복지 활동을 하는 사람들도 행복으로 시작하였다가 도중에 명예와 재물 함정에 빠져 스스로 불행을 자초하는 사람들이 얼마나 많은가? 행복을 짓밟고 불행의 깃발을 날리면서도 돈과 명예와 권력 그리고 문명과 특권을 누릴 수 있다면 도덕과 양심은 버려도 괜찮다고 자신에게 억지를 부리고 있다. 이제 '행복'을 말하는 사람은 진짜 구시대 사람 촌놈 취급을 받을 것이다.

　세상 흐름의 대세에는 돈과 재물과 명예와 특권과 권력 등 출세와 성공의 네온사인만이 반짝이고 있다. 그러나 그 불빛은 어둠을 밝히는 빛이 아니라 돈과 술과 성욕과 뇌물과 부정과 거짓과 위선과 다툼과 경쟁과 분열 등 부패를 부추기는 불행의 불빛이다. 세상은 더욱더 어둠과 불행으로 치달을 것이다. 사람들은 극단적 이기심으로 인한 욕심과 욕망이 끊이지 않아 양심과 진리의 불빛이 꺼져가니 갈수록 사람이 사는 세상이 아니라 짐승이 사는 세상으로 변모해 갈 것이다. 강자만이 살아남을 것이고 약자는 점점 구석진 곳으로 몰리거나 도태해 갈 것이다. 특히 세계적으로 경제 공황이 도래할 것이고, 세계 지도자들의 견제와 다툼으로 협력과 공존도 깨질 것이며, 시시때때로 밀려오는 자연재해까지 겹치게 되어 분열과 폭동과 절도와 살인 등 험악한 세상이 될 것인즉 이 모두가 인간의 끊임없는 욕심과 욕망에서 비롯되는 불행의 연속이다. 자국(自國)의 이익을 먼저 추구한다는 자기 보호 우선주의 사상은 극단적인 이기적 사상으로서 나도 죽고 이웃도 함께 죽는 폭행 내지는 살인적 행위와 조금도 다른 바가 없는 어리석은 짓이다. 이러한 이기심은 정치 경제 교육 법률 문화 종교 등 사회 곳곳에서도 빈번하게 늘 일어나고 있는 현상이다. 우리는 행복과 함께 사는 것이 아니라 불행과 함께 살고 있지만, 이 사실을 알고 통곡하는 사람이 많지 않다.

그렇다면 누구보다도 종교인들은 어둠과 불행으로 치닫고 있는 세상을 보면서 자기를 돌아보고 마음으로 통곡하며 세상의 빛과 소금이 되기 위한 자기 성찰이 항상 앞서야 할 것이다. 세상과는 달리 돈과 재물과 명예와 특권 의식이나 권위 의식 등 부패성을 역행할 수 있는 신앙적인 용기와 신념과 청렴 등 밝은 지혜(明智)를 추구해야 할 것이다. 그 밝은 지혜란 사사로운 욕심과 욕망이 온전히 배제된 가난한 마음과 빈 마음, 겸손과 온유한 마음, 긍휼과 자비한 마음, 청결과 평화한 마음, 애통과 정의로운 마음 등 선과 사랑의 마음이 전제되어야 한다. 스스로 선이 되고 사랑이 되어 새로운 존재감으로 행복의 등불이 되어야 한다. 어느 부자 청년이 종교적 생활에는 자신감이 강할 만큼 자기 신앙심을 자랑하였지만 많은 재산을 팔아 가난한 사람들에게 나누어주고 빈 마음으로 진리를 따라야 한다는 권면에는 등을 돌려 결국 인생과 신앙의 실패자로 남았다. 교회와 사찰 등 모든 종교계에도 공적인 재산에 사사로이 마음이 흔들리거나 욕심을 내어 부정한 일에 빠질 것이 아니라 모든 재산을 정리하여 가난하고 병 든 사람 등 사회의 약자들에게 나누어 주고 청빈한 마음으로 진리를 수행하여 세상의 어둠과 불행을 일깨우는 등불이 되어야 할 것이다. 무소유는 아무것도 가지지 않는 것이 아니라 꼭 필요한 것은 최소한으로 유지하되 나머지는 흐르는 물처럼 세상의 약자들에게 베푸는 것을 의미한다. 무소유는 진실로 텅 빈 충만함이요 자족과 사랑이다.

누구든지 한 생애의 삶을 마칠 때면 평생 쌓아놓은 것을 그대로 놓고 간다는 것을 모르는 사람을 아무도 없다. 그런데도 우리는 마치 평생 살 것처럼 일하고 싸우고 경쟁하고 출세하고 성공하며 돈과 재물을 더 많이 더 높이 더 넓게 쌓는 일에 일념을 두고 산다. 대부분 사람은 행복한 죽음을 맞이하는 것이 아니라 불행한 죽음을 맞이하면서도 후손이나 세상 사람들에게 행복을 말해 주는 이가 극히 드물다. 행복한 사람이 행복을 알아 행복을 말할 수 있지만, 불행했던 사람은 행복을 몰라 불행을 보여줄 뿐이다. 이스라엘의 솔로몬은 세상에서 가장 큰 부(富)를 누리고 1000여 명의 첩을 거느렸던 화려한 왕이었다. 그러나 그는 말년에 이르러 인생의 회고록을 남긴다. "해 아래에서 수고하는 모든 수고가 사람에게 무슨 유익이 있는가? 한 세대는 가고 다른 세대는 오고, 해는 뜨고 지되 그 떴던 곳으로 돌아가고, 바람은 이리저리 돌다가 다시 처음 자리로 돌아가고, 눈은 보아도 족함이 없고 귀는 들어도 가득 차지 않으며, 이미 손에 쥔 것은 쌓아 두고 다른 것을 쥐고 있으니 내가 해 아래에서 행한 모든 일을 보았지만 결국 모든 것이 헛되고 헛되며 헛될 뿐이다."라고 하였다. 지금도 우리는 헛되고 헛된 일에 몰두하며 정열과 시간과 인생을 낭비하고 있다. 단지 잘 먹고 잘 놀기 위해 땀을 흘리거나 직업을 선택하고, 출세를 위해 온갖 아첨과 부정을 저지르고, 특권과 권력을 누리기 위해 사람을 자기 뜻대로 부리고 지배하며 살면 성공한 인생인가? 이렇게 성공한 부모들의 등을 타고 남다른 특혜를 누리면 똑똑하고 현명한 자식들인가? 무엇이 성공인가?

성공이 행복은 아니다. 행복은 돈과 재물과 출세와 명예와 특권과 특혜 등에서 얻을 수 있는 것이 아니다. 문명과 문화를 누리는 것이 행복은 아니다. 행복의 본질과 실체는 보이는 현상계나 물질에서 얻어지는 것이 아니라 마음의 바탕과 그 마음의 씀씀이에서 얻어지는 것이다. 진정한 행복은 무엇보다도 '진실'과의 만남에서 시작된다. 거짓과 꾸밈이 없는 청결한 마음, 어떠한 낙서도 없는 순수한 마음, 다른 사람을 이용하여 사욕을 채우려는 욕심과 욕망이 없는 빈 마음 등이 곧 진실한 마음이다. 인위와 작위와 억지를 모르는 무위자연의 원리가 진실의 참모습이다. 그래서 스스로 드러나는 자연(自然)으로 존재하는 것 그 자체가 곧 행복의 근원이 된다. 스스로라는 '자연'에는 아무것에도 매인 바 없는 자유가 있고, 그 누구와도 다툼이 없는 평화가 있으며, 행·불행에 대한 분별없이 모두를 기꺼이 수용한다면 고통이 고통이 아니며 그리고 모든 이에게 긍휼과 자비와 인애를 베풀 수 있다면 그 자연의 삶에서 행복을 볼 수 있을 것이다. 스스로 자유가 되고, 스스로 평화가 되며, 스스로 사랑이 되어 존재하는 것에 진정한 행복이 있다는 것이다. 그 자유와 평화와 사랑에는 분별과 차별 등 치우침이 없어 항상 중(中)을 지키니 행복한 것이다. 최고의 진실은 편애와 편견이 없는 중도(中道)에 있는 것이다. 그러면 누구와도 소통이 가능할 것이니 행복은 곧 나눔이요 소통이다. 따라서 행복을 알려면, 행복을 만나려면 언제나 '진실'이 앞서야 할 것이다. 진실은 거짓과 꾸밈이 없는 청결과 청빈, 순수와 자연, 자유와 평화, 긍휼과 자비, 나눔과 소통 등을 바탕으로 삼고 있기에 늘 행복할 뿐이다. 행복의 문을 열고 들어가야 비로소 행복을 볼 수 있고 행복을 만날 수 있다.

행복은 복의 본질이고 선의 바탕이며 사랑의 다른 이름이다. 행복을 아는 것은 사랑을 아는 것이고, 사랑을 알면 행복도 안다. 선을 베푸는 것이 곧 복이고 그 복이 쌓여가면서 행복을 누리게 되는 것이다. 아내가 남편과 자녀들을 위해 마련한 음식은 음식을 먹는 것이 아니라 사랑을 먹는 것이니 사랑으로 준비한 것이기 때문이다. 음식을 먹는 것은 사실이지만 사랑을 먹는 것은 진실이다. 이것을 서로가 알고 행하면 서로가 사랑으로 인하여 몸과 마음이 풍성하고 윤택해지니 행복한 것이다. 여기에는 시기 질투 미움 원망 다툼 등이 존재하지 않아 행복할 뿐이다. 서로를 향해 오직 '사랑'으로 존재할 뿐이니 어찌 행복하지 않을 수 있겠는가? 가정에서뿐만 아니라 사회 모든 곳곳에서도 서로를 향해 '사랑'으로 존재할 수 있다면 지배와 피지배의 관계도 없고, 명령과 복종의 불명예도 없을 것이며, 차별과 차등의 대접도 없고, 이기와 욕심도 없으며, 다툼과 경쟁도 없어 상생과 공존만이 있을 것이니 존중과 사랑으로 인한 행복이 아닐 수 없다. 그러므로 나 자신이 '사랑'이 되고 또한 스스로 '행복'이 되는 일에 일념을 두고 존재의 가치를 진지하게 성찰해야 할 것이다.

자기 존재의 가치를 찾아가는 길은 자기부정이 전제되어야 한다. '나'라고 하는 자아(自我)의 존재를 부정하지 않으면 그 자아는 끊임없이 주인 노릇을 하기 때문에 이기와 욕심의 습성에서 벗어날 수가 없다. 행복과 사랑의 본질은 어느 한쪽으로 치우침이 없는 중도요 중용

이기에 '나'라고 하는 주체가 없고 주장도 없으니 성현들의 삶이 그러했으며 진리의 정신도 그러하다. 그런데 진리를 말하는 사람들이 진리를 모르는 사람들과 조금도 다름없이 이기적인 욕심을 신 앞에 들고나와 성취해달라는 기복을 바라고 있다. 특히 성직자들이 부와 명예와 권위와 특권을 누리는 것은 실로 강도요 절도임을 알아야 할 것이다. 성직자들은 누구보다도 가난한 마음으로 중(中)을 지키며 행복과 사랑의 정의를 삶으로 보여줄 수 있어야 한다. 그 삶이 곧 성직을 행하는 것이고 또한 설교나 설법이 될 것이다.

그러나 '나'를 의식하는 순간 우리는 이기심에서 욕심과 욕망의 함정에 빠지게 된다. 모든 경전과 진리는 '나'를 부정하는 근본의 정신을 강조하고 있지 않은가? 성현들이 일생을 물질적으로 가난하게 보낸 것은 사회에 적응 능력이 없어서가 아니라 늘 가난한 마음을 잊지 않았기 때문이다. 그들이 가난했던 것은 인류가 재물이나 출세와 성공이 아니라 진정한 행복으로 풍성하기를 바랐던 것이다. 성현들은 자유와 평화 그리고 자비와 사랑으로 산 사람들로서 참 행복이 무엇인지를 보여준 참 성직자요 참 스승이었다. 그 성현들의 가르침을 배우고 따르겠다는 우리가 역행하고 있다면 지금 차라리 그 섬김과 가르침과 성직 그리고 신앙에서 떠나야 할 것이다. 세상의 모든 경전과 성현들의 가르침이 산봉우리를 이룰지라도 결국에는 인애와 긍휼과 자비 곧 사랑을 가르치고자 할 뿐이다. 영원한 존재가 있다면 하나님이나 부처님이 아니라 가르침의 근본정신인 자비와 사랑이다. 불변의 실존과 실체는 신의 이름이 아니라 사랑 그 자체이다. 그리고 복 곧 행복은 그 사랑에서 발하는 빛이니 곧 팔복심(八福心)이다. 그 팔복의 마음으로 지금 이 순간을 사랑으로 사는 것만이 가장 복된 길이며 성공한 인생이 되는 것이다. 소유의 행복과 무소유의 행복 중 어느 쪽이 진정한 행복일까?

10. 죽음이 전하는 진실

　오래전에 사회복지법인 「삶과 죽음을 생각하는 회」에서 죽음 준비 교육 지도자 과정을 마치고 웰다잉 강사로 활동을 하였다. 죽음 교육은 곧 아름다운 삶을 위한 필수 교육이라는 인식 아래 삶과 죽음의 의미를 탐구할 좋은 기회였다. 예나 지금이나 대부분 사람은 죽음에 대해서 부정적인 생각이 강하기 때문에 죽음에 관한 얘기를 꺼내는 것은 암묵적으로 금기시해왔다. 사람은 누구나 장수하고 싶고 더 나아가서는 영생하기를 원하는 것이 본능적인 심리라고 생각한다. 본디 사람은 신의 형상을 따라 지음을 받았기에 신이 영원한 존재이니 사람도 영생에 대한 본능적인 의식이 있을 것으로 본다. 그런데 사람의 몸이 영생할 수 있는 것이 아니라 영혼이 영생하는 것이니 신은 몸이 아닌 영으로 존재하기 때문이다. 사람이란 몸과 영혼의 합일체이지만 사람으로 지칭하는 것은 몸이 아니고 영혼을 두고 하는 말이다. 몸은 생명체로서 영혼의 보호막이고 영혼은 몸을 통해서 삶을 영위해 가는 생명이요 실체이며 참나로서의 실존이다. 죽음이란 몸과 영혼의 분리를 의미하며 몸은 결국 한 줌의 흙과 먼지로 돌아가고 영혼은 하늘로 돌아간다는 동양사상이 널리 인식되어 왔다. 그러나 진정한 죽음은 육체의 죽음이 아니라 정신적 또는 영성의 죽음을 의미하는 것이다.

　인간은 삶과 죽음을 동시에 품고 있는 존재이다. 삶은 죽음을 품고 죽음 또한 삶을 품고 있어 삶과 죽음은 하나이기에 다른 두 개의 세계가 아니다. 삶이 현실적인 현상이듯이 죽음도 현실적인 현상인 것은 인간의 몸을 형성하고 있는 세포 조직은 각 장기에 따라 그 수명이 다르지만 짧게는 5년에서 긴 것은 20년에 이르면서 소멸과 생성을 반복한다고 한다. 그 반복 과정을 통해서 세포 조직은 노화 현상을 일으켜 결국에는 노쇠하여 죽음에 이르는 것이다. 그러나 죽음은 육체의 죽음만 있는 것이 아니라 정신적인 죽음도 있다. 육체의 죽음은 이생에서의 단절을 의미하는 마지막 순간이지만, 정신적인 죽음은 지금이라는 현실에서의 죽어가는 현상을 의미한다. 이는 어떠한 마음가짐으로 사느냐 하는 문제이다. 대부분 사람은 사는 동안에 자기가 원하는 삶을 추구하지만, 뜻대로 되지 않는 것이 인생살이기에 갈등과 고민이 많아 사는 게 힘들다고 한다.

왜 인생은 고통이 따르는 것일까? 그것은 자연의 섭리를 따르는 것이 아니라 자기가 원하는 욕심을 따르기 때문이다. 그런데 사람들은 죽음의 시간이 가까이 올 때 비로소 그 욕심들을 내려놓고 비워간다. 그리고 영면(永眠)에 들어간다. 이러한 인간의 모습을 보고 장자(莊子)는 "천지(天地)는 나에게 형체를 주어 삶으로써 나를 힘들게 하고, 늙음으로써 나를 편안하게 하고, 죽음으로 쉬게 한다. 그러므로 자기의 삶을 잘 사는 것이 곧 자기의 죽음을 잘 맞이하는 것"이라고 하였다. 삶은 무엇이고 또한 죽음이란 무엇인가? 세상에 살면서 이것을 아는 것보다 더 중요한 일은 없을 것이다.

특히 삶을 알려면 먼저 죽음을 알아야 한다. 우리는 매일 죽음의 소식을 들으면서 일상에서 죽음을 자주 본다. 그러면서도 죽음이 무엇을 의미하는지 관심조차 없이 여전히 평상시의 내 삶을 추구할 뿐이다. 죽음에는 불의의 사고로 인한 죽음이 있고, 질병으로부터의 죽음도 있으며, 노화로 인한 자연사 등이 있다. 어떠한 모습의 죽음이든지 죽음을 생각하면 불안하거나 두렵다. 그러나 삶이 현실이듯이 죽음도 현실이니 우리는 삶과 죽음을 동일 선상에서 묻고 답을 구해야 할 것이다. 삶이란 무엇인가? 사람에게 물을 것이 아니라 '죽음'에게 물을 것이다. 죽음이란 무엇인가 하는 문제도 '삶'에게 물어야 바른 답을 얻을 것이다. 삶과 죽음은 두 개의 세계가 아니라 하나의 세계이기에 서로를 너무도 잘 안다. 삶이란 죽음을 향한 발걸음의 연속이며 이것이 인생이다.

그래서 인간은 죽기 위해 살아야 한다. 죽기 위해 산다는 것은, 사는 동안에 자기를 부정하는 무아(無我)와 욕심을 모르는 무욕(無慾)과 인위적이거나 억지가 배제된 무위(無爲) 그리고 자기의 뜻을 포기하고 스스로 되어가는 자연의 섭리를 따르려는 삶 등을 의미하는 것이다. 이것이 종교가 깨우치려는 인생의 정도(正道)이다. 그리고 죽음이란 인생의 정도(正道)가 무엇인지를 밝히는 지혜요 진리이며 우리의 그릇된 삶을 일깨우고 바른길로 인도하는 경전(經典)이다. 흔히 죽음을 생각하거나 주검을 바라볼 때면 두려움이 앞서지만, 육체의 죽음으로 바라볼 것이 아니라 이기와 욕심의 죽음으로 바라볼 것이다. 그 주검의 경전을 바라보면서 긴 세월 사는 동안에 그가 어떻게 살아왔으며 또한 나는 어떤 모습으로 살아가고 있는지를 돌아보는 것이다. 탐심을 채우려 하고, 뜻대로 되지 않으면 성내고 분노하며, 진리의 가르침에는 조소를 보내는 어리석음으로 살고 있지는 않은지 진지하게 돌아보는 것이 바로 죽음 앞에서의 바른 예의이다. 육체의 주검을 바라보면서 인생의 공허함을 깨닫고 그 공허함을 무엇으로 채워야 하는지를 알아가는 것이 그 무엇보다도 중요한 숙제이다. 그것은 흐르는 물이 채워지면서 동시에 흘려보내 지듯이 인생도, 항상 비움으로 살고, 채워지면 다시 비우는 것이다. 비우고 버리고 포기하는 것이 곧 마음이 가난함이요 자아의 죽음을 의미하는 것이니 우리는 죽음의 개념을 육체의 죽음이 아닌 이기와 욕심과 아집의 죽음으로 재인식해야 할 것이다. 비움으로의 자아의 죽음은 이웃과 더불어 살며 행복의 권리를 공유하는 데 있는 것이다.

인간은 사회적 동물이다. 부부 관계를 이루고 자녀를 생산하여 가족을 형성하고 그 가족들이 모인 공동체가 집단을 이루어 사회가 되고 나라가 되며 국가가 된다. 이렇게 인간은 관계망을 통해서 서로 공존하고 공생하는 것이니 인간의 삶이란 더불어 사는 것이다. 그리고 그 관계망이 끊어진 삶을 관계적 죽음이라고 하는데 그것이 바로 이기적인 욕심을 따르는 죽음의 삶이다. 이런 사람은 삶의 중심에 자기만 있을 뿐 이웃이 없고, 동료도 없으며, 심지어는 가족도 없다. 몸은 살아 있을지라도 진정 얼이 빠져 정신과 마음이 죽은 사람이다. 지금 나는 살아있는 사람인가 아니면 죽어가는 사람인가를 스스로 묻고 답해야 할 것이다. 이기적이어서 사랑으로의 관계망이 단절된 사람이라면 죽어가는 사람일 것이고, 정의와 자애로 관계망을 잇고 있다면 그는 진정 산 사람일 것이다. 어찌 보면 세상은 대형의 공동묘지일 수도 있지 않을까? 눈을 뜨고 보면 나는 지금 공동묘지 안에서 살고 있는 것이다. 이것을 보게 하는 것이 곧 종교요 진리이며 마음의 눈이다. 그러므로 이제 우리는 이기와 욕심, 돈과 재물, 인기와 명예, 권위와 권력, 신분의 고하 등을 떠나 모두를 동등하게 존중하며 자애로 살 것이다. 그리고 실수와 허물과 불의와 불법에 대해서는 감추고 속이거나 변명과 변호할 것이 아니라 정직하게 시인하고 공의로운 심판에 맡기면서 맑고 정의로운 사회를 이루는 데 동참해야 할 것이다. 이것이 죽어가는 삶에서 돌아서는 관계회복이요 공존과 공생의 지혜가 되는 것이다.

세상은 발전과 번영을 도모하는 것에 집착하여 오늘의 문명 시대를 열었으나 도리어 세상은 갈수록 불안과 혼란과 불의와 불법만이 기승을 부릴 뿐 결코 사람이 자유와 평화를 누릴 수 있는 평안한 세상은 아니다. 고대 중국의 요순(堯舜)시대처럼 태평성대를 이루는 지혜는 천하는 그대로 두고 무위지치(無爲之治)를 행하는 것뿐이다. 임금의 덕이 너무 커서 인위적이거나 의도적인 정치적 행위를 하지 않아도 천하가 잘 다스려지는 것을 무위지치라고 한다. 이는 임금이나 지도층이 사사로운 욕심을 부리지 않고 성인의 덕으로 백성들을 돌보기 때문이다. 정치란 하면 할수록 마치 생선을 구울 때 자주 건드리면 생선이 부서지듯이 백성은 분열되고 위태롭게 될 뿐이다. 그래서 인위적인 수단과 방법을 멈추면 백성들 '스스로 함'이 안정과 평화를 만들어 갈 것이다. 참으로 지도자는 사사로운 명예와 부귀영화를 구하기보다는 청빈한 마음으로 검소한 삶의 본을 보이며 항상 백성의 마음을 읽고 위로하고 격려하면 충분할 것이다. 그러면 백성은 스스로 어울리며 서로 돕고 이끌어주는 자비심과 사랑으로 살아갈 것이다. 진정한 번영과 부유함은 외부에 있는 것이 아니라 내부에 있음을 새로이 자각할 필요가 있다. 천하에 올바른 도(道)가 행해진다면 모두가 번영하고 부유해지지만, 도가 행해지지 않기에 사람의 본성은 악성으로 변질되면서 미움과 원망과 다툼과 성냄과 분노와 무자비와 거짓과 변명 등으로 사회를 어둡게 하는 것이다.

장자의 외편에 보면 요임금이 백성을 다스리게 되면서 백성자고를 제후로 삼았다. 그 이후 요임금은 순임금에게 자리를 물려주고, 순임금은 우임금에게 자리를 물려주자 백성자고는 제후 자리를 떠나 한적한 시골로 들어가 농사를 지으며 살았다. 그래서 우임금은 그를 찾아가 요순임금이 있을 때는 제후 자리에 있었는데 왜 내가 다스릴 때 그

만두었느냐고 물었다. 이때 백성자고는 대답한다. '요순임금들이 세상을 다스릴 때 잘한 백성들에게 상을 내리지 않아도 백성들은 변함없이 성심을 다하였고, 잘못한 사람에게 벌을 내리지 않아도 백성들은 불안하지 않았습니다. 그런데 지금 당신은 상벌을 내리지만, 백성들은 상을 바라며 욕심을 부리니 도리어 어질지 못하고 완악해지고 있습니다. 덕은 사라지기 시작했고, 법률은 늘어나기 시작했습니다. 그러니 당신은 스스로 물러나야 하지 않겠습니까?' 하였다고 한다. 인위적인 정치는 언제나 나라를 혼란스럽게 할 뿐이었으니 지금 우리는 그 증거들을 매일 매 순간 보고 있지 않은가? 독선(獨善)이 강하면 백성은 독선의 지배를 받게 될 것이고, 기계 문명이 발달하면 백성은 기계 문명의 지배를 받게 될 것이며, 지도층이 욕심을 부리면 백성 또한 그 욕심의 지배를 덩달아 받게 될 것이다. 그래서 세상은 이지적(理智的)인 행위로 다스려지는 것이 아니라 백성들이 스스로 할 수 있도록 요순처럼 무위하는 것으로 다스려지는 것이어야 진정한 안정과 평화와 번영이 있는 것이다. 무위는 정치력의 근본이고 백성들 삶의 지혜이다. 정치적인 다스림과 백성들의 삶의 궁극적인 목적은 태평성대를 누리는 것이지 돈과 재물로의 문명을 누리는 것이 아니다. 태평성대란 나라 안에 불의와 불법으로 인한 불안과 혼란이 없어 늘 평안한 상태를 말하니 이는 서로 신뢰하고 정(情)을 나누며 함께 공존 공생하는 자비와 사랑을 의미한다.

언제나 죽음으로 사는 사람은 육체적 죽음을 두려워하지 않는다. 죽음을 두려워하는 것은 심리적으로 그 이유가 있으니 살아있는 동안의 삶이 당당하지 못했거나 후회스럽거나 부끄러운 삶이었다면 본능적으로 사후(死後)의 세계에 대한 두려움이 있기 때문이다. 그러나 사람이 죽어 사후의 세계에 이르기 전에 이미 사는 동안에 천국과 지옥은 정해졌으니 무엇을 했느냐의 삶이 아니라 어떻게 살았느냐의 삶으로 어떤 사람은 천국의 삶을 살았고, 또 어떤 사람은 지옥의 삶을 산 것이다. 사람 대부분이 욕심에 이끌려 지옥의 삶을 살면서도 자신의 의(義)를 억지로 주장하면서 자화자찬하고 있으니 참으로 애석한 일이 아닐 수 없다. 정치인이 그러하고 성직자들이 그러하며 고위공직자들과 각계의 지도층들 그리고 경제인들과 어디서든 갑질을 행사하는 모든 사람이 그러한 사람들이다. 돈과 재물과 명예와 권위와 권력을 힘(力)으로 활용하여 사회의 모든 약자를 자기의 이익을 위해 악용하거나 괴롭히거나 업신여기고 외면한 사람들의 삶은 바로 지옥의 삶인 것이다. 반면에 빈부의 차이와 신분의 고하를 떠나 항상 겸손하고 온유하며 자비심을 베풀어 약자들의 불편과 고통 등을 덜어주던 사람들은 가난한 마음을 지닌 사람들이니 마땅히 천국이 그들의 것이다. 그래서 사람은 살기 위해서 사는 자가 될 것이 아니라 죽기 위해서 사는 자가 되어야 한다. 이런 사람을 죽음으로 사는 사람이라고 하며 이런 사람이 나라의 위정자가 되어야 하고, 종교계의 성직자가 되어야 하며, 교육과 법률 등을 다루는 지도층이 되어야 한다.

장자의 외편에서 우리가 염두에 둘만 한 가르침을 하나 더 소개한다. 어느 날 장자가 이웃 나라로 가던 중 바짝 마른 해골을 보았는데 그 해골을 향해 몇 가지를 묻는다. 그대는 탐심이 많아 사람의 도리를 잃고 이렇게 되었는가? 아니면 나라에 악덕을 행하여 이 꼴이 되었는가? 그것도 아니면 헐벗고 굶주려 이렇게 되었는가? 아니면 노환으로 자연사한 것인가? 그러고는 장자는 그날 밤 그 해골을 베개 삼아 잠들었다. 한밤중에 해골이 나타나 말한다. 죽음의 세계에는 위로는 임금이 없고 아래로는 신하가 없으니 임금 노릇이 아무리 좋다 하여도 지금 나보다 더 좋을 수는 없다고 말하니 장자가 되묻는다. 그 말을 믿을 수 없으니 내가 신에게 부탁하여 당신을 다시 살아있는 인간이 되게 하여 가족들에게 돌려 보내 준다면 어떻겠는가? 하니 해골은 크게 화를 내면서 내가 어찌 지금의 자유와 평화와 행복을 버리고 다시 고통의 삶으로 돌아가겠는가? 하였다. 삶의 세계보다는 죽음의 세계를 더 행복하게 여긴다는 것은 고통의 연속인 욕심에 이끌려 살아야 하는 인간의 세상을 더럽고 추하게 본 것이 아니겠는가? 사람이 육체의 만족을 위해 탐심을 앞세우며 자신만 보고 사는 사람은 자신의 마음과 정신과 영혼을 죽이는 것이니 실상은 산자가 아니라 죽은 자요, 영혼의 만족을 추구하는 사람은 세속적인 탐심과 소유와 소비를 몰라 죽은 듯 살았지만, 실상은 산 자이니 그의 마음은 늘 자유와 평화와 사랑이 가득한 사람이다. 내 안에 내가 너무도 많은 욕심의 삶을 산 사람이라면 죽음이 두려울 것이나 가난한 마음과 함께 자유와 평화 그리고 사랑의 삶을 산 사람이라면 죽음 또한 자연스럽게 수용할 것이다. 삶 편에서 죽음을 바라보면 두려움이 앞서지만 죽음 편에서 삶을 바라보면 바쁘고 힘겹게 살기보다는 사랑하며 살아야 함을 절실히 알게 될 것이다.

삶의 보람과 인생의 가치는 돈과 재물과 출세와 성공과 인기와 명예와 권력 등에 있는 것이 아님을 모르는 사람은 없다. 그러면서도 그것들을 얻기 위해 경쟁하고 다투며 일생을 보내다가 그만 지쳐서 병들어 움직이지 못한 채 의식을 잃어가며 죽음을 맞이한다. 성직자들은 주검 앞에서 그의 사는 동안의 치적을 아낌없이 칭찬하면서 천국에 들어감으로 유족을 위로하지만 참으로 천국의 삶에 합당한 삶을 살았는가를 진정 묻고 싶다. 사람이 하늘의 본성을 따라 늘 변함없이 가난한 마음을 지니고 사사로운 모든 탐심을 버린 채 범사에 겸손과 온유와 인내와 시기하지 않음과 자랑하지 않음과 교만하지 않음과 무례히 행하지 않음과 자기 이익을 구하지 않음과 성내지 않음과 악한 것을 생각지 않음과 불의와 짝하지 않음, 그리고 오직 진리를 기뻐하며 산 사람이라면 종교와 상관없이 누구나 천국에 합당한 삶을 산 사람이라 할 수 있겠다. 그런 삶이 바로 자기 비움과 사람 존중과 사람 사랑한 삶이니 사는 동안에 이미 그는 천국을 누려 사후의 천국도 그의 것이라는 것이다. 사람이 죽으면 베옷을 입히는데 그 베옷에는 주머니가 없다. 주머니가 없는 것은 죽음 뒤에는 아무것도 가져가지 못하니 세상에서 사는 동안에 굳이 욕심을 부리며 소유와 소비를 위해 다투고 성내며 생존경쟁할 필요가 없음을 의미하는 것이다.

그래서 죽음은 산 자들을 향해 이렇게 말한다. "지금 누워있는 나를 보라. 내가 무엇을 지녔는가? 내가 평생 쌓아놓은 것이 보이는가? 내가 쌓아놓은 것들 중 아무것도 가져가지 못함을 보아라. 그리고 가져가지 못할 것들을 위해 일생을 투자하는 어리석음에서 벗어나라. 이제 모든 탐심을 버리고 자신을 위해 살지 말고 이웃을 위해 살라. 이기와 욕심은 자신을 가두는 울타리가 되나니 자유와 평화와 사랑이 없노라. 긍휼과 인애와 자비 즉 사랑을 베푸는 것만이 하늘에 쌓아놓는 공덕이 될 것이라. 그러므로 이제 이기심을 그치고 서로 사랑하라" 하고 죽음은 말하고 있다. 죽음의 실상(實像)은 소멸이 아니라 무욕이요 무아이며 무위이고 비움이다. 이것이 '나'를 부정하는 죽음의 삶이다. 그래서 성현들은 죽음으로 살았으니 그 삶이 바로 무욕이요 비움이며 무위가 아니던가? 그 죽음이 또한 신(神)의 존재의 양식이요 언제나 의도함이 없어 순리를 따르니 자연이라 하고, 하고자 함이 없어 항상 무위하고, 욕구와 욕심이 없어 무욕이며, 분별이 없어 침묵할 뿐 신은 언제나 '죽음'으로 존재하니 그의 형상을 닮은 우리 또한 죽음으로 존재할 것이다.

죽음으로 존재한다는 것은 이기와 욕심의 '나'를 부정하는 것이다. 신앙과 인생의 근본 이치는 내가 죽고 없는 자기 부정이다. 사는 동안의 육체의 소욕(所慾)도 몸이 죽는 순간 모두 사라지니 인간은 죽어서야 '없음'(無)으로 돌아간다. 어차피 '무'로 돌아갈 것인즉 더 늦기 전에 죽음이 말하려는 진실을 알아채고 항상 가난한 마음으로 사람을 존중하고 배려하고 관용과 자비를 베풀며 사랑하는 것만이 인생의 의미와 신앙의 가치를 더하는 것인 줄 깨달아야 할 것이다. 모든 인간은 육신의 죽음과 동시에 사는 동안에 쌓아놓은 돈과 재물과 명예와 권세와 지식과 정보 등 모두를 버리고 가지 않는가? 죽어서도 동행하는 것이 있다면 그것은 오직 자비와 사랑뿐일 것이다. 임종을 몇 개월 앞둔 사람들이 가장 많이 회고하는 것 중 하나가 사는 동안에 베풀지 못한 것이 제일 후회스럽다는 것이다. 그러므로 죽음이 없는 듯 죽음을 외면하거나 삶에만 집착할 것이 아니라 삶과 죽음의 경계선에서 삶과 죽음의 현실적인 지혜를 찾아가야 할 것이다. 자애(慈愛)는 신의 존재 양식이기에 영원한 것이다. 물질적으로나 정신적으로 그리고 신앙적으로 항상 무소유와 나눔의 신념으로 사는 것만큼 위대한 삶은 없다. 죽으며 사는 지혜를 배우고 익히는 것이 곧 종교요 신앙이고 믿음의 수행이다. 나에게 오늘만 생명이 주어졌다면 어떻게 살 것인가를 늘 염두에 두면서 이제 기복 심리로 신앙을 찾을 것이 아니라 인생 자체가 신앙이니 자애로의 삶으로 펼쳐져야 할 것인즉 과연 사랑은 신앙의 전부요 인생의 해답이다.

마무리하는 글

　교회 목회를 하는 동안 늘 목회와 신앙에 대해 갈등을 겪으면서 그 본질을 찾고자 했던 마음은 지금까지 35년여 동안 쉬지 못했다. 나를 스스로 가두었던 교리와 전통과 제도라는 우물을 벗어나고자 하여 성경은 물론 이웃 종교의 경전까지 두루 넘보면서 진리를 탐구하기 시작하였다. 진리 공부를 20여 년 하는 동안에 겨우 조금 눈이 뜨이게 되었다. 그리고 각 종교의 의식(儀式)과 가르침의 표현은 달라도 결국 의미와 뜻은 서로가 다르지 않음을 알게 되면서 놀라움과 기쁨을 감추지 못하였다. 때때로 새로운 깨달음이 떠오를 때면 이것이 하늘에서 떨어지는 양식이요 영감(靈感)임을 느끼면서 밥을 먹지 않아도 배가 부름을 실감하였다. 지금도 여전히 진리에 대한 마음의 작용은 쉬지 못하고 있으니 진리에 대한 깨달음과 영감은 나의 심장이 아닐 수 없다. 그 깨달음의 결국은 존재적 사랑(道)과 실천적 사랑(德)이니 곧 사랑이 신앙의 전부요 인생의 해답인 것이다. 겨우 이것을 깨달은 것이 어느덧 20년이 흘렀지만, 여전히 진리의 문턱에도 이르지 못함을 못내 아쉬워하면서 이것이라도 이제는 정리하여 많은 사람과 함께 공감하며 공유하기를 희망한다.

　종교인이든 비종교인이든 신(神) 또는 하나님은 존엄한 존재로서 높고 높은 어느 하늘에 계시며 인간의 생사화복을 주관하는 것으로 인지하고 오로지 기복 신앙심으로 신 또는 하나님을 추앙하고 있다. 그래서 신에 대한 예배의식과 찬양이 끊이지 않고 소원성취를 바라는 기도가 쉬지 못하고 있다. 그러나 신 또는 하나님은 인간의 생사화복을 주관하지 않으니 우리의 기복 신앙심은 백해무익함을 절절히 깨달은 것이다. 대부분의 종교계가 처음부터 기복 신앙을 중심으로 오늘에 이르렀으니 이 거대한 기복의 벽을 허물기에는 엄두도 내지 못해 무력할 뿐이다. 우리가 매일 찾고 부르는 신이나 하나님은 어떻게 존재하는 것일까? 각 종교에서의 성직자들과 신도들이 경배하는 신들은 그 종교의 신전(神殿) 안에 좌정하고 있는 것인가? 진실로 인간의 소리를 듣고 마음에 드는 사람의 기도는 들어주고 마음에 들지 않는 사람의 기도에는 외면하는 신이 존재할까? 과연 신은 어디에서 어떻게 존재하며 인간과의 관계는 어떻게 맺고 있는 것인가? 지금 이대로 신전과 예배와 기도와 가르침 그리고 우리의 삶은 괜찮은 것인가?

세상과 더불어 종교계도 함께 부패하고 타락해가는 모습은 조금도 다르지 않다. 세속적인 성공과 출세 등 똑똑하고 잘 난 사람들이 대접을 받는 종교계라면 굳이 종교라는 특별 영역이 존재해야 할 이유와 의미가 있을까? 기복 신앙심을 발판삼아 부(富)와 명예와 권위와 문명의 특권을 누리는 성직자들의 기득권이 곧 영적인 지도력은 아니지 않은가? 어느 성현(聖賢)들이 그런 모습을 보였는가? 성현들의 가르침과 계율들은 출세와 성공을 위한 부적(符籍)인가? 이 많은 질문 앞에 나는 자문자답을 하면서 입을 열지 못했다. 그리고 조용히 정리해 본다. 신 또는 하나님은 권위의 존재도 아니고, 기도에 응답해주는 신도 아니며, 인간의 생사화복이나 상선벌악을 주관하지도 않으며, 인간의 선함에도 악함에도 움직임이 없고 오직 바라볼 뿐이다. 또한, 신과 인간의 관계는 수직관계가 아니라 수평적 관계이며 더 나아가 동체(同體)이다. 신이나 하나님은 멀고 높은 곳이나 신전에 있는 것이 아니라 만물 안에서 만물로 그리고 내 안에서 '나'로 존재한다는 것이다. 그 존재의 양식은 영혼과 생명으로, 의식과 정신으로, 양심과 마음으로 존재한다. 영혼, 생명, 의식, 정신, 양심, 마음 등은 표현은 달라도 모두 같은 뜻으로 '한 근원'을 의미하니 곧 '사랑'이다. 하나님은 사랑(God is Love)이 아니라 사랑이 곧 신이요 하나님(Love is God)이다.

다시 한번 강조하거니와 여기서 말하는 '사랑'은 세상에서 말하는 에로스(eros)적 사랑을 말함이 아니라 존재적 사랑을 의미한다. 이를 '성령의 사랑'(로마서 15:30)이라 하니 곧 사랑의 영이다. 하나님은 영으로 존재한다고 하였는데 그 영이 바로 사랑의 영이기에 존재적 사랑이라 하니 사랑이 곧 신이요 하나님이라고 한 것이다. 그러므로 이제부터는 신이여! 또는 하나님! 하고 부를 것이 아니라 일상(日常)에서 나 자신이 사랑으로 존재하고 사랑으로 살 것이다. 이것이 종교요 신앙이며 인생의 궁극적 목적이다. '사랑'을 상실한 것은 하나님을 상실한 것이요 종교의 가르침과 신앙의 정도를 상실한 것이며 나를 상실한 것이니 신앙과 인생의 의미 모두를 잃은 것이다. '사랑'은 신의 형질이요 하나님의 형상이니 인간의 영혼과 양심의 원형(原形)이다. '사랑'을 떠나 있으면 몸은 살아있어도 영혼은 죽은 것이니 교계는 빛을 잃고 세상은 어두워만 가는 것이다. 진리의 영, 사랑의 영 즉 성현들의 가르침이 성직자들을 통해 죽어가고 있으니 어찌 세상이 맑고 밝아지겠는가? '사랑'을 신앙과 인생의 근간으로 삼아 그 '사랑'이 내 안에서 영혼과 양심으로 존재하며 그 사랑이 내 몸을 통해 살도록 이기와 욕심을 비우고 내가 죽는 것이 진정 신을 만나는 길이요 영원히 사는 길이다. 그러므로 지금까지 신이요 하나님인 줄 알고 숭배하고 경배한 우상의 물신(物神)을 불태우고 '사랑'을 신 또는 하나님으로 알고 오직 그 '사랑'을 중심 삼아 사랑으로 존재(道)하고 사랑으로 살 것(德)이다.

본래 종교와 진리는 인간의 도리를 알게 하자는 것이지 축복을 바라는 기복심(祈福心)을 양성시키는 것이 아니니 우리는 신의 형상, 사랑의 영성을 회복하여 사람 구실을 온전히 행하는데 비중을 두어야 한다. 신앙적으로 신을 믿는다는 것은 신의 능력을 믿고 복을 기대하는 것이 아니다. 믿는다는 것은 성현들의 삶을 흉내 내고 닮아가면서 가르침과 '하나'가 된다는 의미가 있는 것이다. 제2의 예수, 석가, 노자 등이 되게 하려는 것이 종교와 진리의 존재 의미이지 원시적인 무속 신앙이 아니다. 만일 사랑의 영성이 회복되고 이웃을 내 몸처럼 존중하고 사랑할 수 있다면 종교와 진리와 신앙과 믿음 등 모두는 자연히 버려지게 될 것이다. 종교와 진리의 본질적인 가르침이 사랑으로 성취되었기 때문이다. 율법은 문자대로 지켜야 하는 계명이 아니다. 수많은 율법과 계명의 정신은 '사랑'이기에 사랑으로 율법을 완성하라고 한 것이다. 예수처럼 사랑하다 보면 그 안에서 율법과 계명은 성취되어 가는 것이지 결코 인위적으로 지키는 행위를 요구하는 것이 아니다. 그래서 우리의 인생은 성현들의 삶을 내 것으로 만들어 가는데 의미가 있는 것이지 자신이 원하는 삶을 만들어 가는 것이 아니다. 지금까지 세상은 인간의 이기와 욕심이 이끄는 대로 살아왔지만 언제나 그 결과는 경쟁과 다툼과 분열과 혼란 그리고 수많은 사회적 범죄들만 늘어날 뿐이다. 그래서 사랑의 삶을 드러내지 못하는 종교와 진리와 신앙과 믿음 그리고 인생 모두는 공허하고 백해무익한 것이다.

하나님, 성령, 예수, 하나님의 형상, 영성, 진리, 율법, 계명, 구원, 십자가, 천국 등 모두가 '사랑'과 관련이 없는 용어들은 없다. 그 용어들을 바꾸어 표현할 때 가장 바르게 어울리는 것이 바로 '사랑'이다. 그 모든 이름과 용어들의 본질 또는 원형(原形)이 곧 '사랑'이기 때문이다. 사랑 하나님, 사랑 성령, 사랑 예수, 사랑의 형상, 사랑의 영성, 사랑의 진리, 사랑의 율법과 계명, 사랑의 십자가, 사랑으로의 구원, 사랑의 나라 천국 등 사랑과 관련이 없는 것은 없으니 '사랑'의 다른 이름들이며 실존하는 것은 '사랑의 영'뿐이다. 사랑의 영은 처음부터 모든 인간 안에 내재하여 있다. 그 사랑의 영이 바로 하나님의 형상이요 인간의 영혼이며 영성이요 본성이다. 다만 우리가 현상계에 눈이 어두워 보지 못하고 깨닫지 못할 뿐이다. 하나님은 우상과 같은 하나님으로 존재하는 것이 아니라 영(靈)으로 존재하며 사랑으로 존재한다. 성령이 바로 사랑의 영이다. 이는 성령으로부터 사랑이 나온다는 뜻이 아니라 성령의 본질이 곧 사랑임을 의미하는 것이다.

하나님, 하나님의 형상, 생령, 성령, 생명, 영혼 등은 역할에 따라 서로 이름만 다를 뿐 모두가 하나의 동일한 본질과 속성을 지니고 있는데 그 본질과 속성이 바로 '사랑'이다. 하나님이라는 이름이 신이 아니라 '사랑'이 신이며, 하나님이라는 이름이 영원한 것이 아니라 '사랑'이 영원한 것이다. '사랑'이 진리이고 말씀이며 성령이요 하나님이다. 따라서 우리가 오직 믿고 따를 것은 '사랑'뿐이다. 모든 경전은 긍휼과 자비와 인애 즉 사랑을 말하고 있는 것이니 결국 '사랑'이 신앙의 전부요 인생의 해답임을 증언하고 있다. 사랑만이 우리 모두의 희망이요 비전이 될 때 나도 살고 이웃이 살며 세상은 평화로울 것이다. 우리가 이기와 욕심을 버리면 모두가 함께 행복할 수 있다. 양심(良心)을 외면하면 욕심(慾心)이 작동한다.

세상은 공정하지 못하고 불공정하며, 평등하지 못하고 불평등하고, 진실을 가장한 거짓이 가득하며, 부정과 불의가 큰 소리를 내고, 자기변호와 변명으로 부조리를 합리화 시키고, 교만과 오만이 겸손과 온유를 짓밟으며, 법의 잣대는 사람에 따라 다르게 적용되고, 이기적인 욕심은 성직과 신앙과 사회와 국가를 망가뜨리고 있다. 불합리한 세상이다. 어디든지 강자만이 존재할 뿐 약자는 강자의 보조자일 뿐이다. 이러한 불공정과 불합리와 불평등을 바로 잡아야 할 마지막 보루인 종교들마저 세속화하는데 발 빠르게 움직이면서 오히려 교회가 문명화되어 가는 것을 자랑스럽게 여기고 있으니 무엇을 기대할 수 있겠는가? 문명은 무너질 것이 예고된 바벨탑일 뿐이다. 신전을 크고 넓고 높게 그리고 화려하고 웅장하게 건축하는 것을 신의 축복으로 거짓 포장하는 것은 무지의 소산인가 아니면 뻔뻔함의 극치인가? 신전과 신의 형상들을 만들어 세우는 것은 우상화하는 지름길인 것을 모르고 있다. 진리를 가르친다 하면서 온갖 욕심의 노예로 사는 자들이 지도자라고 거들먹거리니 세상이 조롱하며 비웃는다. 이 모든 현상이 결국 꼭 있어야 할 사랑이 없어 부득이 일어날 수밖에 없는 악행들이다.

　사랑은 신의 형질이요 하나님의 형상이며 또한 사람의 본질이며 본성으로서 사랑의 영이 사람이고 사람이 곧 사랑의 영이다. 인간의 본향은 '사랑'의 나라이고, 나의 근원은 '사랑'이기에 나의 존재는 몸이 아니라 '사랑의 영'이니 몸이 사는 것이 아니요 '사랑의 영'이 사는 것이다. 그래서 내가 가야 할 신앙과 인생의 방향도 '사랑'이고, 내가 가야 할 마지막 종착지도 '사랑'이다. 그러므로 사랑을 모르는 우리는 사랑을 말할 수 없으며, 사랑의 본(本)을 보일 수도 없을 뿐만 아니라 하나님조차도 알지 못하는 것이다. 인간의 죽음은 모든 이기와 욕심과 악행들의 죽음을 상징하는 것이며 오직 영생하는 것은 믿음이나 신앙의 공로가 아니라 사랑인 것을 알아야 한다. 그래서 이기와 욕심의 존재는 죽고 사랑의 존재로 거듭나는 것이 곧 구원이요 영생이다. 그리고 사랑으로 사는 것이 참 신앙이요 참 믿음이며 이웃 사랑이 참 예배요 참 설교이다. 사랑이 곧 하나님이며 하나님 나라(天國)이기 때문이다. 본래 본질적인 것은 눈에 보이지 않는다. 마음으로 보아야만 잘 볼 수 있는 것이 있으니 곧 사랑의 영이다. '사랑'이란 좋아하는 감정이나 로맨스가 아니다. 좋아하는 것은 언젠가는 싫어져서 버리고 새로운 것을 찾을 수 있다. 그러나 사랑은 좋아하는 속성이 아니고 '존중'이기에 좋아함과는 성질이 다르다. 존중은 언제나 변함없이 진실로 사람대접을 하는 것이다. 존중에는 미움도 시기도 원망도 배반도 없다. 죄는 미워해도 결코 사람은 미워하지 않는다. 그렇게 존중할 수 있으면 이웃을 내 몸처럼 사랑할 수 있으며, 죄인에게도 용서가 가능해지고, 원수도 사랑할 수 있다. 그래서 존중이 곧 사랑이고 사랑이 존중이며, 그 존중과 사랑은 가난한 마음과 겸손과 온유함이 전제될 때 가능한 것이다.

예수의 공생애와 십자가의 죽음은 하나님께 바치는 사랑의 제물이었다. 우리가 하나님과 예수를 믿는다는 것은 바로 그의 삶과 죽음을 따르는 것을 의미한다. 그래서 예수를 따르려면 자신을 부인(否認)하고 따르라 하였으니 그 부인이 곧 자아의 죽음 또는 욕심의 죽음이다. 그 죽음의 배경은 다름 아닌 '사랑'이다. 사랑을 알면 나는 죽고 진리가 내 안에서 살며 이웃과 세상에서 소금과 빛으로 산다. 우리가 그 사랑을 흉내라도 내려면 무엇보다도 마음이 항상 가난해야 한다. 욕심이 없는 마음, 낮은 자리를 스스로 찾아가는 마음, 양보하는 마음, 용서하는 마음, 겸손한 마음, 나눌 줄 아는 마음 등 팔복의 마음이 아니면 그 누구도 그 사랑을 흉내조차 낼 수가 없다. 반면에 마음이 늘 부유하여 무엇이든지 소유하고 소비하는 것을 자랑과 축복과 미덕으로 안다면 그는 진리를 외면하고 사랑의 본성을 스스로 죽이는 영혼의 살해자가 되는 것이다. 특히 성직자들과 신도들은 진리의 울타리 안에서 사는 자들로서 욕심과 욕망으로 인해 세속적인 부와 명예를 추구하는 것은 자신의 영혼을 죽일 뿐 아니라 세상으로부터 조롱과 비난을 받으니 실로 악행 중의 악행이 아닐 수 없다. 출애굽 사건에서 바닷길이 열린 것은 사랑과 구원의 길이요 이집트의 바로와 그의 군대가 바닷속에 매장된 것은 이스라엘에 대한 바로의 증오와 복수심과 욕망과 욕심 등 모든 악심(惡心)들의 죽음을 상징한 사건이다. 그리고 예수의 죽음 역시 인간들의 욕심과 욕망의 죽음을 상징한 것이 아닌가? 인간은 아담의 타락 이후 사랑과 욕심의 대결 구도 안에서 존재하고 있으니 우리는 선택의 자유를 지혜롭게 구해야 할 것이다.

특히 교육과 종교는 약자들을 먼저 돌보는 일을 교육과 목회와 신앙의 근원적인 정신으로 삼아 타의에 모본이 되어야 한다. 사회의 약자들로부터 행복한 모습을 볼 때 지도층들이 행복할 수 있어야 한다. 이러한 정신을 실질적으로 시행하려면 각계의 지도층들이 자신의 욕심과 야망을 무조건 버리고 빈 마음이 되어야 한다. 빈 마음이란 자신을 부정하는 것이요 이기와 욕심과 아집을 죽이는 것이다. 내가 죽어야 나도 살고 이웃이 살며 사회와 나라가 산다. 이것이 진정한 나라의 안녕과 번영이다. 따라서 가정 교육과 학교 교육과 재능과 기술교육 그리고 종교 교육 등 모든 교육은 사랑 교육을 원칙적인 기본교육으로 일관성 있게 체계화해야 할 것이다. 그 기본교육은 겸손과 온유와 예절과 검소와 존중과 배려와 관용과 자애 등 인성교육을 말하는 것이다. 사람이 존재하는 이유는 신의 뜻을 실현하며 신의 존재를 서로를 통해 경험하고 나누며 기뻐하는 데 있는 것이다. 나의 존재 이유와 신의 뜻이 바로 사람 구실을 말하는 '존중'과 '사랑'이다. 지금 사람 사는 세상이 존중과 사랑 반대편에서 불법과 불의를 정당화하는 사악한 세상이 우리의 현주소이다.

'존중'(尊重)이란 상대가 누구이든지 차별하지 아니하고 높이어 존귀하게 대접한다는 말이다. 그래서 '존중'은 윤리가 아니라 도(道)와 덕(德)으로서 '사랑'과 조금도 다르지 않다. '도'를 하나님(神)의 존재로 본다면 '덕'은 하나님의 삶의 양식으로서 이는 사랑의 존재가 사랑으로 산다는 의미이다. 그래서 도와 덕은 사랑과 존중으로 달리 표현할 수 있으니 덕은 도의 열매요, 존중은 사랑의 열매이며 또한 덕은 도의 자녀이고 존중은 사랑의 자녀라 할 수 있겠다. '도'는 하늘이요 '덕'은 땅이라 도가 만물을 낳으니 땅이 기른다. 하늘과 땅이 하나요 낳고 기름이 하나이니 이것이 사랑이 낳고(道) 사랑이 기르는 것(德)이다. '도'를 하나님(神)이라 하였으니 '덕'은 인간이라 할 수 있어 하나님의 존재는 인간의 삶을 통해 드러나야 할 것이다. 존재적 사랑인 하나님은 만물과 인간을 통해 자신의 삶을 드러내기에 우리는 도의 자녀요 사랑의 자식으로서 마땅히 덕을 드러내야 한다는 것이다. 그 덕이 바로 마음과 성품과 힘을 다하여 이웃을 존중하고 사랑하는 일이다. 이것이 내 존재의 의미가 되는 것이며 내 인생의 정도(正道)가 되는 것이다. 우리가 종교에 몸을 담고 경전을 통해 성현들의 삶을 가르치고 배우는 것은 나의 존재가 곧 '도'요 나의 삶은 '덕'임을 세상에 드러내기 위함이니 이것이 세상의 소금이요 빛이 되는 행로(行路)이다. 이제는 부디 극단적인 이기심과 욕심을 버리고 자기 부정과 자기 비움을 할 줄 아는 사람다운 사람이 되어 사람 존중, 사람 사랑하며 공존과 상생을 실현하는 역군(役軍)들이 되어야 할 것이다.

'사랑'이 그러하듯이 존중도 자기주장을 모르니 고집이나 아집이 없고 기득권을 주장할 줄도 모른다. 업신여김이나 홀대하는 것도 모르고, 이기려 하지도 아니하고, 앞서려고도 하지 아니하며, 남을 억누르지도 아니하고 또한 비난이나 비판도 모른다. 존중과 사랑은 이 모든 것들을 뛰어넘어 존재한다. 존중 역시 어느 한쪽으로도 치우침이 없고 상대를 있는 그대로 수용하기에 사랑이라 하고 중도라 한다. 다만 존중과 사랑으로 상대를 격려하거나 깨우침을 줄 것이니 양심이 살아있는 사람이라면 존중과 사랑의 존귀함을 안다. 모든 경전과 성현들의 가르침은 존중과 사랑으로 압축된다. 존중과 사랑을 행할 줄 알면 사람이고 성직자이며 교육자이고 법조인이고 위정자요 경제인이다. 아니 존중과 사랑 안에서 산다면 그는 사람이 아니라 신(神)이요 성현(聖賢)이다. 존중과 사랑은 사회적 신분과 경제적 능력과 모든 조직과 제도와 법률과 교육과 종교적 율법이나 계명 등을 모두 뛰어넘는다. 이런 사람, 이런 사회와 세상을 만들자는 것이 신의 호소요 사람이 존재하는 목적이다. 지금까지 돈과 재물과 출세와 성공과 문명 등을 얻고 누리기 위해 살던 인생의 오류를 과감히 버리고 '존중'과 '사랑'을 신앙과 인생의 최고 가치관으로 삼아야 할 것이다.

재차 강조하거니와 하나님은 사랑이 아니라 사랑이 곧 신이요 하나님이다. 그리고 당신도 사랑이고 나도 사랑이다. 보이는 몸이 참모습이 아니고 보이지 않는 사랑의 영이 사람의 형상이요 참모습이기 때문이다. 그래서 사랑의 존재로 거듭나는 것만이 인생의 가치가 있는 것이며 또한 신앙과 믿음을 걷는 정도(正道)이다. 이제 예배와 기도가 중심이 된 종교적 허상을 벗어 버리고 빈 마음이 되어 세속과 욕심을 향해서는 날마다 죽고 오직 세상을 향해서는 사랑으로 사는 축복과 행복의 길을 기쁨으로 선택해야 한다. 그리고 소원을 성취하려는 무속적인 '신앙생활'이 아닌 생활이 곧 신앙이 되는 '생활신앙'으로 탈바꿈해야 한다. 내가 지금 머무는 자리가 종교의 자리인지 신앙의 자리인지, 진실의 자리인지 거짓의 자리인지, 사랑의 자리인지 욕심의 자리인지 알아야 한다. 사랑을 알면 전부를 아는 것이요, 사랑을 주는 것은 전부를 주는 것이며, 사랑할 줄 알면 모든 사람과 모든 것을 얻은 것이다. 따라서 우리는 진정 깨달아야 할 것을 깨달아야 한다. 그 깨달음을 위해서는 비워진 가난한 마음을 비롯하여 팔복의 하늘 마음을 회복할 때 가능할 것이다. 마음이 강하고 교만하거나 기득권에 대한 집착이나 세상 물정에 대한 탐심을 포기하지 못한다면 그 누구도 진리와 사랑을 깨달을 수 없다. 진리를 알면 사랑을 알고 사랑을 알면 진리로 인한 참 자유인이 된다. 진리란 다름 아닌 보편적인 상식이요 거짓과 억지가 없는 진실이며 선한 양심의 소리이다. 그래서 진리는 일상에서 흔히 드러나야 하는 삶의 원리이다.

그러므로 종교인이든 비종교인이든 각계의 사회 지도층과 남녀노소를 불문하고 너나 할 것 없이 우리는 모두 잊어버린 사랑의 형상과 그 본성을 회복하여 '사람 구실'을 할 수 있어야 한다. 사람이 사람으로서 사람 구실을 하지 못하고 이기를 부리며 사리사욕을 채우려 하거나 약자들을 외면하거나, 자신의 부정과 불의는 비겁하게 변명과 변호하고, 명예를 얻고자 사람들을 현혹하거나, 비난과 비판을 일삼으며 우쭐함과 교만함과 오만함을 드러내는 것을 자랑스럽게 여긴다면 이는 사람은 아닐 것이다. 훌륭한 성직자, 교사, 정치인, 각계의 지도자 그리고 훌륭한 사람은 능력이 아니라 '사랑'으로 존재하는 사람이다. 우리가 '사랑'으로 존재할 수 있다면 이기심을 벗어나 항상 마음을 비우고 겸손하고 온유하며 근면과 검소 그리고 양보와 관용과 나눔의 인품으로 변화할 것이다. 이러한 사회적 분위기가 형성되어 간다면 가정과 사회와 나라는 언제나 화합과 공존을 이루어 사랑으로의 국력이 강성해질 것이다. 우리가 '사랑'을 모르기에 이기와 욕심을 부려 인생에 근심 걱정과 교만과 다툼과 분열 그리고 고통이 따르는 것이다. 사람, 사랑, 삶은 묘하게도 서로 뗄 수 없는 의미로 연결되어 있으니 사람이란 존재적 사랑으로 형성된 존재이고, 그 사랑이 사는 것을 곧 삶이라고 한다.

  이제 내 뜻으로 살기를 포기하고 사랑의 뜻으로 살기 위해 비우고 또 비워야 할 것이다. 오직 '사랑'만을 인생과 신앙의 최고 가치관으로 삼을 때 진정한 사람 구실을 하게 될 것이다. 사람 존중할 줄 알면 평등과 공정이 가능해진다. 존중과 평등과 공정은 사랑의 속성들이니 '사랑'으로 존재하는 사람들, 사랑의 영성으로 사는 세상에는 비움과 나눔, 포용과 화해 그리고 화합과 공존만이 있을 것이다. 종교인들이여, 기복 신앙은 육신의 삶을 도모하려는 가장 큰 어리석음이요 또한 나의 욕구만은 들어달라는 이기적인 욕심의 절정이다. 신은 어리석음과 그 욕심에 동참하지 않는다. 인생들이여, 출세와 성공이 잘 사는 것이 아니라 이웃과 더불어 화목하고 공존하는 것이 가장 가치가 있는 행복한 삶이다. 세상이여, 한 번의 인생 가장 뜻있고 의미 있는 삶은 오직 서로 사랑하는 것뿐이다. 그러면 비로소 인간의 영혼과 도(道)와 덕(德)이 회복되어 세상은 맑고 밝아질 것이다. 그러므로 인간이 만들어놓은 너와 나의 모든 경계를 무너뜨리고 인류를 한 품에 껴안고, 세계의 종교를 내 안에 품을 수 있다면 그는 곧 가장 위대한 신이요 가장 고상한 성직자요 지도자이며 가장 낮은 자리에 머문 자로서 영원히 살아있는 자가 되리라!

에필로그 epilogue 1
사랑, 하나님 당신입니다!

천지가 창조되기 전부터
사랑은 혼돈과 공허 속에 있었다.

사랑은 스스로 존재하여
나지도 않았으니 죽음 또한 없고
형상이 없어 눈에 보이지 않으며
손으로 잡을 수도 없기에
도무지 이름을 지을 길이 없으나
진리의 영, 하나님이라 부른다.

태초에 하나님은
만물과 사람을 창조하시되
당신의 형상을 따라 지었기에
만물과 사람 안에
하나님의 유전자가 있었으니
그 유전자의 형질과 본성은 사랑이라
사랑이 온 천지에 가득 하도다.

그런데 사람들은 하나님의 속성인

사랑의 형질(形質)을 모른 채
하나님이라는 이름만 기억하고
예배와 찬양과 예물을 드리며
이기적인 욕심을 채워 달라 하니
하나님 마음은 늘 애통과 괴롬이라.

하나님은 당신의 종들을 세워
당신이 원하는 것은
인애와 자비와 공의와 사랑인 것을
오래 참으며 전하고 또 전하지만
사람들의 눈과 귀는 멀고 마음은 굳어
하나님의 뜻은 사멸되었네.

하나님의 형질이 사랑인지라
하나님은 당신의 본체를 버리고
사람의 옷을 입은 채 강림하시니
구주이신 사랑 예수시라
예수는 신앙과 삶의 모본을 보이시되
모든 약자를 돌보신다.

남다른 사랑을 보이신 예수는
갖은 조롱과 박해와 수난을 받으나
그는 원수까지도 사랑하라 하시며
결국 십자가 위에서
다 이루었다 하신 후 운명하시다.
그의 생애는 곧 사랑의 선포였다.

그러나 사람들은 여전히
이기와 욕심에 사로잡혀
하나님께 세상 복(福)을 원하니
예수의 오심과 죽음과 부활은 무색해져
하나님의 뜻은 더욱 짓밟히며
그의 뜻과 사랑은 회복할 길 없어라.

사랑의 영, 진리의 영은 다시 호소한다.
깨달아라! 사랑이 너희 안에 있느니라.
내가 처음부터 너희에게 보이고 말 한 것은
오직 사랑뿐이니
내가 죽기까지 사랑한 것처럼
너희도 서로 사랑하라!

사랑 안에 하나님, 예수, 성령,
율법, 말씀, 진리, 생명이 있고
너와 나, 우리의 삶이 있으며
겸손과 온유와 절제와 검소가 있고
예배와 찬양과 구제가 있으니
사랑이 없는 모든 것은 아무것도 아니라.

하나님의 말씀은
내 안에 사랑이 있음을 깨우치고
예배와 찬양도 사랑을 노래하고
구제와 선교도 사랑을 널리 선포하며

교회는 건물이 아니라 내 안의 사랑이요
구원은 사랑의 형상이 깨어남이라.

우리가 영원토록 부를 이름은 사랑이요
우리가 영원토록 경배할 대상도 사랑이며
우리가 평생에 소유할 것은 사랑뿐이며
우리가 평생에 소비할 것도 사랑뿐이니
사랑은 나의 형상이요
사랑은 나의 하나님이라.

오직 존재하는 것은 사랑뿐이요
영원한 것도 사랑뿐이니
너와 내가 사랑을 떠나
어찌 존재할 수가 있으리오.
사랑을 잃은 자는 죽은 자요
사랑을 찾은 자는 산자라
사랑만을 영원토록 예배하고
사랑만을 영원토록 찬양하리라!

에필로그 epilogue 2
가장 위대한 종교, 위대한 신앙

영원 전부터 한 침묵(沈默)이 있었다.
어느 날 오랜 침묵을 깨고 기지개를 편다.
침묵은 자신을 둘러보니 허공(虛空)이었다.
허공에는 곳곳에 물이 있고
어둠으로 가득 차 있다.
침묵이 빛을 불러오니 어둠이 잠시 물러나고,
하늘을 불러 위에 세우고
땅을 불러 아래에 세운다.

하늘 허공에는 해를 두어 낮을 주관하게 하고
달과 수많은 별을 두어 밤을 주관하게 하며
침묵은 빛이 되어 밤낮으로 땅을 살피고 보호한다.
그리고 공중에는 종류대로 날짐승들을 두고
땅에는 산천초목(山川草木)과 짐승들을 두고
땅 아래에도 종류대로 생물들을 두었으니,
침묵과 허공은 한 영(靈)이요 그를 하나님이라 부른다.

하나님은 동산을 창설하시고
그 동산 가운데 생명 나무와 지식의 나무를 두었으니

생명 나무는 사랑의 영이요 지식의 나무는 미혹의 영이라.
하나님의 형상을 따라 남자와 여자를 지었으니
그 형상은 사랑의 형상이다.
동산에서 서로 사랑을 나누게 되니
너와 나 사이에 사랑 하나님이 있어
자유롭고 평화로우니 이것이 곧 행복이다.

어느 날 사람들은 지식의 나무를 바라본다.
먹음직스럽고 아름다워 탐스럽게 보이니
그만 미혹되어 사랑의 영을 빼앗긴다.
사랑을 잃고 하나님의 얼굴을 피하여 숨으니
불안과 두려움이 밀려온다.
그리고 사랑의 동산을 떠나 밖으로 나오니
수고와 무거운 짐과 죽음이 기다린다.

오랫동안 하나님께 고통을 호소하니
다시 사랑의 동산으로 부르신다.
수고하고 무거운 짐 진 사람들아!
다 내게로 오라, 너희에게 평안을 주리라!
많은 사람이 그 평안을 거짓으로 여기지만
그 평안을 얻은 사람들이 있으니
곧 사랑의 형상을 회복한 사람들이다.

사랑은 하나님이요 성령임을 아니
자유와 평화와 행복이 밀려온다.
사랑이 채워지니 모든 욕심은 사라지고

빈 마음이 되니 이웃이 보인다.
사랑으로 이웃을 보니 또 다른 나의 모습이라
인애와 긍휼과 자비가 내 안에 가득하도다.
마음을 나누고 물질을 나누니
여기가 곧 하나님 나라요 사랑의 나라이며
여기가 나의 고향이요, 어머니의 품이라
세상에서 구하고 찾던 행복이 아니던가!

사랑은 사사로운 감정이 아니라
하나님의 본질이요 성령의 삶이다.
사랑은 언제나 자신을 드러내지 아니하고
누구에게든지 교만하지 아니하고 온유하며
사랑은 자신의 공적을 자랑하지 아니하고
시기와 미움과 원망과 무례함과 성냄이 없으며
사랑은 자기 이익을 구하지 아니하고
모든 해로움에 대해서는 오래 참고 또 참으며
관용을 베풀어 언제나 악한 생각을 도모하지 않는다.

사랑은 가난한 마음이요 빈 마음이며
사랑은 긍휼과 자비요 검소함과 청렴함이라
사랑은 늘 변함없이 자족(自足)을 따를 뿐
결코, 욕심을 부리지 않으며 다투지 않는다.
사랑의 사람은 이기와 욕심을 십자가에 못 박고
성령으로 생명 삼아 성령을 따라 산다.
사랑은 곧 하나님이며 성령이고 말씀이며 진리이다.
사랑 자리가 곧 하나님 나라요 교회이고

사랑이 참 신앙이요 세상의 빛이며 소금이다.

사랑은 하나님의 존재, 성령의 존재
가장 위대한 종교는 사랑이고,
가장 위대한 신(神)은 사랑이며,
가장 위대한 성직자도 사랑이고,
가장 위대한 신도도 사랑이니,
서로 사랑할 줄 아는 너와 나,
이것만이 가장 위대한 삶이요
가장 위대한 신앙이다.